中央高校基本科研业务费专项资金"城市基层社会治理体系建设研究——以北京市回天地区为例",项目编号:2022FR002 的资助

|光明学术文库|政治与哲学书系|

城市基层社会治理体系的"回天"样本：建构与实践

刘妮娜 | 著

光明日报出版社

图书在版编目（CIP）数据

城市基层社会治理体系的"回天"样本：建构与实践 / 刘妮娜著． --北京：光明日报出版社，2022.8
ISBN 978-7-5194-6767-8

Ⅰ.①城… Ⅱ.①刘… Ⅲ.①城市管理—社会管理—研究—中国 Ⅳ.①D63

中国版本图书馆 CIP 数据核字（2022）第 159888 号

城市基层社会治理体系的"回天"样本：建构与实践
CHENGSHI JICENG SHEHUI ZHILI TIXI DE "HUITIAN" YANGBEN: JIANGOU YU SHIJIAN

著　　者：刘妮娜	
责任编辑：杨　茹	责任校对：郭嘉欣
封面设计：中联华文	责任印制：曹　净

出版发行：光明日报出版社
地　　址：北京市西城区永安路 106 号，100050
电　　话：010-63169890（咨询），010-63131930（邮购）
传　　真：010-63131930
网　　址：http://book.gmw.cn
E-mail：gmrbcbs@gmw.cn
法律顾问：北京市兰台律师事务所龚柳方律师

印　　刷：三河市华东印刷有限公司
装　　订：三河市华东印刷有限公司

本书如有破损、缺页、装订错误，请与本社联系调换，电话：010-63131930

开　　本：170mm×240mm
字　　数：305 千字　　　　　　　　印　　张：17.5
版　　次：2023 年 1 月第 1 版　　　印　　次：2023 年 1 月第 1 次印刷
书　　号：ISBN 978-7-5194-6767-8
定　　价：95.00 元

版权所有　　翻印必究

前　言

　　城市基层社会治理关系国家长治久安和党的长期执政。党的十九届四中全会提出，必须加强和创新社会治理，完善党委领导、政府负责、民主协商、社会协同、公众参与、法治保障、科技支撑的社会治理体系，建设人人有责、人人尽责、人人享有的社会治理共同体，确保人民安居乐业、社会安定有序，建设更高水平的平安中国。党的十九届五中全会审议通过的《中共中央关于制定国民经济和社会发展第十四个五年规划和二〇三五年远景目标的建议》进一步提出要完善共建共治共享的社会治理制度，扎实推进共同富裕；将社会治理特别是基层社会治理水平明显提高作为"十四五"时期经济社会发展的主要目标。但是，从理论和实践上来看，虽然我国逐步形成国家领导社会和市场的社会治理体系建设理论雏形，但实际缺乏能够有效指导实践的理论创新，大多的城市基层社会治理实践仍处于起步阶段，也缺乏系统的实践总结和理论提炼。2018年，北京市委、市政府选定回天地区（回龙观、天通苑地区）作为北京市基层社会治理创新示范的试验田，北京市人民政府办公厅下发的《优化提升回龙观天通苑地区公共服务和基础设施三年行动计划（2018—2020年）》中提出，要打造大型居住区治理示范。从2018年至今，北京市委书记蔡奇已经10余次到回天地区调研。蔡奇书记调研时就指出，要坚持党建引领，深化回天有我，努力把回天地区打造成共建共治共享的大型社区治理样板，让曾经的睡城变为充满活力的美好幸福新家园。2020年11月召开的中国共产党北京市第十二届委员会第十五次全体会议审议通过《中共北京市委关于制定北京市国民经济和社会发展第十四个五年规划和二〇三五年远景目标的建议》，其中明确提出，要实施新一轮回天地区行动计划，深化"回天有我"创新实践，打造党建引领、多方参与、居民共治的大型社区治理样本。

　　笔者团队从2019年开始追踪调研回天地区基层社会治理典型经验，通过文献研究、问卷调查以及定性访谈相结合的方法，对回天地区的1镇6街、

31个典型社区、12家社会组织、6家社会企业进行了追踪调研，与相关委办局、街镇、社区、社会组织、社会企业、企业等进行近百次访谈，访谈对象涉及社区党支部、社区居委会、社区居民、政府职能部门、物业、底商、社会组织负责人、社会企业负责人等，形成社区、社会组织、社会企业、企业典型个案材料60余个和150余万字的访谈转录稿，并在此基础上协助昌平区回龙观天通苑地区专项治理工作办公室（昌平回天专班）撰写完成《回天观澜："回天有我"大型社区治理经验实录100例》。根据现有调研，笔者尝试总结了具有中国特色的城市基层社会治理体系建设理论模型：党委领导、政府负责、多方共建、监督制衡、互助合作、市场经营、专业赋能、智治支撑、法治保障的城市基层社会治理体系。而回天实践也生动体现了党的基层战斗堡垒和党对多方共建、监督制衡、互助合作的引领作用，以及其他社会组织、社会企业、企业的平台中介的成长和基层赋能、经营，所形成的合作制衡的均衡态势对于居民共治以及基层社会共建共治共享格局形成的决定性作用。

一、充分发挥党的领导政治优势，做实党组织基层战斗堡垒，让党的旗帜挺立在群众最需要的地方

基层党支部是党的基层组织，是党在社会基层组织中的战斗堡垒，也是党的全部工作和战斗力的基础。尤其是在抗击新冠肺炎疫情的战斗洗礼中，回天地区基层党组织的组织领导作战能力明显提升，涌现出一大批先进党支部书记，党员联系群众制度得到进一步深化，党组织、党小组、党代表、党员"知网格大小事，解群众困难事"，深扎网格之中，深扎群众之中。

一是有一支能打胜仗的基层党组织书记队伍。好的社区党组织书记能够带领社区积极争取多方资源，建立清晰公开透明的社区规则，形成代表着社区居民普遍认可或约定俗成的社区情理的社区文化。尤其是社区党组织书记及其团队的先锋精神、工作态度、工作方法关系着党对基层社区的领导能力。如霍营街道华龙苑北里社区在2020—2021年新冠肺炎疫情发生和反复的过程中，考虑到社区志愿者中很多是老年人，工作过程中存在感染风险，所以楼道消杀、居民登记隔离、代扔垃圾、代买物品等工作都是由王翠娟书记带领社区两委工作人员完成的。刚开始实施垃圾分类时，王书记同样带领社区两委工作人员先行负责桶前值守，因为当时很多居民的垃圾分类习惯都没有养成，社区两委工作人员常要把桶倒地上捡出厨余垃圾。社区党员、志愿者心甘情愿地接受垃圾分类的排岗安排："疫情的时候社区两委工作人员那么辛

苦，考虑到我们的安全问题，这个时候我们力所能及，我们一定得配合干。"

二是党员干部深入群众、网格之中。回天地区建立了党员干部联系群众制度、党员干部入户走访制度，探索"有事请找我"、党员网格责任制等街道、社区党员联系群众品牌项目，提高党员和党组织在群众中的影响力、凝聚力，同时拓展了解民情民意和有的放矢地为群众解难题渠道。如回龙观街道回龙观新村社区在实践中，通过党的领导、组织下沉、资源整合以及线上治理等手段建立了红色网格治理体系，并逐步形成了以红色网格化为主线、服务网格化为重点、信息网格化为支撑、多元参与网格化为补充的串联互通的特色网格化运作模式，实现了居民诉求高效回应和社区管理的精细化。在社区网格化治理的作用下，回龙观新村社区居民生活和谐文明，社区文化蓬勃发展，网格成效凸显。

二、创新"3+1"党建工作协调委员会和党建引领五方共建长效动态治理机制，整合政府、社区自治组织、企事业单位、社会组织多方力量实现优势互补、良性互动

以解决居民诉求和社区困难为导向，回天地区扎实推进了党建工作联席会议制度，通过建立功能型党支部和双向交叉任职等方式有效发挥业委会功能，创新党建引领村转居小区、无主管小区、经适房小区、商品房小区的物业管理模式，合理引导企事业单位、社会组织、街道、社区之间形成动态均衡、协同共建的长效治理机制。

一是建立"3+1"的党建工作协调委员会工作格局。"3"指区、街、社区三级党建协调委员会，"1"指"回天地区"党建工作联席会议制度。各级明确"三个清单"——资源清单、需求清单和项目清单，"四个双向"机制——双向需求征集、双向提供服务、双向沟通协调、双向评价通报。

二是党建引领物业管理和业委会工作。在党建引领物业管理方面，如霍营街道从2019年开始推行"霍营管家"和"双服务四签到"工作，建立了片区、居民小组、楼、单元四级社区党建引领物业管理和志愿服务的长效机制。霍营街道霍家营社区（村转居社区）的党委、居委会、股份经济合作社负责人和物业公司负责人交叉任职，成立物业党支部，有效避免居委会和物业之间的相互推诿。天南街道东辰社区（无主管小区）由街道推动引入物业服务公司开展相关物业服务，探索前两年由甲方给予全额补贴，第三年开始甲方补齐物业费差额，最后两年由物业公司自行收取的"2-1-2"物业管理模式。

在党建引领业委会工作方面，如霍营街道华龙苑北里社区业委会主任由社区党支部书记兼任，在党建引领之下，目前华龙苑北里业委会属于"党建引领、五方共建"中的一方，涉及业委会的工作会交给业委会处理，业委会发现的业主问题、需求也一般会报到党建协调会等其他会议上讨论。霍营街道田园风光雅苑业主委员会的6名委员中并没有社区两委成员，但6名委员都是中国共产党党员，同时也是高级知识分子，具有很高的服务热情和很强的服务能力。在社区的支持下，他们在业委会成立之后就迅速成立了功能型党支部，发挥基层党组织对业主内生自治空间的引领作用。

三是党建引领企事业单位共建。回天地区通过党建引领企业共建，让企业积极参与到物业管理和垃圾分类两件关键小事以及社区福利服务等工作中，具体做法包括：市环卫集团整体接管回天地区环境卫生服务工作，各街镇成立物业管理创新联盟、物业企业联合会、商户自治协会等推动企业联合、多方合作共赢，村居委会联合物业公司开展垃圾分类，将中介公司纳入网格化管理，社区积极联络企业助力社区建设等。与此同时，昌平区回天专班以及一镇六街、社区与周边事业单位通过共商共建共同解决问题，尤其是华北电力大学成立回天治理研究院、举办回天治理论坛，在打造党建学习平台、学术研究平台、学生实习就业平台、文科教学实验区平台等方面取得诸多成绩。

三、坚持党的群众路线，坚持人民至上，以"回天有我"为基础起点，带领回天居民"参与回天、守护回天、建设回天"

人民是社区的主体，居民共治是社区治理的理想形式，是居民自治的拓展体现。在目前大部分社区居民参与度不足的情况下，通过发挥党组织政治引领和党员先锋模范作用，通过完善居民议事、楼门自治、社区互助志愿服务等社区服务管理机制，可以推动居民共治的有序进展。回天地区以2018年19个社区自发倡议开展"回天有我"社会服务活动为起点，推动搭建社区议事平台，建设楼门长队伍，创建标杆楼门，开展各类文化娱乐、志愿服务、邻里互助等活动，让居民、业主、人民守望相助、民主参与、互助合作，让"回天有我"越来越生动活泼、丰富多彩，充满了人情的暖意，也彰显了社会治理共同体的盎然生机。

一是探索社区微信群"接诉即办"。如霍营街道华龙苑北里社区、霍家营社区，回龙观街道回龙观新村社区、金榜园社区等社区探索利用社区微信群畅通民情民意上通下达渠道，建立社区微信群"接诉即办"机制。居民可以直接在楼门微信群反映问题/诉求，负责接诉的相关人员看到居民反映的问题诉求后，第一时间进行接单和派单，或者直接处理，或者转单到相应的工作群处理，并在解决后将结果在微信群中反馈给居民。

二是推动楼门院居民自治。在党建引领以及社区两委指导支持下，楼门通过自筹资金、自我管理、自我服务、自我监督，提升楼门居住环境，和谐邻里关系。如霍家营社区建设"有人情味"的社区、回龙观新村社区打造"客厅化楼门"、天通北苑第二社区建设"立体四合院"楼门等。天通苑北街道天通北苑第二社区1号楼1单元共有298位居民，一层6户，共16层，96户，因为楼层结构就像一个个四合院摞起来，所以定名为"立体四合院"。2019年4月，15名楼门骨干正式成立"综合管理部"志愿服务居民，楼内每层都有层长、护花使者、安全员、清理员、会计、审计、出纳、采购等专员。楼门开销采取AA制方式，2021年的楼内建设和楼层美化共有83户参与，收到楼门建设捐资款近3万元，每层搭配的绿植，包括花篮、花架、盆栽以及拖把等用具都是用居民集资款，层层上报需求统一购买。与此同时，楼门建立了居民作品展示墙、才艺展示墙、邻里和谐展示墙等主题文化展示；逢年过节都会举办居民节日活动，促进感情交流，包括春节前举办"迎新春同心筑睦邻家园"主题活动，端午节组织楼门骨干包粽子送给邻里，重阳节组织老人们聚会，发放慰问品等。

三是深化拓展"在职党员回社区报到"工作机制。以回天地区党员、社区报到党员为骨干，引领带动专业化社会组织、志愿服务队伍、辖区居民群众等社会各方力量共同参与。如龙泽园街道佰嘉城社区、回龙观街道金榜园社区等在社区两委的领导、支持和动员下，充分发挥社区"双报到"在职党员的先锋模范作用。2020年年初新冠肺炎疫情发生，以齐志伟为代表的在职党员主动承担了佰嘉城社区门前值守、采购防疫物资等工作，同时建立2个业主群和1个租户群，通过线上微信群发布通知、了解居民诉求，线下上传下达、协商议事、解决问题，举办线上线下活动带动居民参与。2020年9月正式成立了由2名社区两委成员、5名在职党员组成的社区物业管理委员会。在2020年年初，为开展疫情防控工作，金榜园社区在三天内就成立了一支由在职党员、社区党员、志愿者组成的楼门长队伍，同时社区每个楼门都建立了单元门微信群——107个单元门设立了107个楼门长和107个单元门微信群。这支楼门长队伍的重要特色在于共有46名在职党员担任了楼门长，推动了社区精细化治理。

四是倡导互助志愿服务。以19个社区自发倡议开展的"回天有我"社会服务活动为起点，带动回龙观天通苑地区的居民群众参与到社区服务、社会治理中来，广泛开展了"聚力天通苑·社区欢乐颂""完美佳速马拉松接力赛""回天有我迎国庆主题快闪""回+周末绿跑""回超联赛"等"回天有我"社会服务活动。同时，培育霍营街道龙锦苑东四区社区巧娘服务队、华龙苑北里社区为老服务队，回龙观街道社区心理健康协会、商户自治协会、蓝天嘉园公益理发志愿服务队等社区社会组织，推进绘画、毛笔字、瑜伽、围棋、合唱、舞蹈等社区文体娱乐队伍建设，通过互助志愿服务、文化娱乐活动和谐邻里关系，营造互助共建的社区氛围。

四、推动社会协同、专业赋能，搭建"地区—镇街—社区"三级社会组织孵化基地，打造社会组织创新发展示范区

与社区自治组织体系相比，专业社会组织虽然是外生力量，但其发挥专业能力和自主优势，通过"嵌入性发展"和"互构性演化"与政府建立起协同伙伴关系，能够更好地挖掘基层资源、建立桥梁纽带、助解基层难题。回天地区作为北京市社会组织创新发展示范区，搭建了"地区—镇街—社区"三级社会组织孵化基地，同时成立昌平区社会组织发展服务中心、回天社区公益基金会、回龙观街道社区社会组织联合会等区级、街道级枢纽型平台，探索了回天地区社会企业认证与扶持工作。

一是成立昌平区社会组织发展服务中心。围绕自身孵化枢纽定位，昌平区社会组织发展服务中心充分发挥桥梁纽带、高效管理、资源整合的功能，建立昌平区政府购买社会组织服务统一管理平台，打造社会组织孵化基地进行系统培育，依托回天社会创新学院实现专业孵化，搭建信息化协同平台和智能化社交平台推动智治支撑基层社会治理，组建物业管理联盟、协助社区建立业委会、推动社区垃圾分类等赋能基层，探索"政府+国有企业+枢纽型社会组织"的"公益+商业"文化体育场馆运营模式。

二是推动镇街社会组织孵化基地建设。目前回天地区一镇六街已经全部成立镇街社区社会组织联合会。较有特色的是回龙观街道社区社会组织联合会，搭建了"1+4"特色社区治理体系。其中"1+4"主要是指以社区社会组织联合会为枢纽，通过社区学院培训、政府购买社会组织服务支持、社区社会组织赋能培育、线上平台高效联动四种途径搭建特色社区治理体系。同时，回龙观街道社区社会组织联合会深入发掘社区人才成立了社区信息化普及服

务队、社区心理健康协会、龙域东一路商户自治协会等具备专业能力的社会组织。尤其商户自治协会主要由街道150多家商店联合而成，该组织围绕社区商户的两大核心诉求，将商户引入社区，进行日常的政策宣传、社区设施维护、自查自纠等。

三是成立北京市回天社区公益基金会。基金会主要服务于街道社区社会组织孵化、发展和公益项目运行。如2020年天通苑北街道开展"社区伙伴计划"社区微基金项目，该项目聚焦"垃圾分类、楼门文化、邻里互助、环境整治提升"四类社区议题，鼓励居民提案，选出其中的优质提案给予资金支持，帮助其落地实施。2021年为促进回天地区垃圾分类工作开展，回天社区公益基金会选择5个试点社区分别成立社区环保专项基金，基金来源于社区可回收物变卖资金、商户融资资金、企业、政府配捐资金等。

四是探索回天地区社会企业认证与扶持工作。自2019年以来，昌平区出台《昌平区回天地区社会企业认证与扶持试点办法（试行）》，并推动了社会企业认证与扶持工作，截至2021年年底，回天地区共有33家回天地区社会企业通过认证。回龙观社区网、天通苑社区网、绿之盟、唱好一点等社会企业通过开展品牌活动、企业经营社群等方式，探索出了一条具有回天特色的社会企业发展道路①。

五、探索立体型智治化平安幸福回天模式，助推以智治支撑社区物联，社区党务、政务、居务资源互联以及福利经济和社区经济发展

回天地区充分利用昌平区现有基础设施条件，聚焦回天地区基层社会治理和社区管理存在的共性问题，通过市区街三级数据互联互通，建设一批助力基层社会治理的应用场景，搭建回天立体型智治化平安幸福回天社区。如天北街道依托"天北家圆"智能社区服务卡，回龙观街道依托"合创家"小程序，霍营街道霍家营社区自己建立社区服务平台App，同时借助社区微信群公众号上情下达、下情上传，主动治理、未诉先办、协商议事，建设立体社区扁平化，互联、物联与人工智能化的现实应用场景。另外，社区应用场

---

① 回天地区社会企业的定位是：服务区域聚焦回天地区，以协助解决社会问题、改善社会治理、服务于弱势和特殊群体或社区利益为宗旨，以优先追求社会效益为根本目标，以创新商业模式、市场化运作为主要手段，所得盈利按照其社会目标再投入解决社会问题、创新公共服务供给，且社会目标持续稳定的企业类型。

景也包括探索线上搭载辖区医疗、教育、商超、休闲等社区互助、商业服务，建立社区货币系统，在社会治理共同体基础上发展福利经济、社区经济、合作型福利与合作型经济。如回龙观街道社区社会组织联合会的"合创家"小程序，通过社区积分串联党委政府、居民、社区、商业等多方主体，居民通过参与互助志愿活动，获得相应的积分，当积分积累到一定程度可以兑换相应的等级的福利等。

2021年7月北京市发布了《深入推进回龙观天通苑地区提升发展行动计划（2021—2025年）》，提出打造回天幸福之城，要求推动回天社区治理水平持续提升，党建引领、多方参与、居民共治的基层社会治理体系和治理机制日益完善，打造社会治理模范。行百里者半九十，"回天有我"的回天样本建设并非一朝一夕，中国城市基层治理亦是如此。基层社会治理共同体建设、共建共治共享共商格局的形成、对共同富裕目标的不懈追求，既需要有清晰的顶层设计、法律制度保障，也需要发挥党委领导下的政府、社会、市场等多方合力，建立各类组织、平台、机制、策略，推动基层党的建设、政府负责、多方共建向更深层次的监督制衡、互助合作、市场经营、专业赋能、智治支撑、法治保障发展，让居民真正参与进来，以典型示范带动改革深化，咬定青山不放松，一步接着一步走，持之以恒，久久为功，才能真正实现"回天有我""城市有我"，建设属于回天人民、城市人民的幸福家园。

目录
CONTENTS

总论　建构篇

第一章　中国基层社会治理体系建设的前世今生 ………………… 3
　　第一节　中国的政治伦理与近现代互助思想 ………………………… 3
　　第二节　中国传统乡土社会的基层社会治理 ………………………… 8
　　第三节　中国城市基层社会治理：国家领导的社会与市场 ………… 13

第二章　中国城市基层社会治理体系的系统建构 …………………… 19
　　第一节　中国城市基层社会治理需要创新破题 ……………………… 20
　　第二节　中国城市基层社会治理体系的系统构成 …………………… 24
　　第三节　中国城市基层社会治理体系的结构关系建构 ……………… 46

第三章　城市基层社会治理体系建设的"回天"实践 ……………… 57
　　第一节　北京市推动回天地区基层社会治理创新背景 ……………… 57
　　第二节　北京市回天地区基层社会治理体系建设经验 ……………… 64

社区篇

回龙观新村社区——建立基层红色网格治理体系 ……………………… 79

华龙苑北里社区——建立党建引领"合作—制衡—多元"社区治理机制……
　　　　　　　　　　　　　　　　　　　　　　　　　　　　　　 86

霍家营社区——建设有人情味儿的社区共同体 ………………………… 94

龙泽苑社区——打造党领群议众治格局 ················ 107

领秀慧谷社区——建设共建共创型社区 ················ 112

龙锦苑东三区社区——搭建社区、楼门双层治理体系 ········ 118

龙锦苑东四区社区——双服务四签到机制的发源 ·········· 123

龙城花园社区——线上线下协商民主共解社区难题 ········· 129

佰嘉城社区——在职党员"报到"参与社区服务 ··········· 136

天通北苑第二社区——立体四合院，回归邻里情 ·········· 142

佳运园社区——由对峙走向黏合 ···················· 148

田园风光雅苑——业主的内生自治空间 ················ 154

东辰社区——老旧小区的更新改造 ··················· 161

金榜园社区——发挥年轻在职党员有生力量 ············· 166

兰各庄村——美丽乡村建设促进村社治理 ··············· 170

社会组织篇

昌平区社会组织发展服务中心——回天地区社会组织枢纽 ···· 179

回龙观街道社区社会组织联合会——社区资源的赋能联合 ···· 192

回龙观志愿者协会——内修外展、多样供给 ············· 199

天通苑志愿者协会——由内生发育走向规范建设 ·········· 205

润德社会工作事务所——挖掘资源、精准救助 ············ 210

仁爱社会工作事务所——求真务实、助人自助 ············ 216

芳草社会工作服务中心——边缘融入、润物无声 ·········· 223

社会企业篇

回龙观社区网——网络问政直通车 ·············· 229

天通苑社区网——一体化网络生活平台 ············ 235

"唱好一点"——为大众艺术而生 ··············· 241

绿之盟——食品安全的"自救"运动 ············· 244

结　语 ···························· 248

参考文献 ··························· 251

后　记 ···························· 259

总论　建构篇

中国仍然处于社会主义初级阶段，人口数量庞大，维持国家和谐稳定的基层社会治理意义要远大于西方国家。参与是治理的核心，多方参与而非一元管理亦是从社会管理向社会治理转型的核心内容，需要建立党委领导、政府负责与社会自我调节、市场创新驱动的良性互动之间的衔接性的顶层设计、制度安排和保障机制。但是，目前我国基层社会治理创新实践仍然处于起步阶段。西方社会治理理论思想中的宗教信仰、去中心化、分立制衡、权力抗争等与中国历史沿革、现实国情、政治制度存在内生矛盾，需要与中国实践相结合进行合理采纳，同时融入具有中国特色的党的领导的整体思维和系统思维，但受时间和实践的局限，并没有实现真正的具有中国特色的理论突破。由于缺乏清晰的理论指导和明确的顶层设计，各地正在进行的基层社会治理创新实践，也大多局限于星星点点的创新，很多地区形式大于内容，政府推动多于社会（居民）参与、市场参与，没有真正体现和发挥社会治理中系统多元的意涵和作用。

回天地区基层社会治理作为推进实现首都基层社会治理体系和治理能力现代化的重要场域和内容，受到北京市委、市政府高度重视。北京市委书记蔡奇 10 余次到回天地区调研，提出要坚持党建引领，深化回天有我，努力把回天地区打造成共建共治共享的大型社区治理样板。2018 年北京市出台《优化提升回龙观天通苑地区公共服务和基础设施三年行动计划（2018—2020 年）》，2021 年继续出台《深入推进回龙观天通苑地区提升发展行动计划（2021—2025 年）》，持续推动回天地区基层社会治理（大型社区治理）工作。笔者团队从2019年开始追踪调研回天地区的基层社会治理案例，对回天地区覆盖一镇六街的31个社区、12家社会组织、6家社会企业进行了持续调研，通过问卷调查、线上线下相结合的个案访谈、小组座谈等方式获取一手资料，座谈内容涵盖网格管理、协商议事、垃圾分类、互助志愿、疫情防控、物业管理、为老服务等社区治理的多个维度、层面，访谈对象涉及政府职能部门、镇（街道）办事处、社区党支部（党委）、社区居民骨干、物业、底商、社会组织、社会企业等，形成150余万字的访谈转录稿，系统总结了"回天有我"大型社区治理样本经验。总结调研结果，虽然社区、社会组织、社会企业的特色亮点各有不同、所处的发展阶段也有所不同，但从回天地区党建引领、多方参与、居民共治的"回天有我"大型社区治理的创新实践，可以管窥、总结具有中国特色的城市基层社会治理体系建设方略——建设党委领导、政府负责、多方共建、监督制衡、互助合作、市场经营、专业赋能、智治支撑、法治保障的城市基层社会治理体系，其中的单个社区、社会组织、社会企业发展模式、策略对于其他地区的基层社会治理亦深具启示意义。

　　本部分将从中国基层社会治理体系建设的历史叙事出发，延循历史脉络，立足现实国情，对比中西方差异，提出中国城市基层社会治理体系的系统建构，这也是指导本书社区篇、社会组织篇、社会企业篇的案例分析的理论基础。

第一章

中国基层社会治理体系建设的前世今生

回看中国历史,与西方以市场竞争和个人主义为本,市民社会与国家、市场分立制衡不同,中国传统政治思想中的"仁""善""贤"及"小国寡民""大同社会""家国同理"等思想均是以民为本和集体主义文化的体现,中国古人的政治理想即是建设以民为本、有效治理的社会,核心目的是保证国家的长治久安。推及现实社会,则是一种国家领导下的建立在农业经济、祖先崇拜、宗族管理、互助互利基础上的圈层化的社会系统。与此同时,中国没有经历西方国家与市场经济相伴几百年的以合作互利、慈善救济为目的的正式互助(基层自治)组织的发展过程,互助组织主要是因血缘而自发形成的非正式的家族组织,在此基础上形成了一套自上而下与自下而上相结合,政治、经济、社会、文化合一的相对稳固的"双轨制"的联合治理格局。新中国成立尤其是改革开放以来,伴随农村人口向城镇流迁,人们到城镇生活在社区之中,故在体制优势之下,我国建立了城乡党组织体系、行政管理体系以及党政领导的村(居)民自治制度和国家主导的社会保障制度。另外,在城市中,一是与城市住房产权相关的物业公司在社区生活中起到重要作用,二是社区内部因外源推动和内生需求,生发了文化娱乐和志愿服务队伍、小微企业、个体商户、民生保障类和社会救助类的社会组织等满足居民生存、发展、娱乐等需要的各类社会组织、企业,重新建立了国家领导的自上而下与自下而上相结合、正式与非正式相结合的"双轨制"的联合治理格局。

第一节 中国的政治伦理与近现代互助思想

与西方因国家变革需要、通过哲学思辨而产生的政治思想理论不同,中国的政治思想理论主要源于中国社会的现实特点,追求社会伦理与政治—社会结构的统一,而近现代互助思想则寻求现代文化与政治—社会结构的统一。

一、古代政治思想:社会伦理与政治—社会结构的统一

中国古代政治思想体现的正是理想与现实的相互映照,究其一众思想核心即在于建立个人与国家之间的伦理责任关系,通过政治、经济、社会、文化等手段维护基层稳定秩序,保证国家有效治理(王朝统治)。以民为本、由小及大的分治联合的互助组织以及社会建设离不开经济要素等同样是中国古代政治思想的重要组成。以中国的先秦政治思想为例。孔子是儒家学说的创始人,孔子言仁心,注重的是从个人出发,自下而上。"仁"既为私人道德,也为社会伦理与政治原则:从个人推至国家,政治和社会生活就开始于个人的"仁心",个人从对家人的仁爱推及对家族的仁爱,再进一步推及整个民族、国家,从小的互助共同体(家庭、家族)到大的互助共同体(国家),这是个体对家庭、家族以及整个民族国家共同利益所负有的道德义务和社会责任,也是个体道德修养的体现。孟子继承且发扬了孔子的"仁心"思想,但他主要从君主治国角度出发,自上而下,提出"仁政"和"民贵君轻"思想——政权源于人民,要以人民为政治目的,以人民为主体(萧公权,2011:95)。如"民为贵,社稷次之,君为轻"(《孟子·尽心下》)等。而荀子虽然也继承与发展了儒家思想,但其与孔孟思想的不同之处在于:荀子主性恶,并且更加强调经济生产和分工合作的重要性,"泽人足乎木,山人足乎鱼。农夫不斫削、不陶冶而足械用,工贾不耕田而足菽粟。"(《荀子·王制》)于是四海之内若一家,百姓皆得养而安乐。道家思想虽不如儒家思想积极理政,但老子的"无为而治"所构建的恰是"甘其食,美其服,安其居,乐其俗"的理想互助社会,管子亦提倡家族人伦和地方自治,地方政治"朝不合众,乡分治也"(萧公权,2011:95)。

近代很多研究将中国/东亚国家的这种社会模式称为集体主义(TRIANDIS H C,1988)、家族主义(杨懋春,1972:113-167)、实体主义(黄宗智,2004:20-26)、道德社团(詹姆斯·斯科特,2001)等。为保持与现代社会话语的连续性,笔者倾向于使用"集体主义"来代表中国的政治、社会、经济、文化结构——国家有效治理(管理/统治)的政治目的、社会经济圈层组织结构、责任伦理本位。也即集体而非个体、也非国家,是本源性、实体性的。一方面,中国的集体主义与西方的个人主义——个人(权利)本位、自

由竞争和分立制衡原则存在根本区别①。另一方面,实体主义、家族主义、道德社团所代表的小农经济、家族组织和非正式经济社会系统并不适用于依法治理、政经社企分开的现代社会。

二、近现代互助思想：现代文化与政治—社会结构的统一

正因为中国社会的集体主义和基层组织特征，以及19世纪中期以来西方列强纷纷前来对中国进行掠夺，中国近代思想启蒙运动的先驱孙中山、李大钊、恽代英、毛泽东等选择用"互助"原则与和平思想代表中国社会，以与西方"竞争"原则和霸权思想相对比和对立。当时恰逢西方互助进化论传到中国，即被他们所认可并进行中国化改良，一方面，他们认为中国是以互助为文化引领和组织原则的；另一方面，也希望通过对互助美德/精神的弘扬，给予社会希望和力量。② 孙中山对互助思想进行了全面的理论阐释。从国家建设和社会结构角度，孙中山认为"互助"是处理国家内部社会关系的基本法则。一个国家是由同一范围内的不同阶层成员、不同民族组成的共同体，"互助"是不同阶层成员、不同民族结合为一个国家的前提，是一个国家内人与人之间关系的行为准则，同时也是国与国之间的基本法则，也即国家是互助的社会组织（孙中山，1985）。他提出，中西方文化的本质差别即为互助与竞争的差别。以互助为原则的文化是"王道"文化，以竞争为原则的文化是"霸道"文化，"东方的文化是王道，西方的文化是霸道；讲王道是主张仁义

---

① 人类历史发展规律具有内在一致性，这是人类社会的统一话语，也就是中西方国家均有国家、集体、民主、自由。但从本源上来讲，中西方社会政治结构的区别是根本性的——以个人为本还是集体为本，以竞争（市场）为本还是互助（社会）为本。同时这里的"集体"，并非指国家，而是国家领导下的每一个小的集体-共同体。中西方各自根据实际国情走各自的道路，在这一方面没有必要而且不应该统一话语，反而应当通过"和而不同"来相互借鉴，相互制衡，共同进步。

② 在生物进化理论中，有竞争进化论和互助进化论两种相对理论，也即竞争为本还是互助为本。与达尔文的竞争进化论不同，互助进化论认为，互助而非竞争是个体本能、情感需要，和推动个体进化的要素，竞争并非不存在，但是以群体的方式进行。比较具有代表性的包括凯士勒、法布尔、佛勒尔等人关于生物界互助的论述，其中尤以克鲁泡特金的论述最为完整，并且延伸到对人类互助进化的分析。他提出，与竞争相比，互助才是生物界的普遍特征。动物凭借种内的合群互助绕开了竞争，实现了"消耗最少的能量以获得生命最大程度的充实和强度"，从而在大竞争中成为"最适者"而获得发展。进化到人类阶段，"在人类的天性中，生来就具有合群以及互相帮助和支援的需要"，这种互助的倾向深深植根于人性之中，贯穿于整个人类社会的发展史。

道德，讲霸道是主张功利强权"（孙中山，1981：407）。孙中山的互助思想是对互助的组织意义、文化意义以及其与中国社会适应性的很好阐释，但不足之处在于：没有区分国家（政权和政府）、社会、市场的关系，互助实际体现的是社会关系和生产关系，中国与西方的不同之处即在于中国的"互助"不是源发于个体、权利、自由，而是以国家的有效治理为目的，是国家领导之下的社会治理手段。

在孙中山之后，毛泽东运用马克思主义实践哲学与互助思想相结合，将互助思想引入农业互助合作之中，通过引导、鼓励农民组织多种形式的生产互助组，开展劳动互助、经济互助，并发展了在消费、流通、金融等领域的高级形式的合作社，毛泽东称为"生产制度上的革命"。这是一项将中国传统非正式互助转向正式互助的重大实践探索。但是在当时的经济社会环境下，由于忽视了市场作用，最终导致了"大跃进"、三年自然灾害等后果。

也正因为此，虽然与"互助"研究相比，中西方近现代"合作"研究更多，但笔者仍然认为建设现代"互助社会"而非"合作社会"代表了中国社会治理的方向①。因为与互助不同，合作主义的合作思想体系、合作经济制度、合作组织体系和合作原则主要舶来于西方，是西方工业革命和工人运动的产物。但是同中国一样，发达国家历史上的工人合作运动实验同样没有成功，在大浪淘沙中只有少部分合作社——主要是带有官方色彩的合作社和互助社团保留了下来。笔者总结合作运动失败的原因有二：一是合作（社）体现于法律规范下的正式经济合作，其设计对于社会环境的要求很高，如果真正实现民主参与，需要组织成员具备互助合作和民主法治精神以及经济决策能力，但这往往是很多合作社成员所不具备的。二是合作（社）具有社会目标并且不以营利为目的，且受限于会员制权力分散，无法进行融资、上市等资本运作，与市场相比，其竞争优势不足；与政府相比，其经济保障能力不足。施用于中国，同样如此，如中国农村的农业合作社虽然被大力推动，但发展并不理想。而建设现代互助社会，实现现代互助文化与社会结构的统一，从党委领导、政府负责、市场经营、专业赋能、社会（居民）参与等角度寻

---

① 首先，合作是西方国家建立在个人主义基础之上的社会部门话语，西方国家很少使用互助一词，而是使用志愿、慈善、公益和合作。其次，与社会互助相比，经济合作对社会土壤要求更高，与志愿相同，都既是互助的一部分，也是更高级形式。最后，未来世界面临诸多不确定，与平等合作这种经济类词汇相比，我们更需要以强扶弱、互助共济、互助共享的淳朴社会精神。

找建设多维均衡的社会系统的机制、工具、平台和路径，再从社会经济方面逐步向现代合作社会发展，一是符合中国社会从非正式互助组织向正式互助组织（党领导的群团组织、基层自治组织体系）发展的历史趋势；二是社会互助（涉及政治、文化、社会等的整体适应）是经济合作的前提，没有组织成员的归属和信任（"共同体"和互助意识），经济合作很难进行；三是互助包含范围更广，与合作组织相比，互助组织更加灵活、多样，与市场的合作（由企业成立互助组织并且进行服务供给）也更加便捷。

比较：西方的个人主义、自由竞争思想

西方国家自古希腊时期就以商品贸易为主要经济活动，从 14 世纪以后，随着商品经济的发展和城市的兴起，开启了文艺复兴、宗教改革、思想启蒙等思想文化运动，在历史演变与著述论说中，西方政治思想虽然从古典到现代不断进行修正，但个人主义和自由竞争思想一直占据文艺复兴以后西方意识形态的主流地位。在个人主义和自由竞争思想中，个人是第一位的、本源性的实体，是目的；而国家只是第二位的、派生性的统治机构，是手段，诸多西方思想理论也为此正名（唐士其，2002：207）。

自由主义代表托马斯·霍布斯认为，自由地追求个人利益最大化是人们生而具备的自然权利，"人的本性就是自我保存，趋利避害，无休止地追求个人利益。人们最初的生活状况是每个人都按照自己的本性而生活，这种状态被称为自然状态（natural state）。在这种状态中，不存在善良与邪恶，无所谓是非曲直，唯有力量与欺诈"（托马斯·霍布斯，2019：60）。洛克则提出要保护个人的自由、财产和生命的自然权利，"个人根据自然法享有基本的自然权利，其中最重要的包括自由、财产和生命"，"人们之所以通过订立社会契约建立政府，就是为了保护这些权利"，"政府的行为是否合法，唯一的判断标准就看它是否有效地承担了这一责任"（约翰·洛克，1964：77）。

而西方自由竞争哲学的最典型标志是达尔文提出生物进化论思想，核心在于遗传性变异、繁殖和生存斗争——生物从简单到复杂、从低级到高级的演变是自然界内部斗争的结果，也即物竞天择、适者生存。此后的马尔萨斯、赫胥黎均是社会进化论的忠实捍卫者。与个人本位相比，国家的建立和伦理、美德的弘扬，都是为了更好地保护个人自然权利（自由、生命、财产）。个人本位实际代表市场本位，保护市场竞争和个人最大化追逐个人利益的权利。

霍布斯说,"要保存自己、对死亡的恐惧和摆脱战争状态的愿望使人们求取和平,于是理性便出来教导人们,大家必须遵守共同的生活规则(自然法)才能避免战争,使每个人都能达到保存自己的目的"(托马斯·霍布斯,2019:68)。

与国家产生于对个人(权利)、市场(竞争)的保护——社会契约理论同时发展的还有限制政府权力的有限政府理论,国家与社会的关系也从先后之分的讨论转变为对立关系的论说(唐士其,2002:254)。① 洛克认为社会先于国家、政府建立之后,社会并没有解散而是依然存在,政府的活动本身是以社会的繁荣与幸福为目标的(托马斯·潘恩,1981:48)。托马斯·潘恩的人权理论正式将国家与社会对立起来,国家是"必不可少的恶","一种人们为了便利的生活必须借助、但同时又时刻威胁着他们自由与安全的机构",潘恩提出以社会的力量限制国家的权力,"个人与集体的安全和幸福要靠社会和文明的伟大基本原理""政府的必要性,在于解决社会和文明所不便解决的少量事务"(托马斯·潘恩,1981:233)。

与潘恩认为"依靠社会和文明,要远远胜于依靠哪怕是最完善的政府所能做到的任何一切"的观点有一定区别的是孟德斯鸠、汉密尔顿、约翰·密尔等人对于现代国家合法性和社会基础的论证,他们强调通过法律与政府结构(代议制民主和平衡的机制)对国家权力进行约束,"代议制议会的适当智能不是管理,而是监督和控制政府:把政府的行为公开出来,迫使其对人们认为有问题的一切行为作出充分的说明和辩解""议会既是国民的诉苦委员会,又是他们表达意见的大会"(约翰·密尔,1982:78)。

第二节 中国传统乡土社会的基层社会治理

传统的乡土社会是中国农民的主要生产生活场所,中国乡土研究学者基本认同中国乡土社会是由自上而下的政治整合和自下而上的社会整合所组成的联合治理格局的观点,也即是以集体主义和有效治理为目的,利用国家领导下的行政框架和基层组织进行基层社会治理。但是对于在政治整合之外,是否存在真实的社会整合、乡土社会的互助合作以及宗绅阶层是否起中介

---

① 权力分立思想贯穿了西方政治思想史,从古希腊罗马的混合政体思想开始,到近代洛克、孟德斯鸠学说得到充分展开,最终被发展成具体的政治制度设计。

（代理人/上通下达）作用，不同时期存在一些区别和变化。

一、宗绅统治阶段

学界对于中国传统乡土社会的基层社会治理所持观点并不相同。比如费孝通极为重视宗族作用，他认为中国传统政治结构是中央集权和地方自治的两层，乡村基层的主要管理人员是当地自治团体（乡绅和宗族首领）（费孝通，2012：38）。与此同时，宗族是乡村非正式经济社会系统的基本单位（费孝通，1985：22）。在国家保障缺位的情况下，以血缘为基础的宗族互助保障和以地缘为基础的邻里互助网络，以及生发于这一网络边缘的各类经济—交易形式，构成了中国民间非正式保障体系和民间非正规经济系统。除生活、劳动、金融（借贷）上的互助以外，从宋代开始，族田、义庄逐步发展成了庞大的地方经济实体，也发挥了相对稳定的互助保障功能。根据史料记载，自宋代范仲淹建立范氏义庄为始，其后义庄不断发展，到清代出现了设立义庄的高潮，清代末年仅苏州府的义庄数量就达到了 200 个（范金民，1995）。同时，义庄田产少则数百亩，多则数千亩，个别义庄的田产达到了万亩以上。

而与费孝通重视宗族的地方自治而批评保甲制度这一基层行政的僵化相比，萧公权（2018）则只把宗族组织和绅士看作基层行政体系的额外工具，也正因为此，他对于宗族组织"绅"和"民"之间的合作持悲观认识，并认为这是阻碍乡村发展成为一个自治单位的原因（2018：132）。黄宗智（2014）则认为中国地域过广，无法用一种模式概括，不同地区的村社与国家政权关系的不同，取决于土地所有形式、村庄组织等。他将国家、自然村和地方宗绅看作三角形的关系，提出清代的政治经济可视为含三个互相依存的组成部分的结构：小农经济、地主制和中央集权的国家。自下而上表现为小农可以爬升为地主，地主可以通过科举制度进入缙绅阶层（2014：166）。

总体来讲，中国乡土社会的国家领导下的"社会"并非一个国家式的全然整体，也并非一个个独立个人，而是接受统治阶层管理并与之交流的一个个非正式组织/实体，这是中国甚至东亚传统农业社会区别于西方的重要特征。首先，宗族这一基于血缘关系而形成的非正式组织，在中国传统乡土社会中发挥的基层社会治理、保障作用是皇权或其他行政单元所无法比拟的。小农/农民并非直接面对国家的管理，与国家打交道的是上通下达的村庄/宗族组织的代表：族长、绅士、保长、里长等。其次，国家通过非正式组织/实体管理基层社会，只是宗族类的互助组织与行政架构的力量强弱存在地区差异。自下而上的社会整合、乡土社会的互助合作以及宗绅阶层的中介作用，受地理环境、组织化程度、领导阶层的能力和威望以及人情关系等深刻影响。

另外，伴随着人口城市聚集，城市里也出现了一些如商会、行会、同乡会、慈善机构等自下而上自发性的基层社会治理单位。我国的商业行会在唐朝时期出现（公元8世纪），宋、元、明、清时得到极大发展。与宗族相比，商会、行会、同乡会的经济共同体作用弱化，但起到了经济保护、社会上的交往与地位维护、政治上的辅助管理等作用，它们的保障主要体现在针对本组织内部成员提供共同捐资、救助等方面。慈善机构则是针对本社区/主动申请帮助的弱势群体，如上海仁寿堂的贫困老人援助、同仁堂的寡妇会照顾寡妇和老年妇女、育婴堂对有婴儿的贫困家庭和弃儿的扶助照顾等，他们会通过发放善券的方式筹款，国家（清政府）也会给予奖赏。

二、集体互助合作阶段

在新中国成立、宗族解体之后，以生产队、生产大队、人民公社为单位的集体性、政治性的互助合作运动代替了宗乡内部非正式互助关系的主导地位，尤其是在20世纪50年代以后，农村土地改革严重冲击了农村宗族及传统的宗族治理模式，开展劳动互助、经济互助，并发展了在消费、流通、金融等领域合作社的合作化运动和人民公社化运动，增加了人们对于以生产队为单位的公共场域的依赖。而历经改革开放和生产承包责任制的实行，复兴中的传统社会关系网络又开始发挥互助的作用，等级秩序转变为差序格局的秩序，民间互助合作的突出特点表现为：一是弥补乡村正式的行政管理、社会保障系统的缺失；二是村民之间的农业合作和交易交换组成了民间非正式的社会经济系统（陆绯云，2011：65）。不少人类学研究对这一时期的民间互助也进行了详细考察，如阎云翔（1999）将民间互助划分为农忙时节的相互帮助、小额的私人融资、个人遇到非常情况或危机时的援助等（1999：36）。王铭铭（1997）将互助资源划分为借贷、礼品、劳力、"门路"和信息，将最常发生社会互助的领域概括为急救、家事（仪式）、造房和投资方面等（1997：42）。

与宗绅统治阶段相结合，回看中国现实的乡土互助社会，自下而上来看，个人身处于因血缘、亲缘、地缘而形成的非正式互助网络中，身处于"父慈子孝、兄友弟恭、朋义友信"等儒家伦理道德规范之下，主要在非正式网络——共同体中进行差序格局、主次有序的农业生产合作与生活的互助互利。自上而下来看，国家一方面通过非正式组织的领袖或其他代理人进行政治管理，另一方面，通过个人—家庭—家族—邦国—国家，个人—父母—祖先（君主）的责任伦理体系进行思想管理，形成相互关联、层层相套的系统，其目的是维护由小及大的互助共同体（国家）的团结和稳定。总结而言，在国家（皇权）领导之下，借助于宗绅以及保甲/里甲、乡村公社/大队等行政单元和非正式互助组织，以自上而下与自下而上相结合的方式进行基层社会治理，其内部的小农家庭因经济资源有限、风险抵御能力不足，以人情伦理为规范，以血缘、亲缘、地缘形成的私人网络为单位，进行生活、生产、金融等各类互助的民间非正式社会经济系统。这个系统集政治、经济、社会、文化于一体，包含本能、理性、人情、美德、自我保护、秩序维持、共同发展等，它是一个共同体，但这个共同体究竟是形式的，还是实体的，却是因人、因地、因时而异的。

比较：西方的市民社会发展

受个人主义和自由竞争思想影响，20世纪以前西方政府在贫困救济中同样扮演了补缺的有限责任角色，发挥主要作用的是教会组织和行业互助组织。

首先，慈善救济一直属于西方宗教工作范畴，通过募捐善款用于修建和运营修道院、教堂，以及由教会举办的大学、医院和慈善组织，发展到19世纪中后期，由于贫民和失业者数量的大幅增加，以及社会对教会贪污腐败等的质疑和诟病（［美］罗伯特·H. 伯姆纳，2017：106），以慈善组织会社、睦邻组织运动等为标志的"科学慈善运动"不断推动慈善组织规范化、制度化发展。同时，由于捐赠数额增加以及政府在济贫方面的责任扩大，社会工作者们不再将关注点仅放在救灾济贫上，而是探索通过发展文化、教育、医疗等公益事业，推动整个社会的进步，传统慈善逐步向现代公益慈善和志愿服务领域转变（资中筠，2017：15）。

其次，伴随"社会"概念、分权思想的传播，与个人主义相对立的社会主义思想影响扩大，西方早期的社会主义者就提出国家是资本家与政权的勾结，对于劳动者来说，只有联合起来，才能实现社会、经济和政治权利。西方民间正式互助组织，如行会、兄弟会、友谊会等广泛发展，它们与资本主义经济相伴，以同行、同业人员为主，具有自治、自我管理、自我服务、自我保护性质。一方面，这些互助组织为其成员提供价廉质高的社会救助、福利服务、灾害保险等互助保障；① 另一方面，互助组织成员基于民主和平等思想，自我教育、自治、娱乐、互相帮助，形成合作共同体，相应发展了成员身份和政治意识（闵凡祥，2016）。如工厂工人、铁路工人及后来的教师和零售商组织共同缴纳费用，共同应对与疾病、残疾和老年等有关的社会风险，农民等其他专业群体以类似的方式集中储蓄，防范火灾、事故、恶劣天气的财产风险等。同时，社会互助进一步扩大到经济合作领域，经济类的互助合作组织包括生产合作社、销售合作社、信用合作社、保险合作社等，希望通过这种民主管理与合作、社员个人所有与合作成员共同所有相结合获得服务和利益的经济形式，改变资本主义经济的无限追逐剩余价值的弊端。

但是，西方社会的互助合作建立在自由结社基础上，一方面，作为与国家分立制衡的中产阶级社会力量，其对政府决策的影响力巨大，政府总在想办法削弱其势力；另一方面，与国家相比，互助组织的动员能力、对风险的抵御能力仍然不足，故在各方权衡博弈之下，西方建立福利国家，主导国家保护制度和国家保障体系，互助组织的自治、保障、服务能力被削减/替代，互助组织进入非营利部门和非正规经济部门（Cordery Simon，2003）。与此同时，社会服务性质由慈善转为国家"社会福利"，作为国家福利的资源传递者，社会工作亦与慈善脱离，成为行政化、专业化的服务。市民社会则作为独立于国家的非政治的社会领域，介于政府和企业间的非正式部门，以及一种独立于与对立于国家干预的社会经济生活领域被政治学家使用（俞可平，2006）。

总结而言，西方的政治、经济、社会、文化建立在个人主义、自由竞争和资本主义市场经济之上——每一个人是他自己权力和利益的唯一可靠保卫者，同时其最大限度追求财富增长的权利需要得到保护，政府、市场、社会三者分立制衡，但均与本源性的个人直接相连。一方面，代议制政府即是每个个体自由权利的表达，执政党和政府接受议会的控制和监督，总统制国家由选民直接选举产生总统，议会制国家由代表选民的议会选举产生首相/总理，由此体现西方民主。另一方面，执政党、政府与财富捆绑，通过税收等形式进行面向个人的福利再分配，由此体现西方福利国家的平等。而与强大

---

① 互助组织是西方国家的法定社会保险的前身。1756年，世界上第一家相互制的保险公司在英国成立。

的自由竞争市场、福利再分配政府相比，西方现代市民社会虽然与二者分立制衡，具有政治话语（自由），但更多地体现为自下而上、辅助性的第三（社会）部门，代表了民间公益、慈善、志愿、合作、互惠以及市民社会自治的力量。

第三节　中国城市基层社会治理：国家领导的社会与市场

从20世纪90年代后期以来，中国的城市社区治理替代单位治理，成为城市治理的基层逻辑，政府与社区的职能得到相对分离，强调社区自治、社区服务与社区功能，以期实现社区的自我治理（宋道雷，2017）。尤其民政部在2000年发布了《关于在全国推进城市社区建设的意见》，明确强调了推进社区建设的重大意义。与此同时，以私有产权为标志的住房制度的改革推动城市出现大量的商品房社区，物业服务随着商品房社区的发展而逐步发展起来。在内外力量推动下，城市文化娱乐、志愿服务等自发组织，社区营利性的商品经济，共同满足社区居民的各类生活需求，医疗、教育、养老、托幼等关涉民生保障的社会组织和社会服务网络也应运而生，社会工作体系也在国家支持下逐步发展。由此重新建立了一套国家领导的自上而下与自下而上相结合、正式与非正式相结合的"双轨制"的联合治理格局。笔者认为，与纯市场经济不同，这一关系国计民生的城市基层社会治理体系是党委（政府）统筹领导、调控的社会与市场。

一、城市基层社会治理从体制机制创新向体系建设转变

从20世纪末政府文件中出现社会管理概念，中国社会发展与建设的理念经历了"社会管理"向"社会治理"的转型。党的十八大提出，要围绕构建中国特色社会主义社会管理体系，加快形成党委领导、政府负责、社会协同、公众参与、法治保障的社会管理体制，同时提出要加快形成现代社会组织体系，健全社会主义协商民主制度，完善基层民主制度。提出要健全基层党组织领导的充满活力的基层群众自治机制，以扩大有序参与、推进信息公开、加强议事协商、强化权力监督为重点，拓宽范围和途径，丰富内容和形式，保障人民享有更多更切实的民主权利。党的十八届三中全会提出，要创新社

会治理体制和提高社会治理水平。在此之后，社会治理概念被提到前所未有的高度。我国城乡地区亦掀起了创新基层社会治理的热潮，在20世纪末、21世纪初的上海模式、沈阳模式、江汉模式、百步亭模式等单个模式的基础上，各地开始探索基层社会治理体系建设的创新实践。

（一）党的十八大期间：以推动体制机制创新为目标和任务

2013年11月，党的十八届三中全会提出，全面深化改革的总目标是完善和发展中国特色社会主义制度，推进国家治理体系和治理能力现代化；同时提出要创新社会治理体制和提高社会治理水平，加快形成科学有效的社会治理体制：党委领导、政府主导、社会各方参与，实现政府治理和社会自我调节、居民自治良性互动的系统治理机制和方式；提出拓宽国家政权机关、政协组织、党派团体、基层组织、社会组织的协商渠道，并将基层社会治理纳入国家治理体系和治理能力现代化的总目标。2014年3月，习近平总书记在参加十二届全国人大二次会议上海代表团审议时指出，社会治理的重心必须落到城乡社区，强调要尽可能把资源、服务、管理放到基层，使基层有职有权有物，更好地为群众提供精准有效的服务和管理。2015年10月，党的十八届五中全会提出，要加强和创新社会治理，推进社会治理精细化，构筑全民共建共享的社会治理格局。到2016年3月，第十二届全国人民代表大会第四次全体会议通过的《国民经济和社会发展第十三个五年规划纲要》中，专门用了一篇（第十七篇 加强和创新社会治理）、共四章（第七十章至第七十三章）的篇幅来表述国家关于社会治理的相关宏观政策。

2016年6月，民政部、发展改革委印发的《民政事业发展第十三个五年规划》中提出，要提高社会治理能力和水平，创新城乡社区治理体制。将"互联网+"嵌入各业务系统，通过智能社区、网格化管理等方式，及时有效地提供精准跟踪服务。2016年10月，民政部、发展改革委等16部门联合印发《城乡社区服务体系建设规划（2016—2020年）》，提出要提高社会治理能力与水平，创新城乡社区治理体制，将社区建设成效纳入各级党委政府部门的工作目标考核之中。2017年5月，中共中央、国务院印发《关于加强和完善城乡社区治理的意见》，明确提出党的引领作用，即要以基层党组织建设为关键、政府治理为主导、居民需求为导向、改革创新为动力，完善城乡社区治理体制。

(二) 党的十九大期间：社会治理从体制机制创新转向体系建设

党的十九大报告提出，要打造共建共治共享的社会治理格局。要加强社会治理制度建设，完善党委领导、政府负责、社会协同、公众参与、法治保障的社会治理体制，提高社会治理社会化、法治化、智能化、专业化水平。要加强社区治理体系建设，推动社会治理重心向基层下移，发挥社会组织作用，实现政府治理和社会调节、居民自治良性互动。

到 2019 年 10 月，党的十九届四中全会会议进一步提出，要坚持和完善中国特色社会主义制度，推进国家治理体系和治理能力现代化，同时明确提出了要坚持和完善共建共治共享的社会治理制度，保持社会稳定、维护国家安全，要完善党委领导、政府负责、民主协商、社会协同、公众参与、法治保障、科技支撑的社会治理体系，要构建基层社会治理新格局，健全党组织领导的自治、法治、德治相结合的城乡基层社会治理体系，建设人人有责、人人尽责、人人享有的社会治理共同体。由此，社会治理从机制建设向体系建设转型。

2020 年 10 月，党的十九届五中全会提出，要改善人民生活品质，提高社会建设水平，加强和创新社会治理。并将"国家治理效能得到新提升，社会治理特别是基层社会治理水平明显提高"作为"十四五"时期经济社会发展的主要目标。2035 年"基本实现国家治理体系和治理能力现代化，人民平等参与、平等发展权利得到充分保障"，"基本公共服务实现均等化，城乡区域发展差距和居民生活水平差距显著缩小"。2021 年 3 月，李克强总理在《政府工作报告》中指出，要夯实基层社会治理基础，健全城乡社区治理和服务体系，推进市域社会治理现代化试点。2021 年 7 月，中共中央、国务院下发《关于加强基层治理体系和治理能力现代化建设的意见》，提出加强基层治理体系和治理能力现代化建设的主要目标是：力争用 5 年左右时间，建立起党组织统一领导、政府依法履责、各类组织积极协同、群众广泛参与，自治、法治、德治相结合的基层治理体系，健全常态化管理和应急管理动态衔接的基层治理机制，构建网格化管理、精细化服务、信息化支撑、开放共享的基层管理服务平台；党建引领基层治理机制全面完善，基层政权坚强有力，基层群众自治充满活力，基层公共服务精准高效，党的执政基础更加坚实，基层治理体系和治理能力现代化水平明显提高。在此基础上力争再用 10 年时间，基本实现基层治理体系和治理能力现代化，中国特色基层治理制度优势充分展现。

二、建立城市基层社会治理体系架构

改革开放以来，我国由国家主导建立了中国共产党的组织体系、政府行政管理体系，以及以社会救济和社会保险为主的社会保障制度，并于 20 世纪 90 年代以后基本确立了党政领导下的村居民自治制度。伴随着城镇化和工业化进程，我国城市土地规模和人口规模不断扩大，城市利用国家既有的强大的行政组织资源迅速构造出一个社区治理体系——从计划经济时期的单位制过渡到现代社会的以社区治理为主的基层社会治理体系。单位不再兼具政治、经济与社会功能，社会保障在很大程度上代替了单位保障，社区取代单位成为基层社会治理的主要单元。与此同时，进入 21 世纪，借鉴西方经验和社区内部的内生需求促使一些自下而上生发、活跃在社会生活各个领域的专业社会组织、草根组织（以自组织为主）、社区服务业等亦不断探索其发展路径，也即建立了国家领导的社会与市场的城市基层社会治理体系架构。

虽然城市基层社会治理体系架构已经建立，但是党、政、社、企等相关主体、要素的结构关系、作用发挥，也即党委领导、政府负责与社会自我调节、市场创新驱动的良性互动实际仍没有理顺。比如在进入 21 世纪以前，社区也像村庄一样，承担了很多经济职能，包括社区办企业、供销社等，社区自主性比较大，但由于行政化、国有化的弊病，社区逐步剥离了经济职能，只保留了党政和自治的功能。而在剥离之后，从目前来看，社区居委会与党组织、社区服务站一般是"一套人马，三个班子"，主要履行了自上而下的行政管理和兜底救助功能，对于成员的"互助""自治"以及通过社区多方共建解决深层次矛盾相对匮乏。再如中国共产党直接领导下的群团组织，包括工会、妇联、残联、共青团等，它们既有自上而下的层级管理，又在最基层有一个个实在的会员群体，但其目前的作用发挥仍以服务供给为主，笔者认为，这些组织实际符合中国老百姓对于政府和政党信任的情感特点，也更容易将共产党员、妇女、老年人、共青团员等组织发动起来。另外，社区基本

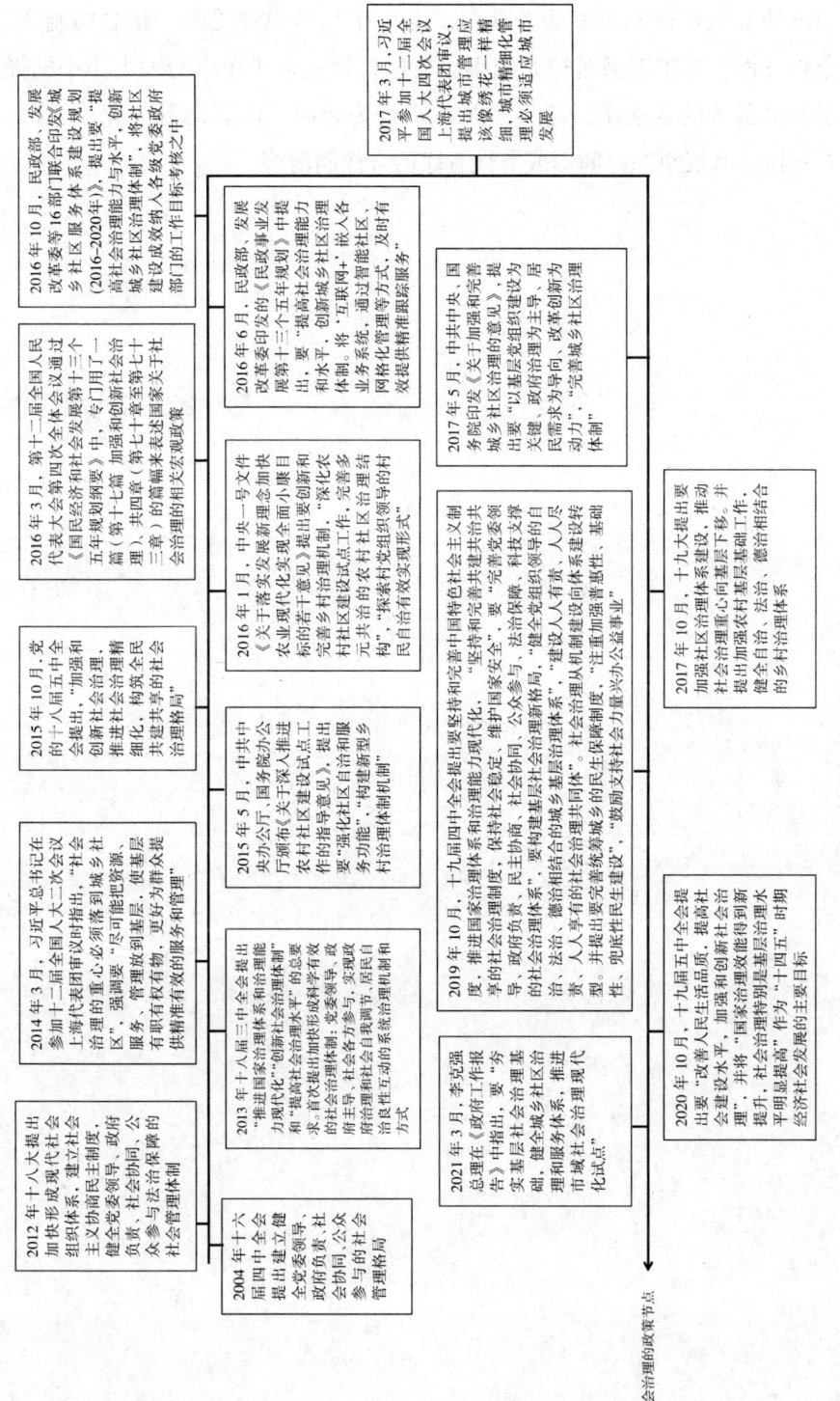

图1 我国基层社会治理的主要政策发展历程

都有自己的文化娱乐和志愿服务队伍，但由于其组织性受限，在制约制衡、互助合作方面发挥作用仍然相对较小。在包括物业企业在内的大大小小的提供各类社区服务的企业中，绝大多数以市场为导向，以利润最大化为目的，没有与社区、基层组织之间形成良性有序的合作制衡等。

第二章

中国城市基层社会治理体系的系统建构

中国人口众多、地域广阔，社会建设正处于初期阶段，包括政府在内的各要素均面临能力和力量不足，同时也存在各要素各自发力、缺乏整合，以及管理不规范、供求不平衡、评价无作用等诸多问题。习近平总书记在2017年会见全国社会治安综合治理表彰大会代表时就强调，要坚定不移走中国特色社会主义社会治理之路，善于把党的领导和我国社会主义制度优势转化为社会治理优势，着力推进社会治理系统化、科学化、智能化、法治化，不断完善中国特色社会主义社会治理体系，确保人民安居乐业、社会安定有序、国家长治久安。党的十九届四中全会正式提出，要完善党委领导、政府负责、民主协商、社会协同、公众参与、法治保障、科技支撑的社会治理体系。党的十九届五中全会进一步将"坚持系统观念"作为"十四五"时期我国经济社会发展必须遵循的五项原则之一。2021年发布的《中共中央 国务院关于加强基层治理体系和治理能力现代化建设的意见》明确指出，要坚持党对基层治理的全面领导，把党的领导贯穿基层治理全过程、各方面。故笔者认为，城市基层社会治理即是要在明确党领导的社会系统—体系思维的框架下，探讨社会系统的各要素、各子系统之间的互动关系以及如何形成均衡（一种合作制衡的均势）。本书将城市基层社会治理体系划分为5个子体系，分别为党组织体系、行政管理体系、基层自治组织体系、专业社会组织体系和企业体系，并且依托这5个子体系，推动建设社会价值体系、社会服务体系、社会参与体系、社会经济体系，打造社区共同体、福利经济体、社区经济体、数字共同体，通过党委领导、社会参与、市场经营，建设党委领导、政府负责、多方共建、监督制衡、互助合作、市场经营、专业赋能、智治支撑、法治保障的城市基层社会治理体系，提升基层社会治理水平，维护好经济发展与社会发展之间的平衡，走出具有中国特色的基层社会治理道路。

第一节　中国城市基层社会治理需要创新破题

2021年，习近平总书记在庆祝中国共产党成立100周年大会的重要讲话中庄严宣告："经过全党全国各族人民持续奋斗，我们实现了第一个百年奋斗目标，在中华大地上全面建成了小康社会，历史性地解决了绝对贫困问题，正在意气风发向着全面建成社会主义现代化强国的第二个百年奋斗目标迈进。"[①] 全面建成小康社会如期实现，意味着一个"全面"完成，另一个"全面"开启，即"全面建设社会主义现代化国家"新征程开启。全面建成"小康"社会也标志着中国在经济发展方面取得的卓越成就，而下一个"全面"则需要进一步在新的历史时期推动政治、经济、文化、社会、生态的新的均衡发展。从经济发展角度来看，经过改革开放40余年的对中国特色社会主义市场经济的有效探索，即使未来经济面临下行压力，也会在党和政府领导下依一定轨道和惯性保持一定速度运行。但从社会建设角度而言，受2020年全球新冠肺炎疫情影响，全球经济低迷、世界多极对抗趋势日益显化，中国在全面建成小康社会之后，也即将进入急速人口老龄化阶段，人们对于各类风险敏感度增加，对于美好生活的需要将不再仅仅停留于物质追逐，对于社会集体的归属、信任、情感以及干净、安全、舒适生活的社会建设需求将更加强烈。故研究和探索如何建设具有中国特色的现代基层社会，实现政治—经济—文化—社会—生态、以中国共产党为领导核心—以人民为中心、政治—行政—社会—市场等的动态平衡，对于满足人民对美好生活的向往，保证中国共产党的长期执政和国家的长治久安的重要性将日益凸显。

一、城市基层社会治理存在多元复杂性风险

自改革开放以来，中国一直以经济建设为中心，实现了经济的跨越式发展，国民生产总值从不到4000亿元增加到超过100万亿元，常住人口城镇化率从不到18%增加到超过60%，2020年实现人口全部脱贫，全面建成小康社会。与此同时，基本社会保障实现了城乡全覆盖，政府通过税收调节、企业

[①] 习近平.在庆祝中国共产党成立100周年大会上的讲话［N］.人民日报，2021-07-07.

和居民共担等方式有效承担了"家长"责任。但是,在过分倚重市场经济为先的一次分配和政府主导的二次分配的发展思路下,中国的社会—组织建设处于滞后状态,城市的基层社会日趋离散化、原子化。

未来的中国将是一个经济体量和经济发展水平都达到一定高度的现代化的中国,其不可避免将进入风险叠加的复杂性社会,其风险包括相互影响的经济转型风险、人口结构风险、社会心理风险等。从经济转型风险角度来看,面对整个世界的经济萧条、社会动荡、多极对抗,中国亦会受到通货膨胀、物价上涨、民生保障成本上升等影响,同时任何一个国家/经济体都不可能一直保持经济中高速增长,尤其对于中国这样一个14亿人口的大国来讲,未来政府可以承担更多的是有限责任,不平衡发展可能会更加严重。从人口结构和社会心理风险角度来看,一方面,资本经济把市场竞争原则同样移植和贯彻到社会生活的其他领域,西方化和"自我"中心成为一种普遍的社会文化导向。同时,发达国家利用其强大的舆论工具进行价值观的输出,对发展中国家进行媒体干预和文化干预。由此,以自我为中心和利益至上日渐成为一种普遍的社会文化导向,但这与中国传统的伦理本位、集体约束和集体责任相背离,依赖与独立、传统与现代之间的冲突,带来的是个体意识里的冲突感、无归属感和不安全感。另一方面,少子化、人口老龄化与高龄化、人口虹吸性流动给社会价值观、外来人口社会融合,以及对参与、保障与集体生活追求都会产生新的复杂影响。

而中国的复杂性社会的风险隐藏和化解都主要在基层。正如习近平总书记指出,一个国家治理体系和治理能力的现代化水平很大程度上体现在基层。基层社会治理的核心是人,人的需求主要在基层社会中得到满足。伴随城镇化和市场化的深入推进,基层社区越来越成为人们衣食住行、生老病死、文化娱乐、社会交往等发生的主要场域,也是公共服务、社会问题、社会矛盾等供给和化解的基础单元。卡尔·波兰尼(2007)在《大转型——我们时代的政治与经济起源》中也说到,社会主义是工业文明的内在倾向,在自发调节的市场体系所固有的威胁面前,社会会奋起保护自己。中国人虽然有集体服从和责任担当的意识,在没有重大问题、压力的情况下,"社会"自发地自下而上推动变革相对困难,但这也是风险隐藏的可能,故"社会的自我保护"需要通过国家自上而下改革倡导引领自下而上创新更新。与此同时,伴随中国40余年改革开放进程,市场经济体系已经形成并且日臻坚韧完善,互助合作的社会—组织发展虽然会抑制一部分市场经济,但可以帮助形成一个国家—社会—市场之间自动协调平衡的更加坚韧的国民有机体，由此实现国家治理体系和治理能力现代化，达到国家—社会—市场的内部平衡。

故而，面对复杂风险以及风险隐藏、经济增速放缓可能带来的基层社会压力，为避免自下而上的爆发式变革，党和政府需要未雨绸缪，提前准备，在不断地自我革新中，让这个庞大国家更有张力和韧劲，即使面对瘟疫（disease）、萧条（depression）、国际对抗（defend），也能够维持基层稳定和长治久安。

二、逐步形成（基层）社会治理体系建设理论雏形

党的十九大报告指出，加强社会治理制度建设，完善党委领导、政府负责、社会协同、公众参与、法治保障的社会治理体制，提高社会治理社会化、法治化、智能化、专业化水平。党的十九届四中全会进一步指出，要加强和创新社会治理，完善党委领导、政府负责、民主协商、社会协同、公众参与、法治保障、科技支撑的社会治理体系，建设人人有责、人人尽责、人人享有的社会治理共同体，确保人民安居乐业、社会安定有序，建设更高水平的平安中国。党的十九届四中全会精神与党的十九大报告相比，社会治理从制度建设到体系建设，增加民主协商和社会治理共同体概念。抽象为国家、社会、市场关系视角来看，笔者认为，伴随中国的政治经济社会发展实践以及中国特色社会主义思想的逐步成熟，国家领导的社会和市场的社会治理体系建设理论雏形已经逐步形成，而且基层社会治理中的国家的领导主要体现在党的全面领导上。

在国家—社会—市场的结构关系上，中国作为唯一政党执政的国家，政府、社会、市场均在中国共产党的领导之下，"社会"本质是在国家（中国共产党）领导下的社会，其对政府、市场虽然均具有合作、制衡作用，但最主要的合作、制衡还是在于党委领导、政府负责下的社会与市场，也是互助与竞争、组织与资本之间的合作与制衡。也即在党委领导、政府负责之下，国家领导的市场仍然在资源配置中起决定性作用，国家领导的社会在资源配置中起基础性作用。资本主义国家实行多党轮流执政，在执政时期政府是政党的行政机关，而"社会"本质是与政府分立制衡的，是对政府的威胁，也难以与强大的市场相抗衡，因此在资本主义国家里难以占据主要/基础地位。这也是社会主义国家与资本主义国家区别的重要体现。对于中国而言，国家也即政权居于高于政府、社会、市场之上的领导地位，政府行政负责指导社会、

市场，也受二者监督。这不同于以往话语体系中的国家主导的资源配置体制和市场主导的资源配置体制的争论。而这恰需要从基层社会治理进行稳妥的实践探索，再逐步向更高层级发展。

在基层社会里，从政治角度来讲，基层自治组织—社会组织是中国人基本的组织形式，这是人的天然属性，也是在党委领导下的组织力量。从经济角度来讲，互助合作是非营利的满足本群体成员需求的经济行为，是在党委领导下的组织对资本的限制。同时组织的建立也代表着信任的建立，这亦会降低市场经营成本，提高市场效率。从社会福利角度来讲，政府、社会、市场三者并非各据一方，政府有兜底救助的职责，可以购买社会"互助"服务，也可以购买市场"竞争"服务，而普惠型服务是社会与市场之间的竞争，哪一个更加高效、低价、符合消费者心理特征，或者在这一时期需要被扶持，哪一个就会被选择。从社会治理角度来看，社会是基础，企业和专业社会组织都是让社会变得更加和谐稳定、满足人民幸福美好生活向往的工具型组织。聚焦到社区中，一方面，企业、专业社会组织在社区中经营、发展，另一方面，企业可以经营、赋能社区共同体。社会治理体系建设中的中国特色党委、政府、社会、市场之间的关系如图2所示。

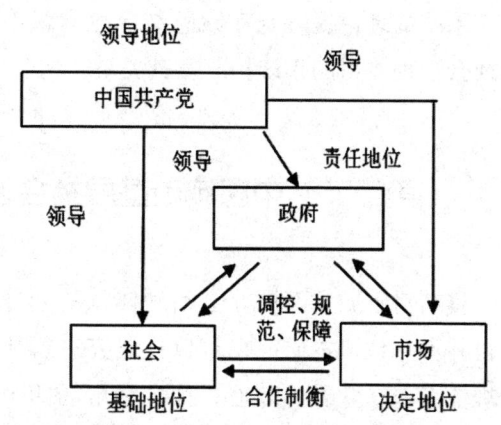

图2　党委、政府、社会、市场的关系

总体来讲，面对新冠肺炎疫情之后整个世界的经济倒退、社会动荡、多极对抗①，国内人口老龄化进程加速，未来可能面临更严峻的社会治理风险，如何治理好容纳着近9亿常住人口的现代城市基层社会成为中国在新的历史

---

① 受农—商历史、集体—个人文化、道德伦理—宗教、集中—民主政体差别影响，伴随中国国力的逐步强大，东西方分立对抗—合作的世界格局不可避免且将成为常态。自2008年世界经济危机以来，发达国家内部经济增长动力不足，贫富分化日益加重，从强调释放市场力量的新自由主义向主张社会保护的新保守主义转变。而2020年年初新冠肺炎疫情的发生则加速和显化了这一对抗局面。

时期的新的重要任务。从理论上来看，虽然我国逐步形成国家（中国共产党）领导社会和市场的（基层）社会治理体系建设理论雏形，但实际缺乏能够有效指导实践的理论创新，大多的城市基层社会治理实践仍处于起步阶段，也缺乏系统的理论提炼与实践总结。故本章第二、三节即尝试梳理中国城市基层社会治理体系的系统构成及其关系结构。

第二节　中国城市基层社会治理体系的系统构成

目前对于城市基层社会治理体系的划分相对比较杂，学术词汇和政府用语也并不一致，本研究在对以往研究进行梳理的基础上，认为城市基层社会治理体系包括党委、政府、社会和市场四个方面，而专业社会组织作为一类超越基层社会的具有专业能力的组织形式（具有联结四方的中介作用），可归为社会部门，亦具有重要价值。故将城市基层社会治理体系划分为5个子体系，分别为：党组织体系、行政管理体系、基层自治组织体系、专业社会组织体系和企业体系。居民作为重要一方参与在这5个子体系中。党组织体系主要包括各级党组织及其下属群团组织，行政管理体系包括各级政府及社区服务站，基层自治组织体系包括居委会、业委会、社区社会组织以及其他各类群众自发组织、社群等，专业社会组织体系包括社工机构、基金会、社会团体、合作社等，企业体系主要指企业、事业单位和在民政部门登记注册的一类民办非企业单位。

一、基层党组织体系

对于党组织在基层社会中的作用，学术界已经形成了普遍共识，即中国最大的特色就是中国共产党的领导，中国共产党是党员的组织，同时是整合政府、市场、社会三种治理机制，破解条块分割、利益固化的领导和抓手，是推进国家治理体系和治理能力现代化的根本领导力量。与此同时，党建引领社会治理现代化，是巩固党的执政基础、社会基础、群众基础的重要手段和路径。一是党在基层社会中要发挥领导核心作用，城市的社区自治离不开中国共产党的领导（马仲良，2001；何海兵，2003；李友梅，2003；卢汉龙，2004；陈家刚，2015；全林，2021）。二是党要创新其领导方式，一方面，党要发挥政治领导以及服务社会、关怀社会的作用,要保证党的理论、路线、方针、政策的落实,做好群众的思想政治工作,发挥党员的先锋模范作用,密切党和群众的联系(马仲良,2001;何海兵,2003);另一方面,党在基层需要发挥协调不同主体之间关系的作用(林尚立,1999;何海兵,2003;李友梅,2003;林尚立,2001),也即建设党建引领多方共建的格局,协调社区居委会、社区居民、市场组织、社会组织等社区主体,强化彼此认同、开展协商合作等集体行动,为居民参与提供稳定的结构保障和主体再生产的可持续(毛一敬,2021;潘泽泉等,2021;陈亮、李元,2018;孙萍,2018)。

(一) 基层党组织

党的十八大以来,基层党组织在城市基层社会治理中发挥的作用逐步明晰。党的十八大报告提出,党的基层组织是团结带领群众贯彻党的理论和路线方针政策、落实党的任务的战斗堡垒。要创新基层党建工作,夯实党执政的组织基础。2017年6月发布的《中共中央 国务院关于加强和完善城乡社区治理的意见》进一步提出,要充分发挥基层党组织领导核心作用,把加强基层党的建设、巩固党的执政基础作为贯穿社会治理和基层建设的主线。着重强调了以下五个方面:一是加强和改进社区党组织对社区各类组织和各项工作的领导,确保党的路线方针政策在社区全面贯彻落实;二是加强社区服务型党组织建设,着力提升服务能力和水平,更好地服务改革、服务发展、服务民生、服务群众、服务党员;三是继续推进社区与驻社区单位共建互补,深入拓展区域化党建;四是健全社区党组织领导基层群众性自治组织开展工作的相关制度,依法组织居民开展自治,及时帮助解决基层群众自治中存在的困难和问题;五是加强社区党风廉政建设,推动全面从严治党向社区延伸,切实解决居民群众身边的腐败问题。

党的十九大报告则明确了要以提升组织力为重点,突出政治功能,把基层党组织建设成领导基层社会治理、团结动员群众、推动改革发展的战斗堡垒的目标任务。2019年中共中央办公厅发布的《关于加强和改进城市基层党的建设工作的意见》提出提升党组织领导基层社会治理工作水平的四个方面:一是健全党组织领导下的社区居民自治机制;二是领导群团组织和社会组织参与基层社会治理;三是做实网格党建,促进精细化治理;四是建设覆盖广泛、集约高效的党群服务中心。2020年发布的《中共中央 国务院关于加强基层治理体系和治理能力现代化建设的意见》进一步强调了坚持党对基层社会治理的全面领导,把党的领导贯穿基层社会治理全过程、各方面。提出要推动党建引领基层社会治理机制全面完善,基层政权坚强有力,基层群众自治充满活力,基层公共服务精准高效,党的执政基础更加坚实,基层社会治理体系和治理能力现代化水平明显提高。

党章中关于基层党组织的设置标准

根据2022年修订的党章第三十条的规定,企业、农村、机关、学校、医院、科研院所、街道社区、社会组织、人民解放军连队和其他基层单位,凡是有正式党员三人以上的,都应当成立党的基层组织。党的基层组织,根据工作需要和党员人数,经上级党组织批准,分别设立党的基层委员会、总支部委员会、支部委员会。基层委员会由党员大会或代表大会选举产生,总支部委员会和支部委员会由党员大会选举产生,提出委员候选人要广泛征求党员和群众的意见。第三十三条规定,街道、乡、镇党的基层委员会和村、社区党组织,统一领导本地区基层各类组织和各项工作,加强基层社会治理,支持和保证行政组织、经济组织和群众性自治组织充分行使职权。第三十四条规定,党支部是党的基础组织,担负直接教育党员、管理党员、监督党员和组织群众、宣传群众、凝聚群众、服务群众的职责。

(二)群团组织

群团组织是"群众性团体组织"的简称,属于社会团体,但不需要在民政部门登记。作为党领导下的群团组织,是社会治理的重要力量,政府政策文件中对于群团组织在基层社会治理中发挥作用的要求亦不断提高。

1997年,党的十五大报告就指出,工会、共青团、妇联等群众团体,要在管理国家和社会事务中发挥民主参与和民主监督的作用,成为党联系广大人民群众的桥梁和纽带。2000年出台的《民政部关于在全国推进城市社区建设的意见》明确提出,要充分发挥工会、共青团、妇联、残联以及老龄等组织在推进社区建设中的重要作用。2006年发布的《国务院关于加强和改进社区服务工作的意见》指出群团组织参与社区服务的功能,积极鼓励工会、共青团、妇联及残联、老龄、慈善等组织参与社区服务,大力倡导团结互助、扶贫济困的良好风尚,形成推动社区服务发展的合力。2009年发布的《民政部关于进一步推进和谐社区建设工作的意见》进一步指出要建立健全共青团、妇联、残联、老年协会等群团组织在社区的机构,大力培育服务性、公益性、互助性社区社会组织,发挥其提供服务、反映诉求、规范行为的作用。

党的十九大报告则提出了要增强群团组织群众工作本领，要创新群众工作体制机制和方式方法，推动工会、共青团、妇联等群团组织增强政治性、先进性、群众性，发挥联系群众的桥梁纽带作用，组织动员广大人民群众坚定不移跟党走。2019年发布的《关于加强和改进城市基层党的建设工作的意见》指出要支持群团组织依法参与社会事务管理，把适合群团组织承担的一些社会管理服务职能按照法定程序转由群团组织行使；支持群团组织立足自身优势，以合适方式参与政府购买服务。同时，群团组织承接政府转移职能要试点先行，承接职能后应该建立符合公共服务特点的运行机制，确保能负责、能问责；参与政府购买服务，要严格管理、规范实施，做到政府放心、社会认可、自身有活力。

实际上，正如前文所言，群团组织既有自上而下的层级管理，又在最基层有一个个实在的会员群体，是推动基层全过程民主、推动居民参与社区治理和社区服务的重要组织体系，其下面也可以管理（挂靠）多种类型的社区社会组织，未来应当并且可以发挥更大作用。

中央机构编制委员会办公室管理机构编制的群众团体共有22个：

中华全国总工会、中国共产主义青年团中央委员会、中华全国妇女联合会、中国文学艺术界联合会、中国作家协会、中国科学技术协会、中华全国归国华侨联合会、中国法学会、中国人民对外友好协会、中华全国新闻工作者协会、中华全国台湾同胞联谊会、中国国际贸易促进委员会（中国国际商会）、中国残疾人联合会、中国红十字会总会、中国人民外交学会、中国宋庆龄基金会、黄埔军校同学会机关、欧美同学会（中国留学人员联谊会）、中国思想政治工作研究会、中华职业教育社、中华全国工商业联合会和中国计划生育协会。

二、行政管理体系

涉及城市基层社会治理的行政管理体系包括各级政府及其派出机构——街道办事处，以及社区中的社区服务站。街道办事处是基层社会治理的主导力量，目前其主要改革方向：一是厘清街道办事处与其他组织之间的权责关系；二是整合审批服务，以其连接政府和社会的功能助推社会治理的新发展。2017年发布的《中共中央 国务院关于加强和完善城乡社区治理的意见》提出，要有效发挥基层政府主导作用。各省（自治区、直辖市）按照条块结合、以块为主的原则，制定区县职能部门、街道办事处（乡镇政府）在社区治理方面的权责清单；依法厘清街道办事处（乡镇政府）和基层群众性自治组织权责边界，明确基层群众性自治组织承担的社区工作事项清单以及协助政府的社区工作事项清单。2021年4月发布的《中共中央 国务院关于加强基层治理体系和治理能力现代化建设的意见》进一步提出要加强基层政权治理能力建设，包括增强乡镇（街道）行政执行能力、为民服务能力、议事协商能力、应急管理能力、平安建设能力。2021年6月出台的《"十四五"民政事业发展规划》更加具体地指出，要深化乡镇（街道）服务能力建设和管理创新，包括强化乡镇（街道）对辖区内公共服务的监督管理，推广"街乡吹哨、部门报到、接诉即办"等基层管理经验，建立乡镇（街道）与县（市、区、旗）有关职能部门之间高效协调机制；积极推行乡镇（街道）政务服务"好差评"机制；深化乡镇（街道）服务管理体制改革，提高"放管服"承接能力，实行"一站式"服务和"一窗式"办理，推动乡镇（街道）一站式服务中心或便民服务、一体化在线政务服务平台实现全覆盖等。

社区服务站是城市社区综合服务设施的一种，是政府公共服务延伸到社区的工作平台，承担政府公共职能，提供公共服务，参与基层社会治理。不同地区对社区服务站的设置和规范存在较大差别。2019年北京市社会建设工作领导小组印发《北京市社区工作准入管理办法（试行）》，提出要规范挂牌方式，社区办公服务场所外只悬挂社区党组织、社区居民委员会、社区服务站牌子，进一步使社区服务站的身份合法化、规范化。进一步推进"居站分离"，弱化居委会的行政倾向，减轻社区居委会的行政负担，强化社区服务站的服务能力仍为社区管理—社区服务站的发展方向。根据《北京市社区工作准入管理办法（试行）》规定，社区服务站依法履行的职责主要包括：

（1）办理社区居民的公共事务和公益事业，组织开展社区便民利民服务、公益服务和志愿互助服务。

（2）依法开展妇女、未成年人、老年人、残疾人等权益保障相关工作。

（3）培育发展社区社会组织，加强分类指导和业务指导，为居民开展多样化服务。

社区服务站依法协助政府工作职责主要包括：协助宣传落实教育、住房、就业、基本养老保险、社会救助、医疗保障、慈善、残疾人保障、居家养老、困境儿童保障、反家庭暴力、公共法律服务、社会心理服务等民生保障政策，及时发现反映居民生活诉求，协助提供服务。

三、基层自治组织体系

基层群众自治制度是依照宪法和法律，由居民（村民）选举的成员组成居民（村民）委员会，实行自我管理、自我教育、自我服务、自我监督的制度。党的十七大将"基层群众自治制度"首次写入党代会报告，正式与人民代表大会制度、中国共产党领导的多党合作和政治协商制度、民族区域自治制度一起，纳入了中国特色政治制度范畴。本书中的基层自治组织体系包括居委会、社区社会组织、业委会以及其他各类群众自发组织、社群等。

由于我国主要的城市基层自治组织——社区居委会一般与社区党组织、社区服务站"一套人马，三块牌子"，故不少基层社会治理研究关注政府权力与社会权力如何形成相互衔接与融合。主要研究视角分为两类：一种观点认为国家和社会力量的消长并不是等值互补的，行政权力的扩张并不一定意味着社会自治空间的减少，单纯的"去行政化"也不一定可以使社会的力量得到增强（朱健刚，1997；林尚立，1999；黄锐，2015）。如林尚立（1999）就提到，社会自主性和独立性的发展程度不单纯由国家权力从社会中退出的程度来决定，它在很大程度上还取决于社会结构的变化、社会发展的水平、社会个体的素质以及社会动员的程度。李友梅（2007）也认为，中国社区建设不仅是国家基层政权建设的过程，同时也是基层社会发育的进程，在社区建设的过程中，市场和社会力量获得了更大的体制空间，并初步形成了自身的资源汲取、获得机制与利益表达途径；基层政权建设也得到不断加强，二者之间是持续的互动过程。吴莹、王汉生（2011）研究提出基层社会自治的发育是国家干预和制度安排的产物，"社会"并非"国家"的对立物，而是浸透着国家的身影和力量。他们认为改革后中国基层社会自治的发育也是国家干预和制度安排的产物。这种"自上而下"推动民主建设的做法，在后发现代化国家中比较普遍。

还有一种主要观点认为虽然政府治理、社会自我调节和居民自治在社区治理过程中已经开始互动，但是它仍然受到公权力要素的重要影响（Van Leeuwen，2016），尤其是政府行政干预与社区自治之间处于此消彼长的状态。如杨敏（2007）提出社会转型和社区建设运动背景下的中国城市社区，是为了解决单位制解体后城市社会整合与社会控制问题的、自上而下建构起来的国家治理单元，而不是一个可以促进市民社会发育的地域社会生活共同体。

田毅鹏（2012）认为，在社区自治尚不完备的情况下，该模式的推进和强化可能强化基层行政力量，弱化社区自我管理，进而对社区自治进程产生消极影响。黄晓星（2016）认为社区缺乏工作自主性，基本上是围绕上级政府在运转。在社区承接的任务中，部分任务常规开展，但也还有大量的政府中心工作，由于开展过程不固定，社区不能自主安排时间。王春光（2013）、周雪光（2017）认为在"压力型"体制下，乡镇、街道承担了大量的工作，也将任务分摊给村社区，几乎所有的党政工作在社区都有下派任务，社区成为事实上最基层的科层组织，承担了大量行政职责。陈家建、赵阳（2019）提出城市社区低治理权的问题，他们认为现实中的社区延续了政府体系中的治理权层级分配逻辑，越是基层，社会治理权越低。社区作为最基层的单位，其治理权最低。在低治理权的情形下，社区产生了独特的运作机制，其核心是综合性治理。在科层体系中，治理权的高低决定着向下级分派任务的能力，也决定着转移本级责任的能力。而对于社区，在治理权极低的情况下，其承担的行政压力无法像上级政府那样往下分解转移，而只能由社区自行承担。

笔者认为两种观点虽然立场不同，但都有实践支撑和现实影子，说明中国城市基层自治组织体系是需要辩证地来看待和发展的，一些社区可以达到国家与社会相互促进、共荣共生的效果，其他一些地区、社区可能过分强调行政功能，或缺乏国家在场而以居民自治为主。总体而言，延续第一章"中国基层社会治理体系建设的前世今生"的分析：一方面，中国村居委会制度以基层社会治理体系为架构是有其必然性、必要性的；另一方面，基层自治组织体系作为"人在组织中"的组织体系是基层社会治理的基础，组织的活力需要成员的参与，由此才能保证基层的真正稳定，这其实也是基层社会一直在努力探索的主要内容。本部分主要介绍居民委员会、业委会和社区社会组织，其他基层自治组织包括职工组织、网络社群、各类弱势群体组成的互助小组等，这里不做详细介绍。

（一）居民委员会

1989年发布、2018年修订的《中华人民共和国城市居民委员会组织法》第二条指出，居民委员会是居民自我管理、自我教育、自我服务的基层群众性自治组织。根据2000年出台的《民政部关于在全国推进城市社区建设的意见》，社区居民委员会的根本性质是党领导下的社区居民实行自我管理、自我教育、自我服务、自我监督的群众性自治组织。居民委员会作为党委、政府与居民之间最重要的桥梁和纽带，既协助党委、政府完成党组织和行政工作、提供社区公共服务，也为社区居民自助—互助服务、社区社会组织发展、社区服务供给等提供支持和培育，也是基层民主中居民参与政治生活、享有更多更切实的民主权利的重要组织形式。

2006年发布的《国务院关于加强和改进社区服务工作的意见》提出要支持社区居委会协助城市基层政府提供社区公共服务。包括依托社区居委会等基层组织，挖掘和利用社区资源，加强群防群治队伍建设，协助城市基层政府提供社区公共服务，组织社区成员开展自助和互助服务，为发展社区服务提供便利条件。党的十七大报告则提出要健全基层党组织领导的充满活力的基层群众自治机制，扩大基层群众自治范围，完善民主管理制度，把城乡社区建设成为管理有序、服务完善、文明祥和的社会生活共同体。2010年中共中央办公厅、国务院办公厅发布的《关于加强和改进城市社区居民委员会建设工作的意见》指出，社区居民委员会是党和政府联系社区居民群众的桥梁和纽带，要协助城市基层人民政府或者它的派出机关做好与居民利益有关的社会治安、社区矫正、公共卫生、计划生育、优抚救济、社区教育、劳动就业、社会保障、社会救助、住房保障、文化体育、消费维权以及老年人、残疾人、未成年人、流动人口权益保障等工作，推动政府社会管理和公共服务覆盖全社区。同时也提出，社区居民委员会要积极培育社区服务性、公益性、互助性社会组织，对不具备登记条件的社区服务性、公益性、互助性社会组织，要主动帮助办理备案手续，并在组织运作、活动场地等方面为其提供帮助。

党的十八大报告则对居民委员会在基层民主作用的发挥方面有了更深刻的阐释，指出要健全基层党组织领导的充满活力的基层群众自治机制，以扩大有序参与、推进信息公开、加强议事协商、强化权力监督为重点，拓宽范围和途径，丰富内容和形式，保障人民享有更多更切实的民主权利。党的十九届四中全会提出，健全基层党组织领导的基层群众自治机制，在城乡社区治理、基层公共事务和公益事业中广泛实行群众自我管理、自我服务、自我教育、自我监督，拓宽人民群众反映意见和建议的渠道，着力推进基层直接民主制度化、规范化、程序化。

城市居民委员会的选举办法

根据《中华人民共和国城市居民委员会组织法》（以下简称"《城市居民委员会组织法》"）第六条规定，居民委员会根据居民居住状况，按照便于居民自治的原则,一般在一百户至七百户的范围内设立。根据《城市居民委员会组织法》第八条规定,居民委员会主任、副主任和委员,由本居住地区全体有选举权的居民或者由每户派代表选举产生;根据居民意见,也可以由每个居民小组选举代表二至三人选举产生。居民委员会每届任期五年,其成员可以连选连任。根据《城市居民委员会组织法》第十条规定,居民委员会向居民会议负责并报告工作。居民会议由居民委员会召集和主持。有五分之一以上的十八周岁以上的居民、五分之一以上的户或者三分之一以上的居民小组提议,应当召集居民会议。涉及全体居民利益的重要问题,居民委员会必须提请居民会议讨论决定。居民会议有权撤换和补选居民委员会成员。

(二)业主委员会

业主大会和业主委员会是建立在商品房产权和小区公共空间共有基础上的业主权利组织,不同于社区两委,业主大会和业主委员会的基础是共有物产权。国务院2018年修订的《物业管理条例》规定,同一个物业管理区域内的业主,应当在物业所在地的区、县人民政府房地产行政主管部门或者街道办事处、乡镇人民政府的指导下成立业主大会,并选举产生业主委员会。但是,只有一个业主的,或者业主人数较少且经全体业主一致同意,决定不成立业主大会的,由业主共同履行业主大会、业主委员会职责。其中,第十五条规定,业主委员会是业主大会的执行机构。业主委员会的职能主要体现在社区物业管理活动全过程,代表业主同物业服务人员签订无讹服务合同、监督和保障物业服务合同的实施、制定并维护公约、约束业主的行为等方面①。

事实上,由于业主委员会建立在共有物产权之上,其成员具有利益上的相关性:一方面,比一般的居民参与更具有民主意义;另一方面,业主也有参与的主动性。不少研究认为业委会的出现改变了中国城市基层政治参与的形势。在业委会运作良好的街区,一些业主能够利用这些市民组织参与社区政治,为市民大众相互合作维护共同利益提供了重要保障(石发勇,2010)。如桂勇(2001)提出,成功的业主委员会,真正具有群众自治、民间联合的

---

① 此外,物业管理委员会是一个特别的机构,主要是在未成立业主委员会的社区代行业主委员会的基本职能。物业管理委员会由居民委员会、村民委员会、业主、物业使用人代表等七人以上单数组成,其中业主代表不少于物业管理委员会委员人数的二分之一。物业管理委员会主任由居民委员会、村民委员会代表担任,副主任由居民委员会、村民委员会指定一名业主代表担任。物业管理委员会委员名单应当在物业管理区域内显著位置公示。

意识，在一定程度上实现了城市居民的自我治理，并得到了居民的认同，不少业主委员会成员本身也表现出了极强的权益意识、法律意识和组织意识。在这个国家与社会力量共同调节的新空间里，事务运作的原则是自治和契约，因此小区是具有市民社会性质的"新公共空间"（张静，2001；张磊等，2005）。李友梅（2002）提出，业主委员会、居民委员会和物业公司通常被视为一个商品房小区里的三个基本组织，它们的合作构成了拉动小区治理的"三驾马车"。王汉生、吴莹（2011）认为，相关政策法规通过对"三驾马车"的权力空间的划分以及相互关系的规定，不仅限定了以业主委员会为代表的业主自治的范围，同时也为居委会作为国家代理人"进入"小区及对其进行干预提供了合法的渠道。鉴于此，作为"三驾马车"之一的业主委员会，对维护居民利益、促进小区建设起了很大作用，其性质与功能决定了其在社区治理中的不可或缺。陈鹏（2016）进一步提出，就商品房社区而言，业主和业主组织代表社会的力量，房地产商和物业公司代表市场的力量，建委系统、街道办、居委会代表国家的力量。社区层面的这三种力量的互动、博弈和融合实际上构成了宏观结构的微观基础。但也有研究提出业委会的局限性包括可能因为组织结构、领导者智识、心理等方面的原因和社会网络的作用而逐渐形成寡头统治和派系政治；国家行政机构和相关的商业组织也会利用关系网络干预、分化这些市民组织，从而加剧派系斗争等（石发勇，2010）。

总体而言，如何让业主委员会能够保护物业企业和业主的合法权益，和谐二者关系，更好地发挥作用以推动基层社会治理水平和治理能力提升，是城市基层社会治理需要探索的重要内容。2021年住房城乡建设部等十部门发布的《关于加强和改进住宅物业管理工作的通知》也提出要从优化业主委员会人员配置、充分发挥业主委员会作用、规范业主委员会运行、加强对业主委员会监督四方面来健全业主委员会治理结构。

业主委员会的主要职责

业主委员会的职责主要包括业主委员会的成立、业主委员会委员的资格认定、业主委员会会议的召开、业主委员会履职过程中同其他社区主体、政府部门、司法机构的合作等。根据2018年修订的《物业管理条例》，业主委员会是业主大会的执行机构，履行下列职责。

1. 召集业主大会会议，报告物业管理的实施情况。
2. 代表业主与业主大会选聘的物业服务企业签订物业服务合同。
3. 及时了解业主、物业使用人的意见和建议，监督和协助物业服务企业履行物业服务合同。

4. 监督管理规约的实施。

5. 业主大会赋予的其他职责。

与此同时，违反物业服务合同约定、业主逾期不交纳物业服务费用的，业主委员会应当督促其限期交纳；逾期仍不交纳的，物业服务企业可以向人民法院起诉。业主大会、业主委员会应当依法履行职责，不得做出与物业管理无关的决定，不得从事与物业管理无关的活动。业主大会、业主委员会做出的决定违反法律、法规的，物业所在地的区、县人民政府房地产行政主管部门或者街道办事处、乡镇人民政府，应当责令限期改正或者撤销其决定，并通告全体业主。

（三）社区社会组织

根据目前我国对社会组织的管理，社区内部的基层组织属于社区社会组织，近年民政部出台了《关于大力培育发展社区社会组织的意见》《培育发展社区社会组织专项行动方案（2021—2023年）》等文件推动这类组织的政府备案与规范管理。根据民政部2017年发布的《关于大力培育发展社区社会组织的意见》，社区社会组织是由社区居民发起成立，在城乡社区开展为民服务、公益慈善、邻里互助、文体娱乐和农村生产技术服务等活动的社会组织[1]。社区社会组织的积极作用有提供社区服务、扩大居民参与、培育社区文化和促进社区和谐。根据组织本身开展活动和服务内容的不同，有学者将社区社会组织分为福利型组织（如社区敬老院、社区托儿所）、文体娱乐型组织（秧歌队、老年人歌唱队）、权益保障型组织（如社区法律援助协会、社区治安队、环境保护协会等）、志愿服务型组织（如社区志愿者服务队及相关义工组织）等。还有学者将社区社会组织分为社区福利组织（社区托老所与敬老

---

[1] 由于社区社会组织属于相对较新的提法，故不同地区的界定存在差别。根据深圳市民政局2010年发布的《深圳市社区社会组织登记与备案管理暂行办法》，社区社会组织是指公民、法人和其他组织自愿组成或举办，并在街道或社区地域范围内开展活动的，以满足社区居民不同需求为目的，非营利性、公益性、服务性或互益性的社区社会团体和社区民办非企业单位。广东省2020年发布的《社区社会组织分类管理办法（征求意见稿）》，将社区社会组织定义为由本社区为主的公民、法人和其他组织自愿发起，以城乡社区为主要活动区域，以服务社区居民、满足社区需求、推动社区发展为宗旨的非营利性社会组织。社区社会组织可以按照社会团体或社会服务机构（民办非企业单位）的形式登记成立。

院、社区服务中心等)、社区文体组织(社区老年大学、健身队、老年文艺表演队等)、社区居民权益维护组织(社区法律援助中心、社区妇女儿童保护协会、社区环境保护协会等)、社区志愿活动组织(社区志愿者与义工组织等)、为社区居民提供服务的组织(为社区残疾人、优抚对象、生活困难等特殊群体提供无偿服务的组织)以及为社区居民生活提供便利低偿服务的便民利民组织(社区卫生所、职业所等);等等。

2020年,民政部发布《培育发展社区社会组织专项行动方案(2021—2023年)》,提出从2021年起用3年时间,开展培育发展社区社会组织专项行动,通过实施一批项目计划和开展系列主题活动,进一步提升质量、优化结构、健全制度,推动社区社会组织在建设人人有责、人人尽责、人人享有的社会治理共同体中更好发挥作用。目前,各地对社区社会组织主要采取分类管理的办法,即符合法定登记条件的社区社会组织由县级民政部门依法登记;未达到登记条件的社区社会组织,在街道备案后由街道办事处(乡镇政府)实施管理;对于规模较小、组织较为松散、活动区间有限的社区社会组织,由社区党组织领导,基层群众性自治组织对其活动进行指导和管理。总体而言,笔者认为,社区社会组织的发展同样代表了真正有序建立起"人在组织中"的社会组织体系,其可以是自发的,也可以与政府、市场产生联结,可以向志愿队伍、合作社、中小微企业等多个方向发展,是有效激发基层活力、满足居民各类生活和福利需求的重要主体。当然,由于社区社会组织发展仍然处于起步阶段,未来需要进一步厘清的问题还有很多,比如如果社区社会组织正式登记注册为社会组织,它属于基层自治组织体系,还是专业社会组织体系,抑或处于二者的交叉地带?更加合理清晰的定位和体系划分将有助于各类组织的健康有序发展。

四、专业社会组织体系

本研究中的专业社会组织体系主要指在民政部门正式登记注册的社会组织,这与英美等国家的界定有所不同,这些国家所提到的非政府组织、民间组织、非营利组织、公民社会、第三部门等也包括前文介绍的基层自治组织体系中的业主组织、社区社会组织等基层组织①。专业社会组织在中国发展起来，主要源自1995年第四届世界妇女大会在北京召开。其间媒体大量报道并使用"非政府组织"一词，出现了一批自称为"NGO"的草根组织（王名，2007），官方文件中也陆续出现"非政府组织"和"民间组织"等用语。1998年民政部正式成立"民间组织管理局"，开始对非政府组织进行统一管理。民间组织的分类通常按照其依法登记的形式，区分为社会团体、基金会和民办非企业单位三种大的类别，然后在三种不同类别的民间组织中，再具体划分为相应的类型，如社会团体划分为学术性、行业性、专业性和联合性四种类型，基金会划分为公募和非公募两种类型等。依据中国现行法律法规，民间组织主要指以下三类组织：依据《社会团体登记管理条例》（1998）在民政部门登记注册的社会团体，依据《基金会管理办法》（1988）在民政部门登记注册的基金会，依据《民办非企业单位登记管理暂行条例》（1998）在民政部门登记注册的民办非企业单位。其中前两种获得社会团体法人资格，后一种视不同情况获得法人、合伙或者个体的行为主体资格（贾西津，2004）。另外，王名（2007）认为非营利组织按照组织构成可以分为会员制组织和非会员制组织，按照法人形式可以分为社团法人和财团法人，按照组织性质可以分为公益组织、共益组织或互益组织，按照资产来源方式可以分为官办组织、合作组织、民办组织，按照资源动员方式可以分为公募组织和非公募组织，按照活动形式可以分为资助组织、项目组织或服务组织，按照活动性质和范围可以分为网络组织、支持组织、草根组织，按照活动领域可以分为环保组织、人权组织、扶贫组织、妇女组织等。需要说明的是，笔者认为民办非企业单位中大部分虽然注册为民间组织，但其未来还是要向政府政策优惠扶持、购买服务的企业转型，故本书将其放到企业体系中进行分析。

---

① 根据王名（2002）的介绍，NGO最早见于1945年签署的联合国宪章，一般则认为现代意义上的NGO出现于第二次世界大战前后。NGO的英文原文为non-governmental organization，直译为"非政府组织"。除非营利组织是英文non-profit organization（NPO）的中译，公民社会是英文civil society的中译，第三部门是英文third sector的中译，都来自英语，其含义和NGO类似。事实上，截至目前，国际上并没有形成通用的、规范的非政府组织的统一定义，不同的国家、不同的学者、不同的组织，往往使用不同的用语并对这些概念有不同的解释（王名，2007）。从全球角度来看，20世纪80年代以后以美国、英国为代表的西方社会非营利组织开始呈蓬勃增长之势，萨拉蒙（2002）将其称为一种全球性的"结社革命"，尤其西方非营利组织实际属于中世纪以来的宗教慈善等西方传统的现代转型，现已成为政府处理社会问题的伙伴、公平分配资源的手段、公民民主参与的形式，并创造大量就业机会，在社会生活中发挥了十分重要的作用。

本部分着重介绍社工机构、社区基金会和枢纽型社会组织。

（一）社工机构

专业社会工作（包括社会工作机构和社会工作者）是专业社会组织体系中的重要组成部分：一方面，社会工作的"助人自助"理念与中国儒家文化中的守望相助、群体主义、推恩于民等理念相契合（李迎生，2008），社会工作的理念、方法可以通过基层社区工作人员（社会工作者）应用于现代社区治理中，充当政府与居民之间的桥梁和稳定器，化解基层矛盾；另一方面，社会工作机构可以通过"嵌入性发展"和"互构性演化"与政府建立起协同伙伴关系（王思斌等，2009），从政府主导下的弱自主性嵌入向政府—专业合作下走向深度嵌入发展（王思斌，2011）。截至2019年年底，我国社会工作人才队伍总数达到149万人，此中有53.3万人持有社会工作职业水平证书。2020年党的十九届五中全会明确指出，要发挥群团组织和社会组织在社会治理中的作用，畅通和规范市场主体、新社会阶层、社会工作者和志愿者等参与社会治理的途径。从最初的"三社联动"到"四社联动"再到"五社联动"①，以及近些年来正在如火如荼建设的社会工作服务站，都是社会工作机构在参与城市社区治理中的不懈探索。目前，社会工作服务站是各地主要在探索推广的，目的在于建立相对稳定的乡镇（街道）开展社会工作的基层综合性服务平台，促进社区创新治理、培育本土专业社工人才和推动社区社会工作孵化等。

2021年6月发布的《"十四五"民政事业发展规划》中指出，要强化政府引导，支持社会组织、社会工作专业人才、志愿服务组织提供专业化、个性化城乡社区服务。

其中提道：

构建社会工作服务体系。健全党委领导、政府负责、群团助推、社会协同、公众参与的社会工作推进机制。建立村（社区）—街道（乡镇）—区（县）三级社会工作服务体系，按照"有场地、有设备、有人员、有服务功能、有工作流程、有规章制度"的标准，加快推进乡镇（街道）社工站建设。推动乡镇（街道）社工站在困难群众帮扶、老年人服务、困境儿童关爱保护、

---

① 徐选国、徐永祥（2016）将三社联动界定为：在政府主导下，在社区治理中，以社区为平台、社会组织为载体、社会工作专业人才为支撑并实现"三社"相互支持、协调互动的过程和机制。

社会支持网络构建、社区参与能力提升、社会工作机构与志愿服务组织培育等方面发挥作用,成为基层社会治理与服务的重要力量。

提升社会工作服务机构能力。 制定社会工作服务机构标准和规范。引导社会力量举办和发展社会工作服务机构。优先发展以老年人、残疾人、困境儿童、农村留守人员、流动人口、家庭暴力受害人等为重点服务对象的社会工作服务机构,推进精神慰藉、教育辅导、婚姻家庭、矫治帮教、戒毒等领域社会工作,培养专业人才,实施品牌化建设。完善城乡社区、社会组织、社会工作"三社联动"机制,发挥好社区志愿者、公益慈善资源协同作用,促进社会工作专业力量参与社会治理。

扩大专业社会工作人才队伍。 支持民政服务机构与基层民政经办机构、社区和社会服务机构设置社会工作岗位,加强社会工作专业人才配备和使用。支持高等院校加强社会工作专业学位教育,强化优化专业建设和相关领域课程设置。鼓励一线社会工作者通过培训和考试提高专业能力,获得相应职业资格。建立分级培养机制和分类培训体系,提高社会工作专业人才总量和水平。实现"社会工作人才+志愿者"联动服务模式常态化,形成社会工作人才引领志愿者、志愿者协助社会工作人才开展服务的良性互动机制。

(二) 社区基金会

社区基金会作为社区中的非营利性法人组织,是撬动社会力量参与社区治理的重要途径,是社区治理资金筹集的重要渠道之一。根据2004年国务院颁布的《基金会管理条例》,基金会是指利用自然人、法人或者其他组织捐赠的财产,以从事公益事业为目的,按照该条例的规定成立的非营利性法人。该管理条例同时规定,基金会分为面向公众募捐的基金会(简称公募基金会)和不得面向公众募捐的基金会(简称非公募基金会)。公募基金会按照募捐的地域范围,分为全国性公募基金会和地方性公募基金会。在此基础上,不同地区根据各自情况定义了社区基金会,如根据上海市民政局2015年发布的《上海社区基金会建设指引(试行)》,社区基金会是指利用自然人、法人或者其他组织捐赠的财产,以从事街镇公益事业、参与社区治理、推动社区健康发展为目的,按照《基金会管理条例》规定成立的非营利性法人。社区基金会分为公募和非公募两种类型,由社区内的自然人、法人和其他组织自主、自愿发起设立;在南京市2015年出台的《关于推动南京市社区型基金(会)发展的实施方案(试行)》中,将社区基金会界定为:在民政部门登记注册,以从事社区公益事业为目的，服务地域为一个街道或社区的基金会法人；四川省民政厅则将社区基金会定义为：利用自然人、法人或者其他组织捐赠的财产，以从事社区困难救助、慈善帮扶、环境营造、发展治理、养老托幼、文化娱乐等公益事业为目的，按照《中华人民共和国慈善法》《中华人民共和国公益事业捐赠法》和《基金会管理条例》等相关规定成立的非营利性法人组织；等。

2017年中共中央、国务院发布的《关于加强和完善城乡社区治理的意见》提出，要不断拓宽城乡社区治理资金筹集渠道，鼓励通过慈善捐赠、设立社区基金会等方式，引导社会资金投向城乡社区治理领域。2021年7月发布的《中共中央 国务院关于加强基层社会治理体系和治理能力现代化建设的意见》则明确提出要完善社会力量参与基层社会治理激励政策，创新社区与社会组织、社会工作者、社区志愿者、社会慈善资源的联动机制，支持建立乡镇（街道）购买社会工作服务机制和设立社区基金会等协作载体。根据统计，目前我国社区基金会已经超过200家，业务范围主要聚焦于发展社区公益事业、培育社区社会组织、解决社区问题、参与社区治理、促进社区发展。

社区基金会的主要类型

在社区基金会的发展过程中主要形成了政府主导型、企业主导型和社会主导型三种模式。政府主导型社区基金会包括了基层政府，出于社区需求或自身需求直接推动成立以及由上级政府推动成立的，主要依靠当地街道办事处的支持。企业主导型，是由企业出资发起的社区基金会，通常以地产企业发起居多，目的在于对企业楼盘所在社区进行整体打造与提升，进一步提高居民居住的幸福感。同时也包括大型企业，因是某个社区的建设管理单位，承担着社区建设、管理等目标，社区内的居民多为企业员工，社区的文化与建设也是企业文化与建设的一部分。如深圳桃源居集团捐资1亿元成立了桃源居公益事业发展基金会，目前桃源居社区基金会已经成为母基金，主要扶持其他地区社区基金会的发展。社会主导型社区基金会多是社区居民出于社区需要或对社区的归属感、责任感而出资发起的，由本社区居民开展日常运营，筹款也多来自本社区居民。如深圳市南山区蛇口社区基金会于2014年12月成立，该基金会是南山区第一家社区基金会，也是全国第一家民间自发的、民间自治的社区基金会。

（三）枢纽型社会组织

在我国，随着社会组织的发展特别是数量的增加，社会组织也开始出现了功能性分化。有的直接开展社会服务，有的开始侧重于为社会组织提供服务。为直接开展社会服务的社会组织提供服务的社会组织一般称为支持型社会组织，2008年后官方的称谓转变为枢纽型社会组织。故枢纽型社会组织是一类特殊的社会组织，也是一个极富中国特色的词语，一方面，它承接政府职能，对社会组织进行管理与服务；另一方面，它凭借自身优势，整合资源形成合力，使社会力量最大化，共同参与社会治理（李娜，2018）。

在相关政策文件中，"枢纽型社会组织"一词较早见于2008年北京市社会工作委员会出台的《关于加快推进社会组织改革与发展的意见》，该文件指明了构建"枢纽型"社会组织工作体系。2009年，北京市颁布的《关于构建市级"枢纽型"社会组织工作体系的暂行办法》将枢纽型社会组织界定为：由负责社会建设的有关部门认定，在对同类别、同性质、同领域社会组织的发展、服务、管理工作中，在政治上发挥桥梁纽带作用、在业务上处于龙头地位、在管理上承担业务主管职能的联合性社会组织。2012年，广东省发布《广东省社工委关于构建枢纽型组织体系的意见》，提出枢纽型社会组织是指通过政府部门认定的，在现有社会组织体系中处于枢纽地位，通过健全的组织系统和有效的服务支持，加强统筹协调与纽带联系，实现同类型、同性质、同领域社会组织的孵化培育、协调指导、合作发展、自治自律、集约服务、党团管理的联合性社会组织。从全国层面推广角度来看，2017年民政部发布的《关于大力培育发展社区社会组织的意见》明确指出，鼓励在街道（乡镇）成立社区社会组织联合会、社区社会组织服务中心等枢纽型社会组织，发挥管理服务协调作用，规范社区社会组织行为，提供资源支持、承接项目、代管资金、人员培训等服务。2020年民政部发布的《培育发展社区社会组织专项行动方案（2021—2023年）》指出，推进社区社会组织支持平台建设，发挥社区社会组织联合会等枢纽型、支持型社会组织作用，有条件的地方可以建设社区社会组织孵化基地。明确相关支持平台和孵化机构工作职责，完善工作制度，强化工作力量，为社区社会组织提供党建引领、培育孵化、资金代管、人员培训等综合服务和指导支持。有条件的地方可以探索委托具备专业能力的枢纽型社会组织或社会工作服务机构运营服务平台与孵化机构。

五、企业体系

从企业体系角度来看，满足基层社会需求的小微企业、商业广泛存在于我们的日常生活之中，业务或服务性质涉及商品制作及销售（便利店、手工艺品、环保产品及健康食品）、家居服务（维修及保养、托儿、助老托老）、一般清洁服务（汽车清洁及美容、办公室清洁）、餐饮服务（餐饮、小卖部、社会服务）、个人护理服务（剪发、按摩、美容、保健）、其他服务（商务支援服务、旅游服务、电话及市场调查、园艺及耕种）等各个方面。总体来看还是以市场（利润）为导向的。除国有企业和大中型企业布局社区服务业、一老一小等产业以外，很多是个体谋生的小经济（小微企业、个体工商户），虽然小，但也关系着在其中就业谋生的大众家庭。

2020年国务院总理李克强在山东烟台考察时就表示，地摊经济、小店经济是就业岗位的重要来源，是人间的烟火，和"高大上"一样，是中国的生机。西方话语中有"社会经济"这一类似于基层经济的话语，但其主要作用为以多元的方式监督政府及市场的经济活动，并通过不同的路径在经济事务上实现个体和社群赋权，要旨包括：以人为本、立足小区、互助合作、民主参与、人与土地的和谐共生、生产不是为了消费而是为了解决民生问题、多元化的社会所有制等（潘毅，2012）。笔者比较赞同Molloy等（1999）的定义，认为社会经济活动能够为当地居民和共同体（社群）提供参与当地经济复苏和就业创造的各个阶段的机会，包括从识别人们的基本需要，到将创造性转化成实践。社会经济覆盖了自助与合作社运动的经济潜力和活动，其组织包括合作社、自助项目、信用联社、住房协会、合作伙伴、社区企业和商业等。另外，陈宪（2000）从与纯粹市场经济的区别角度，提出社会经济不是单纯以利润和生产率为基础的，而是以参与社会和社区生活、服务他人为中心，"社会经济是以人的关系、亲密感情、同伴关系、兄弟般联系和管理为中心的，其属性是不能轻易被缩减或以机器来取代的，这是一个机器所不能充分渗透和包含的领域"。张琦（2008）从社区经济与社会经济关系的角度分析，认为社区经济是从社会经济大环境中发育而成的，是社会经济的具体表现形式。社区经济的内涵是：在社区范围内，经济活动的主要参与者是社区居民的一切经济活动，主要可分为营利型和非营利型经济。营利型经济指依照市场机制、遵循价格规律、追求经济利润最大化的经济活动，包括以前的街道经济。非营利型经济指以非营利组织为行为主体、以社区福利最大化为目标、解决社区的社会必需、改善本社区的社会环境、以提高本社区的生活质量为己任的经济活动。本部分主要讨论的就是以中小微企业、社区商业为主的民办非企业单位、社会企业和物业服务企业。

（一）民办非企业单位

根据1998年国务院通过的《民办非企业单位登记管理条例》第二条规定，民办非企业单位是指企业事业单位、社会团体和其他社会力量以及公民个人利用非国有资产举办的，从事非营利性社会服务活动的社会组织。民办非企业单位作为一种实体性、独立性、非营利性的社会组织，极大地推动了我国教育、科技、卫生、体育、扶贫等社会事业发展。根据《2021年民政事业发展统计公报》，截至2021年年底，注册登记为民办非企业单位的社会组织共1.8万个。民办非企业单位有两种划分方式，如表1和表2所示，一是根据其依法承担民事责任的不同分为民办非企业单位（个体）、民办非企业单位（合伙）和民办非企业单位（合体）三种；二是根据服务的行（事）业不同划分为十类。

表1 根据依法承担民事责任的不同划分的民办非企业单位

民办非企业单位（个体）	个人出资且担任民办非企业单位负责人的
民办非企业单位（合伙）	两人或两人以上合伙举办的
民办非企业单位（法人）	1. 两人或两人以上举办且具备法人条件的 2. 由企业事业单位、社会团体和其他社会力量举办的或由上述组织与个人共同举办的

表2 根据服务行业的不同划分的民办非企业单位

行（事）业	例子
教育事业	民办幼儿园，民办小学、中学、学校、学院、大学，民办专修（进修）学院或学校，民办培训（补习）学校或中心等
卫生事业	民办门诊部（所）、医院，民办康复院、保健院、卫生院、疗养院（所）等

续表

行（事）业	例子
文化事业	民办艺术表演团体、文化馆（活动中心）、图书馆（室）、博物馆（院）、美术馆、画院、名人纪念馆、收藏馆、艺术研究院（所）等
科技事业	民办科学研究院（所、中心），民办科技传播或普及中心、科技服务中心、技术评估所（中心）等
体育事业	民办体育俱乐部，民办体育场、馆、院、社、学校等
劳动事业	民办职业培训学校或中心，民办职业介绍所等
民政事业	民办福利院、敬老院、托老所、老年公寓，民办婚姻介绍所，民办社区服务中心（站）等
社会中介服务业	民办评估咨询服务中心（所），民办信息咨询调查中心（所），民办人才交流中心等
法律服务业	—
其他	—

（二）社会企业

社会企业的概念起源于欧美，20世纪90年代在欧洲与美国开始得到广泛运用。世界经济合作与发展组织（OECD）于1994年在一份报告中首次使用了社会企业的概念，指出社会企业是既利用市场资源又利用非市场资源以使低技术工人重返工作岗位的组织，而后其在1999年的一份报告中完善了先前对社会企业的定义，认为社会企业是任何为公共利益而进行的私人活动，可以为社会问题带来创新性的解决办法的组织。同一时期，欧洲社会组织研究网络学派（EMES）提出，社会企业是社会经济的转型，社会企业包括合作社之非营利化和社团之企业化。安东尼·吉登斯在1998年出版的《第三条道路》中提出社会企业的政策概念，认为国家应积极介入社会经济，加大对社会经济的投资，走第三条道路，发展社会企业，以社会经济的方式解决社会问题。多方对社会企业的定义有所不同，但都强调社会企业是致力于提供公共服务、解决社会问题的企业。

社会企业的概念在中国的传播最早始于2002年，中国的社会企业经过十余年的成长，已经逐步形成了自己的业态和体系，加之全国和地方性社会企业支持机构的不断涌现，我国社会企业在行业构建、培育孵化、认证倡导、政策支持等方面已逐步成型。民政部对社会企业的特性给出了如下描述：社会企业不是纯粹的企业，亦不是一般的社会服务组织，社会企业透过商业手法运作赚取利润用以贡献社会。它们所得盈余用于扶助弱势社群、促进小区发展及社会企业本身的发展。从社会企业所具有的特性来看，EMES认为社会企业有两大特性，即企业特性和社会特性，指社会企业既可以像企业一样自主生产提供服务，可以实现高度自治并承担经济风险，又可以像非营利组织一样，由公民发起行动，具有不基于资本所有权的决策权利，实现多人参与，有限利益分配，追求公共利益。

（三）物业服务企业

自20世纪90年代以来，以私有产权为标志的住房制度改革推动了城市出现大量的商品房社区，物业服务随着商品房社区的发展而逐步发展起来，这也是现代基层社会治理中企业体系的重要组成部分。2011年发布的《社区服务体系建设规划（2011—2015年）》明确提出大力推行物业管理服务，建立社区管理和物业管理联动机制，提高物业服务质量。2012年发布的《服务业发展"十二五"规划》提出，要进一步明确物业管理行业的责任边界，健全符合行业特征和市场规律的价格机制，规范物业管理行业市场秩序。随后的不少政策文件对物业服务公司开展养老服务、生活垃圾分类、一刻钟便民服务圈、老旧小区改造等进行了鼓励和规范。这打破了传统意义上物业服务仅限于物业管理区域内的设施养护、卫生服务、秩序维持等活动中的格局，让物业服务企业更多地参与社区治理等其他领域并发挥更大的作用。

2018年修订的《物业管理条例》规定，物业管理指业主通过选聘物业服务企业，由业主和物业服务企业按照物业服务合同约定，对房屋及配套的设施设备和相关场地进行维修、养护、管理，维护物业管理区域内的环境卫生和相关秩序的活动。2021年发布的《关于加强和改进住宅物业管理工作的通知》明确提出从扩大物业管理覆盖范围、提升物业服务质量、完善物业服务价格形成机制、提升物业服务行业人员素质四方面来提升物业管理服务水平；指明要推动发展生活服务业，强化物业服务监督管理。

物业服务企业的主要职责

根据2018年修订的《物业管理条例》，物业服务企业需要履行的基本职责和要求包括：

一是从事物业管理活动的企业应当具有独立的法人资格。国务院建设行政主管部门应当会同有关部门建立守信联合激励和失信联合惩戒机制,加强行业诚信管理。

二是一个物业管理区域由一个物业服务企业实施物业管理。物业服务企业应当按照物业服务合同的约定,提供相应的服务。物业服务企业未能履行物业服务合同的约定,导致业主人身、财产安全受到损害的,应当依法承担相应的法律责任。物业管理用房的所有权依法属于业主。未经业主大会同意,物业服务企业不得改变物业管理用房的用途。物业服务企业可以将物业管理区域内的专项服务业务委托给专业性服务企业,但不得将该区域内的全部物业管理一并委托给他人。

三是物业服务收费应当遵循合理、公开以及费用与服务水平相适应的原则,区别不同物业的性质和特点,由业主和物业服务企业按照国务院价格主管部门会同国务院建设行政主管部门制定的物业服务收费办法,在物业服务合同中约定。

物业服务企业可以根据业主的委托提供物业服务合同约定以外的服务项目,服务报酬由双方约定。物业管理区域内,供水、供电、供气、供热、通信、有线电视等单位应当向最终用户收取有关费用。物业服务企业接受委托代收前款费用的,不得向业主收取手续费等额外费用。利用物业共用部位、共用设施设备进行经营的,应当在征得相关业主、业主大会、物业服务企业的同意后,按照规定办理有关手续。业主所得收益应当主要用于补充专项维修资金,也可以按照业主大会的决定使用。

四是物业服务企业应当协助做好物业管理区域内的安全防范工作。发生安全事故时,物业服务企业在采取应急措施的同时,应当及时向有关行政管理部门报告,协助做好救助工作。物业服务企业雇请保安人员的,应当遵守国家有关规定。保安人员在维护物业管理区域内的公共秩序时,应当履行职责,不得侵害公民的合法权益。

五是物业存在安全隐患,危及公共利益及他人合法权益时,责任人应当及时维修养护,有关业主应当给予配合。责任人不履行维修养护义务的,经业主大会同意,可以由物业服务企业维修养护,费用由责任人承担。

此外,前期物业管理是指在业主和业主大会选聘物业服务企业之前的物业管理。一般情况下,是由建设单位选聘物业服务企业并与其签订合同进行物业管理。2018年发布的《物业管理条例》第二十四条规定,国家提倡建设单位按照房地产开发与物业管理相分离的原则,通过招投标的方式选聘物业服务企业。住宅物业的建设单位,应当通过招投标的方式选聘物业服务企业;投标人少于3个或者住宅规模较小的,经物业所在地的区、县人民政府房地产行政主管部门批准,可以采用协议方式选聘物业服务企业。第二十六条规定,前期物业服务合同可以约定期限;但是,期限未满、业主委员会与物业服务企业签订的物业服务合同生效的,前期物业服务合同终止。

第三节　中国城市基层社会治理体系的结构关系建构

党的十九届四中全会指出,社会治理是国家治理的重要方面。必须加强和创新社会治理,完善党委领导、政府负责、民主协商、社会协同、公众参与、法治保障、科技支撑的社会治理体系,建设人人有责、人人尽责、人人享有的社会治理共同体,确保人民安居乐业、社会安定有序,建设更高水平的平安中国。以此为政策指引,本书立足于前文所分析的4方主体、5个子体系、12类构成要素①,总结城市基层社会治理体系的两类结构关系:一是构建社会价值体系、社会服务体系、社会参与体系、社会经济体系和福利经济体(合作型福利)、社区经济体(合作型经济)、社区共同体、数字共同体的城市基层社会治理系统模型。二是形成①党委领导(政府负责)、社会参与(公众参与、民主协商、专业赋能)、市场经营;②党委领导、政府负责、民主协商、公众参与、专业赋能、市场经营(法治保障、科技支撑作为工具);③党委领导的多方共建、监督制衡、互助合作的多方合作制衡的动态均衡结构关系②。并以此推动行政管理、社会保障、市场经济的进一步发展和完善,达到政治—经济—社会—文化—生态的有机统一和内在平衡。

---

① 4方主体包括:党委、政府、社会、市场。5个子体系包括:党组织体系、行政管理体系、基层自治组织体系、专业社会组织体系和企业体系。12类构成要素包括:各级党组织及其下属群团组织、各级政府及社区服务站、居委会、社区社会组织、业委会、其他各类群众自发组织/社群等、社工机构、基金会、合作社、企业、事业单位、民办非企业单位。

② 党的十九届四中全会提出,完善党委领导、政府负责、民主协商、社会协同、公众参与、法治保障、科技支撑的社会治理体系,本书认为可以从以上①②③对其进行分解解读。

一、基层社会治理系统模型构建

面向未来,民生保障和社会治理是社会建设的一体两面,具有中国特色的党委领导、政府负责的社会价值体系、社会服务体系、社会参与体系、社会经济体系建设将成为未来社会建设的重点内容,以推动社会共同体、福利经济体、社区经济体、数字共同体的建设。

(一)建设四个社会治理体系

1. 社会价值体系

目前的国际社会学话语体系基本认同工业化以前到工业社会的人际关系变化是从特殊主义到普遍主义,从重视归属到重视成就,从重情感到情感中立和工具化,从专属某一特定关系到身兼多重关系的四组二元对立,也即从熟人社会向陌生人社会的转型。但一方面,意识形态受到历史文化结构的深刻影响,西方理论阐释不一定适用于中国,我们很难由经济上的农业—工业转变就得出社会心理和社会结构也会随之迅速转变的结论。另一方面,工业社会的人际关系陌生化并不意味着要适应或致力于建设陌生人社会,反而应当立足传统,通过一系列举措来重建现代社会的责任意识和共同体(集体)意识,找回责任伦理体系的现代社会话语,构建新的人际关系和社会团结。笔者认为,面对未来社会的各类风险叠加,我们应当通过重新弘扬中国传统文化中的集体主义和互助互援的精神,创造机会让各类人力资本积极奉献社会,助力社会信用体系的完善和社会共同体的建设,激发人民共同克服困难的创造精神、奋斗精神和团结精神,增强国家和民族的向心力、凝聚力,亦让世界重新认识一个不同于西方的大国文化。

2. 社会服务体系

从社会服务体系建设的角度来看,一方面,政府承担能力有限,无法完全满足居民的社会保障和福利服务需求。另一方面,市场以利润为驱动,在资本市场推动下容易产生连锁企业对利润的垄断,故仅以市场为导向不利于个体商户(也即社区居民)的参与和获得收入。而有参与才会有认可,西方国家市场化的商业性保障及服务是在互助保障及服务的基础上发展起来的。我国可以探索党政领导、社会资金和服务参与、市场助力,积极的、低成本的合作型社会服务体系。一方面,应当重视互助合作和互助保障的发展。如在党委领导、政府负责之下，由基层自治组织、群团组织等政治型互助组织、枢纽型社会组织与企业（尤其是国有企业）合作建设平台，为小微企业提供生存空间，建设中国特色的现代合作经济等。另一方面，应当推广互助服务。养老、扶幼、助残等民生保障服务的部分内容属于劳动型、文化娱乐型、精神慰藉型，是可以发动社区居民进行低成本的志愿性和雇佣性互助服务的供给的，关键在于政策导向、制度设计和基层实践。

3. 社会参与体系

人民生活幸福是国家治理体系和治理能力现代化的逻辑起点和终点。中国的基层自治是党领导的自治（因为党来自人民，代表的是人民的先进力量和领导核心），自上而下与自下而上相结合。过去我们更加重视自上而下，如自上而下建立了覆盖全民的以现金发放为主的社会保障体系等，取得了很好的效果，但面向未来，建设集服务、保障和参与于一体的民生保障和社会治理体系，尤其是作为仍然处于社会主义初级阶段的国家，需要将人民动员起来自助—互助，提供低成本的服务和资金互助，自下而上与自上而下相结合是必由之路。故建设具有中国特色的社会参与体系，有序动员居民参与包括经济参与、政治参与、社会参与、文化参与等在内的基层社会治理，自我管理、自我服务、自我教育和自我监督，让居民共同参与基层社会不同类型"圈"内的资金、物品、服务、文化的大互助，通过利益相关、社区参与、协商议事，满足居民不同类型、不同水平、不同时间、不同性质的复杂需求，在利用信任、情感降低生活支出的同时，不断提高人民生活幸福感、归属感和满意度。这是民生保障和基层社会治理体系的核心和主要内容。

4. 社会经济体系

经济是社会权力的重要来源，每一个小的共同体都需要有市场的补给，单纯依靠政治力量，可能很难将居民组织起来。因此，笔者认为，中国需要探索党委领导、政府负责下的互助合作与社会经济。互助的本质是经济互助，实际代表了一种企业经营社会的经济形式，基础是社会，引擎是市场，正是因为我国的社会和市场都在国家领导之下，故社会经济应用于福利经济、集体经济领域，有因地制宜、全国推广的可能。社会经济的外延要大于合作经济（合作社），同时可以看作共享经济的升级版或人文版。共享经济利用的是互联网技术平台，关注的是共享结果，其思维方式是客户至上的利己主义。而社会经济同样要部分借助互联网技术平台，但技术不是全部，连接互助的可以是网络互动，也可以是面对面的互动，更重视圈层共同体建设，将利益更多留在圈层中。互助经济关注收获互助效用的结果之外，同样关注个体在互助共享过程中的利他主义的体现，以及自己所收获的温情、归属等精神上的满足感。更加高级/合作化的方式包括信用合作、消费合作、供销合作等。但是，任何复杂社会都是对经济资源实行不均等的控制的较量，拓展至社会经济层面，党和政府就需要处理好权力下放与控制能力的关系，互助组织、国有企业、私人企业之间的关系，同时发挥基层的多元自主性，体现互助参与、保障、服务、合作，警惕小集团或私有化趋势，需要让社会反哺和制约市场，不能让行政嵌入社会经济关系中去，亦不能让市场和私有资本主导中国基层社会。

（二）探索四类社会治理共同体

本书认为，社会治理共同体指在依法治理和党建引领下，以党的领导为核心，以人民为中心，推动基层的民主选举、民主协商、民主管理、民主决策、民主监督，推动人人有责、人人尽责、人人享有，让人民能参与每一个共同体——组织的建设之中，切实创造自己的共同体和美好生活。在社会治理共同体的建设过程中，逐步形成党委领导城乡、区域协调对接、可持续运行的互助型政治文化—经济—社会—生态模式，创新基层社会治理、民生保障、供销、服务、资金开源节流，激发共同体内生动力，满足居民低成本的美好生活需要，助推善治社会的形成。

1. 社区共同体

滕尼斯（2019）在《共同体与社会》一书中提出，共同体是基于如情感、习惯、记忆等自然意志形成的一种社会有机体，共同体形成的关键在于归属感、威严或权威、默认一致。共同体是统一地向内或向外发挥作用的生命体或物体，是真实的与有机的生命，由亲属、夫妻、邻里朋友构成，他们之间存在着"共同领会"。根据前文所述，由于中国国家的根本和基础在于社会和集体，自下而上来看，由个体/家庭组成的诸多小共同体分层构成大的共同体；自上而下来看，国家—组织—个人（家庭）的家国治理结构又存在家国同构的内在一致性。换言之，中国是以有效治理为目的的集体主义国家，每个人生活在由小及大的共同体/集体之中，每个人都是组织的一员，也是国家的一员，每个人都为更好的自我发展和组织/国家建设而努力，国家/组织也在为每个人更好的自我发展和组织/国家建设而努力，二者具有共同的目的、团结、互助而非对立。"社区"即是一个代表集体的共同体单元，专业社会组织、市场资本应当与社区共同体进行合作/经营，而非仅是个体，其代表了一种企业经营社区、专业赋能社区的社会治理形式。福利经济体、社区经济体、数字共同体都是在社区共同体基础之上建立的。

2. 福利经济体

从福利经济学角度来看，发展福利经济是中国福利服务体系从面向困难群体的救助型（补残型）向面向全体弱势群体的适度普惠型转变，构建具有中国特色、符合中国国情的混合福利经济体的重要路径。福利经济体是指在党委领导、政府负责之下，政府投入救助和福利资金，企业和社会投入公益金和互助金，形成福利保障资金池，构建以个体需求为中心，政府主导推动，企业和社会运行的提供包括养老、医疗、助残等福利服务的低成本、圈层化福利服务体系。笔者认为合作型福利是符合中国社会主义初级阶段实际、需要进行探索的，它是指福利供给不仅由政府承担，而且是在党委领导、政府负责下的集体组织—共同体中，通过资金、服务、物品等互助合作的方式满足本组织—共同体成员福利服务的供给。这一集体组织是党政企社分开的。

3. 社区经济体

社区经济体的目标是建立社会包容、个人和集体社会资本以及健康的社区。社区经济体可以界定为在党委领导、政府负责之下，由企业（包括国有企业、大型连锁企业、社区小微企业、个体工商户等）、专业社会组织、社区、社区社会组织共同经营社区共同体的经济形式。可以探索建立社区货币或社区合作社，通过激活社区，利用当地资源和集体行动，集服务、保障、参与于一体，以低成本的方式满足本社区成员的需求，并在此基础上提供各类营利性增值服务。合作型经济也可以称为合作社经济，其范围要小于社区经济，专指以党委领导、政府负责下的互助合作组织为基础，以市场为引擎，为本互助合作组织成员提供信用合作、消费合作、供销合作等的经营形式。

4. 数字共同体

数字技术是推动全球经济社会变革的关键驱动力，同样，数字共同体也是社会治理共同体的重要组成部分和关键驱动力。从国家视角来看，其重要作用包括：一是助推各级政府和社区行政管理体系电子化、智能化，破解部门分割壁垒难题，逐步实现政府行政资源整合化、交互化，降低行政成本，提高行政效率。二是助推党委领导、政府负责下的圈层社会治理结构扁平化，通过人联—物联—互联之间的相互促进，整合个人、组织、社区和社会资源，达到信息的快速共享和不同区域之间资源的有效统筹、链接，实现组织、社区、企业、社会组织之间的联合，推动党建工作、志愿服务以及社区服务的整合，增加产品供销、储蓄、理财、保险等增值服务的拓展，探索积分货币的使用和流通，同时发挥数字技术对于资金、服务有效监督和保密的作用，推动建设具有中国特色的数字治理共同体、社会治理共同体和社会经济体。从人民视角来看，通过数字社会的互联互通，推动现实社会的互助合作与高效便捷，其出发点和落脚点都是人。提高社会运行和服务供给效率的目的在于真正让人民的生活更美好、更便利、更和谐。

二、多方结构关系分析：建设合作制衡的均衡基层社会系统

（一）治理主体：党委领导、社会参与、市场经营

1. 党委领导（政府负责）

如前文分析，中国人口众多、地域广阔，社会建设正处于初期阶段，包括政府在内的各要素均面临能力和力量不足，尤其是组成"社会"的大部分居民收入和受教育程度相对不高，故存在政府、市场各要素各自发力、缺乏整合，社会制衡能力不强，以及管理不规范、供求不平衡、评价无作用等诸多问题，导致中国社会建设的关键问题在于如何形成具有张力和韧性的均衡（一种合作制衡的均势）。由此需要一个具有多方整合能力的行动主体——党的领导来实现目标：以人民为中心，把现有资源最大限度地调动起来、整合起来，通过各要素、各系统之间的良性互动发挥合力作用。党的领导的主要行动主体是党员和党组织，发挥政治引领和社会动员两方面功能（林尚立，2002）。在政治引领方面，各级党委和党支部是党深入政府、社会、市场实现领导功能的堡垒和抓手，可以通过党组织功能结构分布等的调整实现对党的全面领导的有力维护。通过建立党建引领社会组织、企事业单位等共同参与党建协调体制机制，发挥党组织、群团组织系统的政治动员、下情上达功能，组织社区居民参与民主协商、互助服务、互助共济，在收集了解民情民意的前提下协调多方共同解决问题，实现党的领导功能的有效发挥。在社会动员方面，在目前大部分社区居民参与度不足的情况下，通过发挥党组织政治引领和党员先锋模范作用，发挥党员和党组织的组织社会和关怀、服务社会的功能，通过完善居民议事、楼门（组织）自治、互助志愿服务等各类基层服

务管理机制，推动整个社会向现代社会转型的适应性变迁。

2. 社会参与（公众参与、民主协商、专业赋能）

这里的社会参与主要指让居民参与进来，将社会组织起来。社会是人的共同体，组织是社会的基本构成单位，人在组织中，才能在社会——共同体中，这也是"以党委领导为核心，以人民为中心"的真正体现。尤其伴随家庭规模的小型化、独生子女化、老年人口的归巢化（离开单位回到家庭和社区）和家庭结构的空巢化，建设能够补充家庭、代替家族的基层自治组织体系更显重要。而这恰是基层社会治理的基础，能够在依法治理和党的领导下，让人民能参与每一个共同体——组织的建设，推动基层的互助服务、互助保障、互助参与、互助合作，切实创造自己的共同体和自己的美好生活。业委会、社区社会组织、其他社群的发展有助于真正有序地建立起这一"人在组织中"的社会组织体系，协商民主则代表了某一团体、群体的协商参与，这些组织均是形成合作共建和监督制衡的力量。如对于市场/企业经营而言，追逐利润最大化是其根本目的，由本区域利益相关方——人民（组织）参与对与其相关的市场进行监督即是一种制衡。专业社会组织体系则是基层自治组织体系的赋能工具，承担链接资源、提升能力及对资源进行配置的功能，专业社会工作利用其专业理念、方法、人员以及社工机构的有效嵌入承担整合功能。

3. 市场经营

利益驱动是社会发展的原动力，社会建设同样需要激活个人和集体对于自身利益的追求，并通过耦合于政治建设、经济建设获取资源，中国传统乡土社会实际也是一个大的社会经济体。故而，面向中国的现代社会建设，笔者亦认为，对市场工具的应用决定了中国社会建设的走向和成败。应当在党委领导、政府负责下，通过社会参与和市场经营——发展适应社会建设的新型市场经济为社会赋能。这是社会建设的中国道路，也是中国特色社会主义市场经济中的基础部分，是保证中国政治、经济、社会稳定的最重要的改革方向。

只是与纯市场经济不同的是，社会建设关系社会治理和民生保障，关涉文化重建、政治稳定、经济发展、社会进步，需要探索适应中国特色社会建设的经济形式。西方研究中的这类经济形式更加强调民间的民主决策和管理自治，强调与政府部门提供的产品和服务相区分，有着希望当地居民和共同体（社群）真正参与当地经济复苏和就业创造的各个阶段的美好愿望（雅克·迪夫尼等，2011）。笔者认为这类概括较为理想，面临居民是否愿意参与决策，自下而上的民间社会企业、社会经济能否对抗得过企业和市场经济的困境，这也是其目前仅在小范围生发、影响力不足的重要原因。就我国探索而言，现代合作社、社群经营类企业实际都是现代基层社会治理需要探索的企业形式。其中，中小微企业承担激发活力与创造力并且能更加快速地因环境变化而做出调整的适应功能，表征市场在社会建设中释放活力的决定作用。国有资本以资本注入方式承担搭建平台、调整方向、混合经营等模式维持功能。社群经营类企业与国有资本和小微企业有所交叉，其重要功能在于通过法律规范、制度约束、组织监督制衡、价值宣传等方式让社会建设中的市场经济兼具"商业"与"公益"属性。

（二）治理过程：管理、组织、经营、服务、评估

社会治理过程是多方参与的社会公共事务管理和解决过程，这个过程可以分解为管理、组织、经营、服务、评估五大部分，其宗旨是切实满足人民日益增长的美好生活需要。管理系统是大脑，它以强有力的政治和行政管理架构，提供政策支持，推动政策落实，也是对整个系统进行监督和改进的主要环节。中国共产党和政府具有在实践中及时应对挑战的自我调适和自我应变能力。"摸着石头过河"是中国改革的基本理论，"挑战—应战"是中国改革的基本路径。管理系统可以根据发展的速度、稳定的程度确定改革的力度，选择、调整改革的战术、策略和步骤。组织系统是抓手，是使系统从理论、概念到实体的运行系统的关键。它通过组织的方式，集合人力、物力和财力以及智力等，将零散的行为组织起来，规范化、制度化，并将其转化为实体的直接或间接的服务，使其更加连续、精准和高效。发达的党组织系统即是破解条条、条块矛盾的制度创新空间，因为几乎所有层级、所有机构、所有主体都存在着党组织，理论上通过党的系统自下而上的协调能力，可以整合所有主体的人财物资源，从而形成其他协调机制不可能完成的整合任务（叶敏，2018）。经营系统是工具，它通过市场化手段和机制，激发社会治理和组织运行活力，提高系统机动性、灵活性和可持续性，可以更好地实现用户（居民）需求导向。服务系统是核心，它是服务供给的主体力量。提供质优价廉的服务或者提供获取服务的渠道，鼓励居民参与组织建设和服务供给是服务系统的宗旨；保持整个系统的稳定和均衡，从而能够持续地进行服务供给是系统建设的目标。服务系统从要素和结构上与其他系统相互包含。评估系统是保障，它负责评估管理系统、组织系统、经营系统和服务系统。通过对

系统要素的评估,为管理和组织提供真实、可用的信息,帮助决策,以保证供求一致,并且促进整个系统的管理服务能力的提高。

(三) 治理目标:建设均衡的基层社会系统

基层社会是一个存在着同时性的、多向的相互整合、相互适应、相互目标实现关系的,党领导的多维均衡的社会系统。其具体运行目标是能够在党委领导和政府负责下,市场在资源配置中起决定性作用,社会在资源配置中起基础性作用,依靠现代互助合作化而非完全依赖政府或市场化应对和解决问题。其均衡表现在:在纵向上,党委政府自上而下领导、管理、服务,社会市场自下而上参与、执行、反馈,完成以居民需求为核心导向的基层社会治理过程;在横向上,党领导下的各子体系及其要素之间相互合作制衡,理想状态是发动居民参与、增强各方能力、加强互助合作、推动监督制衡、获得共同成长、形成多方力量的均衡。

1. 形成合作制衡的均衡态势

基层社会建设的核心目的是建设多维均衡的基层社会治理体系,能够让居民和居民组成的各类组织参与其中,形成互助合作,同时利用党组织领导、政府管理服务、专业社会组织赋能、企业经营供给,以满足其自身的需求。而要完成这一核心目的,就需要通过党委进行全面领导、政府引导规范经济有序正常运行、社会组织发挥枢纽作用、市场释放调节活力,降低市场主体之间的无序竞争,发展党委领导、政府负责下的市场与社会合作、经营居民社群的有序创新实践,引导居民参与社区建设与协商议事,在养老、医疗、托幼、教育、物业管理以及生活服务业等领域发挥个人价值,形成各子体系与构成要素之间的合作制衡的均衡态势,建设具有中国特色的党委领导、政府负责的社会共同体和社会经济体。

2. 中介力量的成长

基层社会建设是满足居民对美好生活的需要的最直接空间,因此它涉及的既包括社区参与、政治表达,也包括如何满足居民多样化、多层次的各类生活需要,包括食品、交通、医疗、教育、养老、托幼、就业、住房、环境等多个方面。故笔者认为城市基层社会治理体系建设实际也代表了党领导政府、市场与居民之间的中介力量的成长,其作用:一是可以保护政府承担有限责任,不被基层社会各样需求所过度捆绑;二是可以让居民诉求表达和社区参与、市场参与有渠道和场域;三是可以为基层社会赋能,帮助各类社组织提高自身能力，同时形成对相关企业的监督制约；四是可以为企业提供平台，作为基层社会信任的平台，帮助其建立客户群体，并由此实现多方的可持续发展。这个中介大体可以包括：一是基层自治组织体系与多方互动，是一类中介力量；二是人大、政协等作为政治表达渠道，是一类中介力量；三是群团组织包括人民团体和群众团体，也是各类群众利益表达、吸纳、整合、协商的重要平台，是一类中介力量；四是在具体的生活设施和福利服务供给等方面，需要一类中介平台，对政府、社会、市场三方形成保护，同时帮助形成合作制衡关系，这一类中介力量包括枢纽型社会组织、社会企业以及国有企业等。由于社区生活和福利服务等相关企业、产业多为私营、小型，能力亦存在不足，故也可以通过企业联盟等形式提高与政府、居民组织等的协商能力。另外，笔者认为"中介"需要得到政府的认可（授权），并接受相关居民、政府、企业和第三方机构的评价。在专业社会组织体系和企业体系中有三个重要的中介形式：社会企业、枢纽型社会组织和企业联盟，如图3所示。

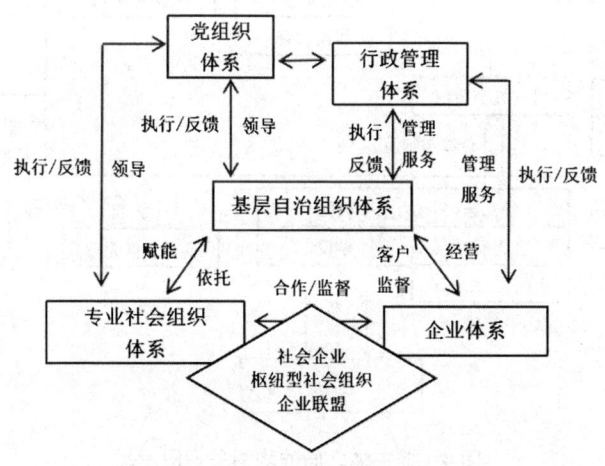

图3 各子体系之间的均衡关系图示

3. 基层自治组织体系建设是核心

基层自治组织体系是基层社会治理体系的核心和基础。其与党组织体系和行政管理体系的重要连接既包括与社区党组织和社区服务站交叉任职的社区居委会，也包括妇女组织、老年人组织等各类在群团组织领导之下的社区社会组织，这些组织或者在街道备案，或者在成立正式社团之后接受民政部门或住建部门（业委会）管理，同时有相应的业务主管部门。而其基础和核心的最重要体现就是居民/业主参与其中，是真正"人"在其中的组织体系，可以通过自我管理、自我服务、自我教育等民主参与以及互助合作形成价值相关、情感相关、组织相关、福利相关、利益相关的真正集体—共同体。并通过组织的形式对相关企业形成合作、监督和制约。如业主委员会与物业服务企业之间，相关社区社会组织与幼儿园、养老驿站、社区卫生服务站以及医院、学校等之间，其他驻区企业与社区各类组织之间形成合作、监督和制约，在党和政府的领导下，让居民真正参与进来，对与自己相关的各项福利服务和社会生活事务拥有话语权、决策权，在参与中推动自己和共同体的生活更加美好。如图4所示。

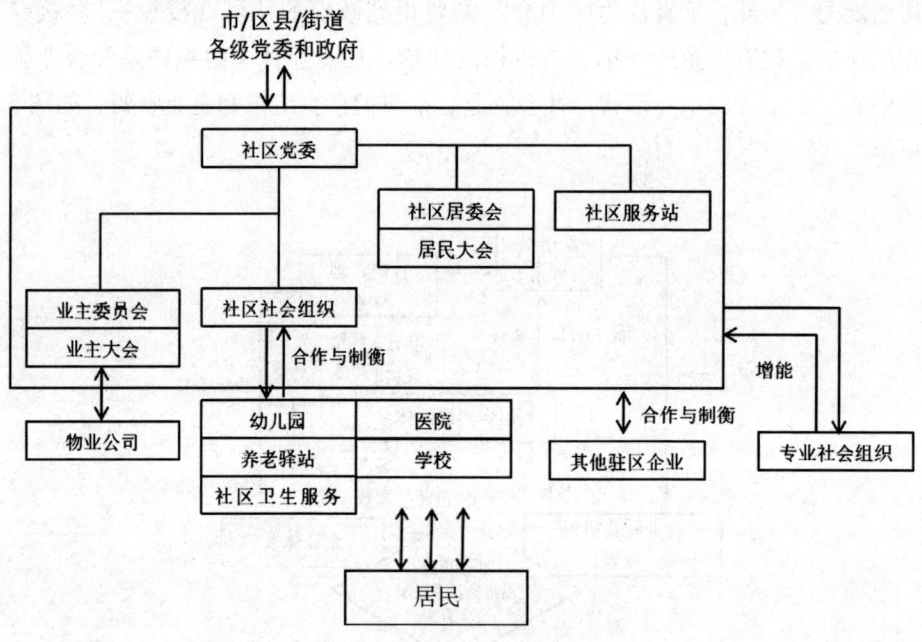

图4 各主体之间的均衡关系图示

第三章

城市基层社会治理体系建设的"回天"实践

北京市作为全国首善之区，加强和创新城市基层社会治理将对全国产生很强的示范作用。与此同时，北京市又有着特殊的政治地位，建设和管理好首都，同样是国家治理体系和治理能力现代化的重要内容。北京市委书记蔡奇提出，人民对美好生活的向往就是我们奋斗的目标，要始终坚持以人民为中心的发展思想，坚持民有所呼、我有所应，紧紧围绕"七有""五性"需求保障和改善民生，切实增强人民群众的获得感、幸福感、安全感。[①] 2018年，北京市针对回天地区社会治理专门出台了《优化提升回龙观天通苑地区公共服务和基础设施三年行动计划（2018—2020年）》，2019年，北京市社工委出台《关于加强"回天地区"基层社会治理的实施方案》《关于回天地区社会组织创新发展示范区建设的试点方案》，并提出将回天地区作为北京市社会治理试验田，"打造大型社区治理典范"。2021年，北京市发布《深入推进回龙观天通苑地区提升发展行动计划（2021—2025年）》，进一步提出实施回龙观、天通苑地区优化提升行动计划是市委、市政府的重要战略部署，是回应区域居民最关心、最直接、最现实问题的重要惠民举措，也是探索提升大型社区治理能力和水平的生动实践。提出要强化"回天有我"社会治理创新，推动基层治理体系和治理能力现代化。

第一节　北京市推动回天地区基层社会治理创新背景

"回天地区"主要是指回龙观、天通苑地区，根据相关数据统计，回龙

[①] "七有"指幼有所育、学有所教、劳有所得、病有所医、老有所养、住有所居、弱有所扶，"五性"指便利性、宜居性、多样性、公正性、安全性。

观、天通苑地区总面积约 63 平方千米，包括 1 镇 6 街道、129 个社区和村，2019 年年底常住人口 80.5 万人。这里是 20 世纪末期北京城市化进程中形成的超大型居住区，人口高度集聚，存在城市功能不完善，市政基础设施和公共服务欠账较多，职住失衡、交通拥堵现象严重等问题，社区居民呼声诉求强烈，是城乡接合部大型居住区的典型代表，也是北京市快速城市化进程中遗留的治理难点。同时，这里又位于连接中关村科学城、未来科学城的中间地带，具有明显的区位优势，常住人口中 70% 是年轻人、60% 以上具有大专以上学历，创新创业意愿和社会创造活力旺盛，是服务北京市创新发展、高质量发展的重点区域，也有非常大的发展潜力。

一、区位功能与发展历程

（一）区位功能

回天地区位于昌平区南部、北中轴延长线上，东至昌平区北七家镇，西至海淀区上庄镇，南至海淀区西三旗街道、朝阳区北苑街道，北至昌平区沙河镇，面积 62.7 平方千米，是中心城区沿中轴线向北部新城延伸发展的重要拓展区，是中心城区人口疏解的集中承载区，是北部绿色廊道和通风廊道的重要节点区，也是连接中关村科学城、未来科学城、怀柔科学城的重要枢纽。

（二）发展历程

1. 国营农场阶段

回天地区因地处温榆河及小清河冲积平原，适合经营农田耕作及畜牧养殖，1949 年后逐步发展建立起了大型农场。1956 年 5 月成立国营北郊畜牧场，1959 年 4 月扩建为北京市国营北郊农场，隶属北京市农场局，场部驻回龙观村。1995 年时，北郊农场职工 6036 人，耕地 86905 亩，总产值 6.9 亿元，是当时首都重要的副食品基地之一。1998 年，北京市进行"场乡体制改革"，农场所辖的回龙观镇、平西府镇和史各庄乡、七里渠乡、霍营乡和燕丹乡正式划归昌平县（现昌平区）。

2. 城市化阶段

20 世纪 90 年代开始，回天地区逐渐被纳入城市规划建设范围，开启了城市化建设阶段。按照"分散集团式"城市布局原则，1992 年版的《北京城市总体规划》中规划了位于市区与县城之间的十大边缘集团。回龙观、天通苑分别属于清河集团和北苑集团，承接了中心城区危旧房改造及文化保护区人口疏解安置房建设任务。1998年，北京市政府印发了《关于加快经济适用住房建设的若干规定（试行）》，开始大规模开发建设经济适用房，回龙观、天通苑地区是首批重点建设的经济适用房项目。其中，回龙观文化居住区项目主要由北京天鸿房地产开发公司（现首开集团）负责，规划面积约862公顷，总建筑面积644万平方米，1999年开始入住；天通苑居住区项目主要由顺天通公司负责，规划面积约770公顷，总建筑面积600万平方米，2000年开始入住。

3. 快速城市化阶段

2008年北京奥运会以后，首都城市化进程加快，城市迅速扩张。2012年，原东小口镇"一分为四"，在保留东小口镇的基础上，新增霍营街道、天通苑北街道和天通苑南街道。回天三年行动计划实施之前，回天地区共包括回龙观镇、东小口镇、霍营街道、天通苑北街道和天通苑南街道两镇三街道。2019年6月，回龙观镇改街，拆分为史各庄街道、龙泽园街道、回龙观街道三个街道。至此，回天地区共包括六街一镇，共有109个社区、20个行政村。受毗邻中关村、望京以及租住成本较低等因素影响，大量外来人口在回天地区居住，常住人口超过80万，与北京市东城区相当。

二、推动回天地区基层社会治理创新的必要性分析

回天地区人口集中、结构复杂，存在一般社区普遍存在的共性问题，也存在大型居住区存在的典型问题，不同社区的治理水平、治理能力亦处于不同阶段。推动回天地区基层社会治理创新，从现实上可以实际解决北京城市治理的区域难题，回应区域居民最关心、最直接、最现实问题，满足回天地区居民美好生活期待；从理论上可以进行不同社区间的比较总结、经验提炼与理论提升、体系建构，为本地区的不同社区治理以及其他地区城市基层社会治理体系建设提供典型示范。

（一）社区居民结构复杂，流动性高

回天地区常住人口超过80万，人口规模庞大，同时社区居民结构相对复杂、房屋出租率高，居民收入差距较大。而回天地区的房屋出租率之所以高，主要由于租金便宜，距离未来科技城、上地科技城等几个科技中心比较近，

地铁上下班方便。所以在不少社区居民中，既有高校、医院团购、分房和新北京人购房，也有来自海淀、朝阳、西城等的城市拆迁居民、本地农民拆迁上楼，还有超过30%的出租户，人口老龄化比例高、人口流动性大，有的村户籍人口与流动人口比例达到1∶7。由此带来的主要问题就是对于多种类型居民群体的治理难度大，尤其是租房者的流动性大、社区归属感不足，较难管理。且医疗、教育、养老、交通等民生保障类服务配套不足，难以满足居民的多样复杂需求。

（二）房屋产权形成过程复杂，历史遗留问题较多

回天地区的不少社区属于经济适用房或者职工房、回迁房混合型社区，一方面，经济适用房小区在基础设施和房屋质量方面存在一些历史遗留问题。如社区硬件设施条件差，道路塌陷，缺少路灯，没地方活动；居民住房设施质量差，动辄停电停水、上下漏水、暖气不热、建筑坠物、阳台塌陷；社区规划不合理，缺少停车位等。另一方面，一些社区产权结构复杂，社区管理相对困难。有的社区内有几家物业公司，多头管理，相互推诿；居民有事找不到物业，只能找社区，但社区对物业的协调能力不足，又无法代替解决很多物业问题，因此压力很大。

（三）物业服务标准低，物业费收缴率低

回天地区大部分社区的物业收费低，10多年没变。经济适用房、保障房的物业费每平方米仅有0.55元、0.65元，商品房大部分也仅有1元多。大量小区是混合收费，既有保障房也有商品房，这种混合收费或一个社区多家物业导致物业调价困难，协调成本高、难度大。在这种情况下，居民希望有更好的物业服务，物业公司希望上调物业费。居民认为物业费使用情况不透明，不信任现有的物业公司，不愿意交钱；物业公司认为物业服务不好是因为物业费低，"巧妇难为无米之炊"，由此形成物业费收费低—物业服务质量低—物业费收缴率低的恶性循环。

三、推动回天地区基层社会治理创新的重要举措

（一）回天地区基层社会治理受到北京市委市政府高度重视

从2018年实施《优化提升回龙观天通苑地区公共服务和基础设施三年行

动计划（2018—2020年）》以来，北京市委书记蔡奇10余次到回天地区调研查访、指导工作。在第四次调研回天地区时，蔡奇书记就肯定了"回天有我"社会服务活动的重要意义，提出党员干部要回社区报到，带头参与社会服务活动，从而带动更多居民为改善社区环境贡献力量。在第五次调研时，他进一步提出要通过开展"回天有我"社会服务活动，探索打造各方参与、居民共治的大型社区治理样本。强调要加强部门服务，让更多市级部门参与进来，经常性下到社区提供服务；并发挥社会组织的作用，解决好市民群众多样化需求；同时要强化社区自治，注重发挥区域化党建的引领作用，完善社区党组织、居委会、业委会、物业服务企业等方面参与的"多方共建"机制。在第六次到回天地区调研时，他指出，"回天有我"这个"我"是"大我"，应该包括三个层次：一是居民群众，他们是主体；二是市区两级部门和党员干部到社区"双报到"，他们是尽责；三是社会组织，"在回天地区大有用武之地"。在第七次调研中，他提出，要以开展"回天有我"社会服务活动为抓手，坚持"双报到"做法，引导更多市区部门、国企、高校和在职党员参与社区服务。第八次调研，他进一步指出，要坚持党建引领，深化"回天有我"，努力把回天地区打造成共建共治共享的大型社区治理样板，让曾经的睡城变为充满活力的美好幸福新家园。他也提到，回天三年行动计划实施一年多，围绕公共服务、基础设施等方面补短板，并直接催生了"回天有我"，这是社区治理的积极探索、大家共同努力的结果。其中有许多经验值得总结、完善、坚持。

2020年11月28日至11月29日召开的中国共产党北京市第十二届委员会第十五次全体会议审议通过了《中共北京市委关于制定北京市国民经济和社会发展第十四个五年规划和二〇三五年远景目标的建议》，其中亦提出：十四五时期，要深入落实城市总体规划，切实提高首都城市治理水平。构建具有首都特点的超大城市基层治理体系。提出实施新一轮回天地区行动计划，深化"回天有我"创新实践，打造党建引领、多方参与、居民共治的大型社区治理样本。2021年，北京市发布《深入推进回龙观天通苑地区提升发展行动计划（2021—2025年）》，进一步提出要坚持党建引领，凝聚政府、社会、公众等各方力量，强化"回天有我"社会治理创新，建设人人有责、人人尽责、人人享有的社会治理共同体；要推动社区治理模式向党建引领、多方参与、居民共治深入；持续深化"回天有我"社会治理创新实践，全力打造城市修补更新的典范、大型社区治理的样本、充满活力的美好幸福新家园。

（二）北京市昌平区制定一系列政策举措推动回天地区基层社会治理创新

为贯彻落实北京市委市政府的指示要求，北京市和昌平区针对回天地区基层社会治理创新制定了一系列政策举措，现将部分内容列举如下。

1. 开展"回天有我"社会服务活动

回天地区通过开展"回天有我"社会服务活动深化拓展"在职党员回社区报到"工作机制。2018年5月，昌平区委组织部下发《关于在在职党员回社区（村）报到工作中推行"两队一星"机制的通知》，要求成立在职党员心愿认领队、在职党员组团服务队、开展在职党员"最闪之星"评选。2018年8月，基于回龙观天通苑地区19个社区的自发倡议，昌平区委组织部印发了《关于在回龙观天通苑地区开展"回天有我"社会服务活动的通知》，通过开展"回天有我"社会服务活动深化拓展"在职党员回社区报到"工作机制。2018年9月，昌平区组织部进一步下发了《昌平区深化党员报到工作办法（试行）》。2019年4月，区"街镇吹哨、部门报到"专班印发了《关于在"回天有我"社会服务活动中推行"部门列单、群众点单"服务机制的通知》，初步建立起了区属单位列单、社区（村）点单的工作模式。2019年6月，昌平区委办公室、区委组织部印发了《区属单位到回天地区报到服务工作方案（试行）》的通知，通过区属单位到回天地区报到服务进一步深化拓展"回天有我"社会服务活动。2020年，昌平区委组织部进一步印发了《区属单位到回天地区"主动报到"和"有需必到"机制实施方案》，每年征集"需求清单"和"服务清单"，需求清单来自昌平区、市民12345热线、社区网和社区收集等，提高了区属部门到回天地区报到服务对接的精确性。昌平区的统计数据显示，到2021年，北京市发改委会同市委社会工委、区委组织部分别对市属、区属单位到回天地区报到服务基层联系点目录进行了完善，确定了35家市属单位、73家区属单位到回天地区所有社区（村）进行报到服务，实现了社区报到服务全覆盖。

2. 建立回天地区党建工作协调组织架构

2019年北京市昌平区出台《关于建立昌平区党建工作协调委员会的实施方案》《党建工作协调委员会议事规则（试行）》《昌平区"回天地区"党建工作联席会议制度》等文件，回天地区各镇街亦制订了《党建工作协调委员会实施方案》及《党建工作协调委员会主要职责和议事规则》相关文件，着力搭建"3+1"党建工作协调组织架构,其中"3"是指区、街、社区三级党建协调委员会,通过党建引领建立基层社会治理的议事协商平台,构建共治共建共享工作格局;"1"是指"回天地区"党建工作联席会议制度,统筹回天地区基层党建引领基层共治工作,联合党委、政府、社会、市场等多方协商解决各类工作、难题。另外,2018年9月印发的《昌平区社区"五方共建"工作机制》,2019年回天地区出台的《回天地区党员干部走访入户制度》,提出要按照党建引领、共同建设的总体思路,持续优化社区管理服务模式,促进社区各类单位和组织优势互补、资源共享、共建共治,着力解决社区家门口的事儿和群众身边的事儿,进一步提升社区精细化管理和服务水平;要求逐级确定党员干部联系点,将党员干部与居民群众包片、结对子,直接了解民情民意、发现居民需求。

3. 建立回天地区社会组织政策保障体系

为科学指导、强力推动回天地区社会组织创新发展示范区建设,昌平区民政局形成了"1+3+N"政策文件体系。其中,"1"是示范区创建的纲领性文件,即市委社会工委、市民政局联合区委区政府印发的《关于回天地区社会组织创新发展示范区建设的试点方案》;"3"是示范区创建的支撑性文件,即《关于在回天地区开展完善政府购买社会组织服务机制的试点方案》《回天地区城乡社区社会组织备案管理工作细则(试行)》《回天地区社会企业认证与扶持试点办法(试行)》;"N"是示范区创建的若干配套文件,包括《回天地区政府购买社会组织服务资金管理办法(试行)》、政府购买社会组织服务"三目录一机制"(包括社区需求目录、社会组织服务供给目录、政府购买社会组织服务指导性目录、供需对接机制)。

4. 推动回天地区城市大脑建设

北京市经信局和昌平区共同组建了回天"城市大脑"试点联合工作专班,共同研究制订了《回天地区"城市大脑"试点建设方案》,确定了两街三域九大应用场景及建设实施单位,并建立了定期会商、统筹联动、分级负责等工作机制,合力推动回天"城市大脑"建设。由区属国有企业作为平台公司组织相关企业共同完成项目建设并持续运营。

第二节　北京市回天地区基层社会治理体系建设经验

根据笔者调研，通过总结回天地区党建引领、多方参与、居民共治的"回天有我"大型社区治理样本经验，基本可以提炼出具有中国特色的党委领导、政府负责、多方共建、监督制衡、互助合作、市场经营、专业赋能、智治支撑、法治保障的城市基层社会治理体系理论模型。在回天地区各级党委领导、政府负责下，通过党建引领多方组织与居民之间逐步形成多方共建、监督制衡、互助合作、市场经营、专业赋能等合作制衡关系，并且将资源更多下沉到街道和社区，带动居民参与回天地区社会治理共同体建设。

一、调研案例与研究方法

（一）数据来源

笔者团队于2019—2021年对回天地区31个典型社区、1镇6街、12家社会组织、6家社会企业进行追踪调研，调研内容包括回天地区各社区的基本情况（包括社区类型、居民构成、基础设施数量等）、社区管理与社区营造情况（包括社区党员构成、党员双报到情况、网格化管理、社区微信群、楼门治理、社区社会组织数量及类型、社区志愿者数量、养老服务、社区内活动场所、卫生服务站等）、物业管理情况（包括物业费标准、业主委员会成立及运行情况、物业人员配置、物业费的支出构成等）、垃圾分类情况（包括每月垃圾清运量、垃圾桶数量、垃圾回收情况、垃圾分类志愿者数量、工作难点等）。访谈对象涉及社区党支部书记、社区居委会、社区居民、街道办事处、物业、底商、社会组织负责人、社会企业负责人等，最后整理形成64份访谈记录，150万字的访谈转录稿，并在此基础上协助昌平区回龙观天通苑地区专项治理工作办公室（昌平回天专班）撰写完成《回天观澜："回天有我"大型社区治理经验实录100例》。

（二）研究方法

本书主要应用了文献法、问卷调查法、访谈法等研究方法①。

1. 文献法

文献法是指通过阅读、分析、整理有关文献，全面、正确地研究某一问题的方法。其主要目的在于依据现有的理论、事实和需要，对有关文献进行分析整理，了解现有研究的情况，并在此基础上，根据文献研究所得到的知识和启发，结合实际调研材料，不断修正和补充研究目标、研究设计，最终形成自己的理论逻辑、建立理论框架。结合社会系统理论、结构功能理论、治理理论等理论，对多方参与回天地区社会治理进行了理论阐释。

2. 问卷调查法

问卷调查法是调查者运用统一设计的问卷向被选取的调查对象了解情况或征询意见的调查方法。问卷调查法的主要优点在于标准化和成本低，易于控制。本研究主要对社区负责人、社会组织负责人、社会企业负责人和居民发放了问卷，对社区、社会组织、社会企业的客观信息和居民的主观感受进行了了解。

3. 访谈法

访谈法包括半结构式访谈法、焦点组座谈法、个案访谈法等。半结构式访谈法指按照一个粗线条式的访谈提纲而进行的访谈，访谈者可以根据现实情况调整、增减提纲问题。焦点组座谈法是采用小组座谈会的形式，挑选一组具有代表性的访谈对象，由主持人就某个专题对访谈对象进行统一询问，从而获得对有关问题的深入了解的一种调查研究方法。本节通过对社区工作人员、社会组织负责人、社会企业负责人以及居民等进行访谈，深入地了解了社区各项服务的供求情况、社区中各方的关系、社区治理中的难题等。

二、回天地区基层社会治理体系建设现状亮点

根据笔者调研，从 2018 年实施《优化提升回龙观天通苑地区公共服务和

---

① 笔者利用 Nvivo12 软件，采取了开放编码、主轴编码和选择编码，提取关键命题和理论构念，并将这些命题和构念相互联系以建立模型，由此建立回天地区基层社会治理体系的模型与理论。将在另外书稿中进行专门阐述。

基础设施三年行动计划（2018—2020 年）》以来，回天地区在党组织体系、行政管理体系、基层自治组织体系、专业社会组织体系和企业体系建设方面均有特色创新与亮点，可以初步总结为党委领导、政府负责、多方共建、监督制衡、互助合作、市场经营、专业赋能、智治支撑、法治保障的城市基层社会治理体系建设的回天样本。与此同时，在社区、社会组织、社会企业等具体实践层面亦探索了可复制的工具、平台、机制和策略。如在社区层面，建立红色网格治理体系、打造有人情味的社区共同体、党建引领"合作·制衡·多元"社区治理、打造党领群议众治格局等社区治理体系建设，以及建立"回天有我"特色报到服务机制、建设基层党组织战斗堡垒、搭建党建协调委员会平台、推动社区网格化治理、社区微信群"接诉即办"、建立楼门治理机制、建立双服务四签到机制、建立居民议事制度等具体策略机制。在社会组织层面，昌平区社会组织发展服务中心、回龙观街道社区社会组织联合会等枢纽型社会组织承担孵化培育、链接资源、赋能基层、联合创新功能，社区基金会发挥资源聚集、需求对接、公益项目资助作用，一般社会组织开展弱势群体帮扶和社区治理等服务活动，通过各类活动、志愿服务等柔性化方式，在社会上营造互援互助的社会氛围。在社会企业层面，自2019年以来，昌平区出台《昌平区回天地区社会企业认证与扶持试点办法（试行）》，并推动了回天地区社会企业认证与扶持工作，包括回龙观社区网、天通苑社区网在内的33家企业被认定为社会企业。下面将回天地区基层社会治理体系建设现状亮点总结如下。具体的社区、社会组织、社会企业典型案例将分别在社区篇、社会组织篇和社会企业篇呈现。

（一）筑牢党的基层组织战斗堡垒

习近平总书记强调，只要每个基层党组织和每个共产党员都有强烈的宗旨意识和责任意识，都能发挥战斗堡垒作用、先锋模范作用，我们党就会很有力量，我们国家就会很有力量，我们人民就会很有力量，党的执政基础就能坚如磐石。[①] 回天地区将基层党组织建在社区里，建在人民群众家门口，不仅通过打造社区党支部书记领头雁、党员干部走访入户以及党建引领社区网格化治理为社区树立先锋模范，而且利用社区12345接诉即办和社区微信群治理对党的领导进行升级延伸，在与居民频繁互动中加强情感交流，进一步

---

① 习近平在调研指导河北省党的群众路线教育实践活动时强调：充分调动干部和群众积极性保证教育实践活动善做善成 [N]. 人民日报，2013-07-13（1）.

强化了党在基层的威信,也为基层有序治理提供了和谐、稳定的发展空间。

1. 基层党组织发挥模范带头作用

加强基层党的建设工作,既是全面从严治党的应有之义,也让党保持同人民群众的血肉联系,巩固党执政的群众基础,健全提高党的执政能力和领导水平,是推动我国基层治理体系与治理能力现代化的重要环节。回天地区基层党组织充分发挥了模范带头作用,尤其是在基层治理实践中,涌现出了以伊然、王翠娟、张桂芝、李宝忠、谢焘、郭荣华、尤悦等为代表的基层先进党组织书记。他们政治素质过硬、政策理论水平高、组织协调能力强、群众工作基础好,敢于担当、乐于奉献,作为社区领导班子的核心、社区工作的标兵、社区建设的舵手,可以说直接影响了所在社区的发展。如龙泽园街道龙泽苑社区党委书记伊然,她在龙泽苑社区已经工作 12 年,在这 12 年中,她已经成了老年人的"好闺女"、年轻人的"好大姐"、同事们的带头人、社区里的贴心人。她对待工作认真负责、仔细耐心,甚至因为社区工作而错过见母亲最后一面。她尊重民情民意,利用社区投票、微信群讨论等方式决定与居民切身利益相关的大情小事,同时积极协调多方资源帮助社区改善环境,将居民需求切实落地实施,开展多种类型的文化体育娱乐类活动,关心社区弱势群体,重视社区老人小孩的身心健康。霍营街道霍家营社区党支部书记李宝忠从 2004 年先后担任村主任、村支书,到 2016 年担任社区党支部书记、居委会主任,尽心尽力为村集体发展和社区建设谋篇布局,像桶站值守、垃圾分类等都是先上阵,为两委班子、党员、居民做出表率。2020 年新冠肺炎疫情发生之后的 3 个月时间,李宝忠书记吃住都在社区里,与其他工作人员、党员、志愿者一起奋战在一线。同时,社区工作人员学历高、业务能力强,敢创新、勇拼搏、善钻研,两委班子中有 6 名 30 岁以下重点大学本科生及 1 名研究生。

2. 推动党建引领社区网格化治理

党的十八届三中全会通过的《中共中央关于全面深化改革若干重大问题的决定》提出要以网格化管理、社会化服务为方向,健全基层综合服务管理平台。回天地区基于实际发展情况,在实践中探索出了党组织建在网格上的服务管理模式,将基层党组织的政治优势转化为治理效能,通过楼门长制度(以党员为主)和网格员制度深化党员在群众中的引领、矛盾纠纷化解、问题发现与向上传导工作。具体做法是:将社区两委、社区党员、在职党员等基层党员置于网格上,让党员担任网格长,网格员进行信息传递、民情收集、诉求解决等，不仅压实责任、落实到人，而且通过网格将整个社区纳入有序治理的体系中，横纵分割明晰，为实现精细化治理提供了机制保障。如霍营街道成立霍营管家队伍，"管家"一般有多重身份，既是党员、居民代表，又是楼门长、楼门管家。每一位管家都有一本自己的"民情记录本"，记录门洞里有杂物、楼门电梯有故障等民情小事，管家例会时把解决不了的问题集中反映给居委会，矛盾就通过这样的方式化解在基层。霍营街道龙锦苑东三区社区属于超老龄社区，社区60岁及以上老年人口比例达到了46.7%。目前社区共有60名楼门长，即霍营管家，主要由老年党员、居民组成。楼门长主要工作包括通知宣传、搜集民情民意、保持楼道卫生环境、排除安全隐患等。在疫情防控期间，社区两委动员楼门长积极承担起本楼门清洁消杀工作，尽管一些楼门长已经六七十岁，但是面对社区的清洁工作并无二话，把社区的事情当作自己家的事情。部分楼门长年纪较大、腿脚不便，会积极发动自己的子女来帮忙。社区书记说："有的老太太住一层，说身体不行爬不了楼了，就发动闺女儿子腿脚稍微利落的跑出去帮忙，总而言之都完成了任务。"

3. 党建引领社区12345接诉即办和社区微信群治理对党的领导进行升级延伸

2019年，北京市出台《中共北京市委、北京市人民政府关于加强新时代街道工作的意见》，提出整合各类热线归到12345服务热线，建立全市统一的诉求受理平台，将管辖清晰的诉求直接派给街镇，做到全时响应、接诉即办。党委政府督导社区办件的压力倒逼了社区向前一步，开始积极探索从被动治理—接诉即办转向主动治理—未诉先办的基层创新。回天地区不少社区在建立社区网格化治理、楼门治理、党建协调委员会、民主协商议事等收集民情民意并予以解决的社区治理机制基础上，进一步通过建立更加高效快捷的党建引领社区微信群"接诉即办"机制，实现了主动治理和未诉先办。尤其是在疫情期间，不少社区微信群建设日益规范，疏通了自下而上和自上而下的信息传达与互动渠道，为加强党建引领多方共建、形成治理合力提供了强大助力。如回龙观街道回龙观新村社区、霍营街道霍家营社区等实行社区"接诉即办"机制，设有内部的24小时移动便携式12345热线电话，由社区两委班子轮值，值班人员负责对应时段内的全部事项，将居民诉求发布在社区微信群，专业人员会在最短时间内解决问题并在群内做出回应，形成社区接诉—应诉—解诉的闭环机制。回龙观街道回龙观新村社区在实践中，通过党的领导、组织下沉、资源整合以及线上治理等手段建立了红色网格治理体系，并逐步形成了以红色网格化为主线、服务网格化为重点、信息网格化为支撑、多元参与网格化为补充的串联互通的特色网格化运作模式，实现了居民诉求高效回应和社区治理的精细化。另外，回天地区很多社区都建立了由社区两委组建包含所有业主的微信群（也是线上网格的一种方式），不仅便于居民实时反映问题，更有利于有效汇集同质性意见，减少重复工作。天通苑北街道在多个社区试点天小北机器人项目，在机器人"天小北"的帮助下逐步形成线上"社区圈子"微信群，覆盖天通苑北街道 10 个社区。"天小北"会随时在"社区圈子"中发布社区的近期活动和工作动态，同时，居民可以直接在其中反映问题，天小北、楼门长、社区两委成员、物业会根据问题情况进行及时回答。

（二）党建引领多方共建聚合资源共解基层难题

党建引领多方共建在"回天地区"社会治理中的领导和聚合作用表现明显，包括建立五方共建工作机制，搭建"3+1"党建工作协调组织架构；从 2018 年开始建立"回天有我"特色"双报到""双服务"机制，举办"回天有我"主题月活动，强化党建引领，深化党员回社区报到，深化市区部门、单位到回天地区报到；探索党建引领大学赋能基层社会治理；由社区党委（党支部）领导社区居委会、物业公司、社会组织、企事业单位共同参与社区议事协商，带动商业企业积极参与"回天地区"社会治理；等等。

1. 建立党建引领五方共建工作机制

昌平区委组织部于 2018 年 9 月印发《昌平区社区"五方共建"工作机制》，提出要进一步发挥社区党组织的政治优势和组织优势，按照党建引领、共同建设的总体思路，持续优化社区管理服务模式，促进社区各类单位和组织优势互补、资源共享、共建共治，着力解决社区家门口的事儿和群众身边的事儿，进一步提升社区精细化管理和服务水平。其中提出由社区党支部牵头统筹，有针对性地引进社会组织参与社区服务，满足群众的切身需求；牵头搭建各类单位和组织共同参与社区建设的平台，健全运行机制，把社区内部相互隶属、掌握不同资源、联系松散的组织联结为紧密的共建体，共同推动社区组织、社区服务、社区文化、社区环境等各项工作。如史各庄街道领秀慧谷社区打造共建共创型社区，提升社区两委工作能力和服务意识，链接社区外部专业资源，动员社区居民协商议事，共同打造品牌化社区治理项目。一方面，向社区内部积极动员，以党建引领为主舵手，带动居民参与；另一方面，向社区外部积极引援，引入各类专业资源，搭建智库平台。在抗击疫情、助力垃圾分类、志愿服务品牌，建设楼门院展示和活动空间、社区心理服务平台等方面做出了创新探索。天通苑南街道帮助东辰社区引入物业公司，将街道与产权方东小口卫生服务中心均作为甲方，建立"2-1-2物业管理长效机制"，前两年由甲方给予全额补贴，第三年开始甲方补齐物业费差额，最后两年由物业公司自行收取，自负盈亏，居民根据物业公司的服务质量决定是否缴纳物业费，有效缓解了物业公司在老旧小区收费率低的经营压力，同时给予了居民缴纳物业费的适应缓冲期。

2. 双报到、双服务机制为街道社区问题解决和矛盾化解提供重要渠道

一方面，党建引领"吹哨报到"机制使街道和社区拥有了更多的"话语权"，为基层社会治理赋能增效。以龙泽园街道龙泽苑社区为例，龙泽苑社区离地铁站较近，社区居民过马路就可以到达地铁站，但因道路提升，马路中间加设绿化隔离带，原本5分钟的路程增加到20多分钟，居民提出这一问题之后，由社区吹哨，交通队、交通委、公交集团等多个主体到社区报到协商解决这一问题，最终在道路中间画上了斑马线，既保证道路美观，也方便居民出行。另一方面，深化拓展"在职党员回社区报到"工作机制。体现为以回天地区党员、社区报到党员为骨干，引领带动专业化社会组织、志愿服务队伍、辖区居民群众等社会各方力量共同参与。如龙泽园街道佰嘉城社区、金榜园社区等在社区两委的领导、支持和动员下，充分发挥社区"双报到"在职党员的先锋模范作用。2020年年初新冠肺炎疫情发生，以齐志伟为代表的在职党员主动承担了佰嘉城社区门前值守、采购防疫物资等工作，同时建立2个业主群和1个租户群，通过线上微信群发布通知、了解居民诉求，线下上传下达、协商议事、解决问题，举办线上线下活动带动居民参与。2020年9月正式成立了由2名社区两委成员、5名在职党员组成的社区物业管理委员会。在2020年年初，为开展疫情防控工作，金榜园社区在三天内就成立了一支由在职党员、社区党员、志愿者组成的楼门长队伍，同时社区每个楼门都建立了单元门微信群——107个单元门设立了107个楼门长和107个单元门微信群。这支楼门长队伍的重要特色在于共有46名党员担任了楼门长，推动了社区精细化治理。

3. 探索党建引领大学赋能基层社会治理

华北电力大学（北京）、北京农学院均地处回天地区，有着丰富的智库、师生资源，同时很多教师也居住在回天地区，是推动回天地区社会治理创新的重要依托和支撑。2019年，华北电力大学人文与社会科学学院成立回天治

理研究院，打造集党建引领、政策咨询、科学研究和人才培养于一体的综合性研究平台。目前回天治理研究院已经联合高校、科研院所共同举办回天治理论坛、未来回天论坛等各类论坛10余次。自2019年11月开始，启动回天治理"百生百社"大型调研实践活动。2021年年初，举办"学党史、进社区"党史学习教育携手行动启动仪式，对接来自昌平区、海淀区的14个社区与社会组织，签署了"学党史、进社区"党史学习教育携手行动协议。2021年12月，华北电力大学与昌平区政府签署战略合作伙伴框架协议，提出未来继续加大校城融合力度，学校将把优势资源与服务地方相结合，构筑政产学研协同的人才链、创新链和价值链。

4. 商业企业积极参与"回天地区"社会治理之中

在党建引领下，商业企业也积极参与物业管理和垃圾分类两件关键小事以及社区福利服务等回天地区社会治理。不少街道社区与企业以联合共建开展活动、解决社区问题的方式服务社区治理。在此过程中形成了很多创新做法，包括市环卫集团整体接管回天地区环境卫生服务工作，各街镇成立物业管理创新联盟、物业企业联合会、商户自治协会等推动企业联合、多方合作共赢，村集体联合物业公司开展垃圾分类，将中介公司纳入网格化管理，社区积极联络企业助力社区建设，发挥企业创新优势，履行企业社会责任等。如回龙观街道商户自治协会成立于2020年，有龙域商圈150多家商户企业会员，协会目标是实现商户自治：一是通过自我管理、自我服务、自我监督，帮助市场监管部门进行监督管理；二是通过建立商户信用平台，在保护居民消费权益的基础上，扩大商户影响力和信誉度；三是通过建立社区、居民与商户之间的良性合作，让商户在社区建设中贡献一份力量，取得较好效果。回龙观街道回龙观新村社区共32家中介公司，社区摸底中介公司数量之后，建立街道、社区、物业和中介公司微信群。中介公司管理外来人口，与社区外来人口管理办公室共同建有外来人口（租户）微信群。一方面，新冠肺炎疫情之后，社区除3人没有进行人脸识别智慧门禁登记，其他居民均进行登记。另一方面，社区事务由中介公司和直接出租房屋的村民负责通知到租户。如疫情期间有租户隔离的，由中介公司或直接出租房子的村民负责给他们递送生活物资。天通苑北街道中二社区同华联商厦进行对接，对于社区中的独居老人、高龄党员和失独家庭等，由华联商厦提供一个季度的免费服务：手机贴膜、理发、磨刀、便民送餐和入户打扫服务等。

（三）枢纽型社会组织联动各类社会组织、社会企业赋能指导

回天地区是北京市社会组织创新发展示范区，其利用昌平区社会组织发展服务中心这一回天地区枢纽型社会组织平台，搭建"区—镇街—社区"三级社区社会组织孵化基地，成立回天社区公益基金会，同时一些镇街社区社会组织联合会亦发展迅速，专业社会组织、社会企业和社团联盟深具特色。

1. 成立昌平区社会组织发展服务中心

围绕自身孵化枢纽定位，昌平区社会组织发展服务中心充分发挥桥梁纽带、高效管理、资源整合的功能，建立昌平区政府购买社会组织服务统一管理平台。打造社会组织孵化基地进行系统培育，依托回天社会创新学院实现专业孵化，搭建信息化协同平台和智能化社交平台推动智治支撑基层社会治理，开展物业管理联盟和业委会建立、垃圾分类等社会治理项目助力基层赋能，运营艺术、体育场馆等探索"政府+国有企业+枢纽型社会组织""公益+商业"等建设、运营模式。

2. 推动镇街社会组织孵化基地建设

目前回天地区一镇六街已经全部成立镇街社区社会组织联合会。较有特色的是回龙观街道社区社会组织联合会，搭建了"1+4"特色社区治理体系。其中"1+4"主要是指以社区社会组织联合会为枢纽，通过社区学院培训、政府购买社区组织服务支持、社区社会组织赋能培育、线上平台高效联动四种途径搭建特色社区治理体系。同时，回龙观街道社区社会组织联合会深入发掘社区人才成立了社区信息化普及服务队、社区心理健康协会、龙域东一路商户自治协会等具备专业能力的社会组织。尤其商会自治协会主要由街道150多家商店联合而成，该组织围绕社区商户的核心诉求，将商户引入社区，进行日常的政策宣传、社区设施维护、自查自纠等。

3. 成立回天地区社区公益基金会

2019年4月，北京市回天社区公益基金会成立。基金会以"让社区生活更美好"为愿景，以"推动回天社区可持续发展"为使命，主要服务于街道社区社会组织孵化、发展和公益项目运行。如2020年天通苑北街道开展"社区伙伴计划"社区微基金项目，该项目聚焦"垃圾分类、楼门文化、邻里互助、环境整治提升"四类社区议题，鼓励居民提案，选出其中的优质提案给予资金支持，帮助其落地实施。2021年为促进回天地区垃圾分类工作开展，回天社区公益基金会选择5个试点社区分别成立社区环保专项基金，基金来

源于社区可回收物变卖资金、商户融资资金、企业、政府配捐资金等。所得资金用于各相关社区垃圾分类源头减量宣传教育、分类活动、积分兑换商品等促进社区居民共同参与垃圾分类。

4. 专业社会组织以多元形式广泛参与到回天治理中

相关数据显示，截至 2019 年 4 月底，回天地区在民政部门登记注册的社会组织共 182 家，这些组织中专兼职人员以中年人和青年人为主，志愿者以高校学生为主。他们在提供社区服务、便民利民服务、志愿者互助服务和专业社会工作服务、培育社区文化等方面发挥了积极作用，满足了回天地区居民的多种需求。以 19 个社区自发倡议开展的"回天有我"社会服务活动为起点，回天地区专业社会组织和街道社区一起带动居民群众参与社区服务、社会治理，广泛开展"聚力天通苑·社区欢乐颂""完美佳速马拉松接力赛""回天有我迎国庆主题快闪""回+周末绿跑""回超联赛"等"回天有我"社会服务活动。

5. 探索回天地区社会企业认证与扶持工作

自 2019 年以来，昌平区出台《昌平区回天地区社会企业认证与扶持试点办法（试行）》，并推动了社会企业认证与扶持工作，截至 2021 年年底，回天地区共评审决议出 33 家回天地区社会企业。回龙观社区网、天通苑社区网、绿之盟、唱好一点等社会企业通过开展品牌活动、企业经营社群等方式，探索出了一条具有回天特色的社会企业发展道路[①]。如回龙观社区网和天通苑社区网都成立于 21 世纪初，是很多老回天居民熟悉的网络平台。一方面，"两网"无论在起步阶段还是成熟阶段，都不忘其公益初心，在被多方信任的基础上，开辟"求计问策"、民意收集等专栏，在居民互助的基础上辅助政府治理；另一方面，商业性是回龙观社区网和天通苑社区网可持续发展的主要"血脉"，无论是互联网的冲击还是成员的离散，都在推动着"两网"的发展转型，所以他们也在同社会组织、周边底商开展合作，扩大用户基数，提升网站影响力，反哺公益板块。

---

① 回天地区社会企业的定位是：服务区域聚焦回天地区，以协助解决社会问题、改善社会治理、服务于弱势和特殊群体或社区利益为宗旨，以优先追求社会效益为根本目标，以创新商业模式、市场化运作为主要手段，所得利润按照其社会目标再投入解决社会问题、创新公共服务供给，且社会目标持续稳定的企业类型。

（四）多方主体引领和带动居民参与"回天家园"建设

社区作为基层社会的最小单元，承载着社区居民情感、利益等各类需求，是实现社会治理的最后一公里。社区文化娱乐和志愿服务是营造和谐社区氛围的两种主要形式，除此以外，居民议事是实现社区共治、凸显居民主体地位的关键突破口，是推动居民参与、打造社区共同体的重要途径。通过社区议事不仅可群策群议、推动居民直接参与社区治理，而且可对政府、企业等形成有益监督制衡。回天地区的一些社区活动也逐步从文化娱乐拓展到社区议事，居民自治与社区内企业之间建立良性合作与制衡关系。

1. 社区志愿服务助推和谐社区氛围

回天地区基本上每个社区都有大大小小的志愿服务队伍，参与治安巡逻、垃圾分类、疫情值守、养老服务以及其他各类社区服务。如新冠肺炎疫情发生后，霍营街道霍家营社区共有319名志愿者参与防控工作，2020年8月建立2个垃圾分类驿站，亦有170余名志愿者参与垃圾分类桶前值守。一位志愿者说，"社区的老住户们本身就是同村人，不少还是亲属关系，大家把社区当成一个家，而且做志愿者的时候也能一起聊聊天，像以前串门一样。"回龙观街道蓝天嘉园社区的公益理发志愿服务队由热心社区居民于建华、付淑文发起并组织，基本上由退伍军人组成，每次理发活动分工明确，指导组、登记组、勤务组、理发组各负其责，他们组成的志愿者理发服务队的人数由开始的几个人，发展到现在的30余人，已为社区居民理发近1500人次。霍营街道龙锦苑东四区社区的巧娘服务队现有队员10余人，分为理发组和缝纫组，理发组的志愿者原为专业理发师，缝纫组除负责缝纫的志愿者外，还有一位负责维修缝纫机器的退休老党员。志愿者每周三为社区居民提供免费缝纫、免费理发等服务。目前巧娘服务队已经能够走出社区，面向其他社区提供低偿服务。与此同时，2020年新冠肺炎疫情发生以来，战"疫"将社区各方凝聚在一起，在这一过程中也涌现出了许多先锋人物和感人事迹。如史各庄街道昌艺园社区党支部书记介绍，2020年春节时，新冠肺炎疫情刚刚出现，北京下起大雪，社区工作者和志愿者戴着反复使用的一次性口罩，不分昼夜地为居民办理出入证，还要安抚焦躁的群众。每个社区都是这样，在经受"抗疫"的大考中，凝聚出了众志成城、共建社区的精神。

2. 社区活动逐步从文化娱乐拓展到社区议事

除志愿服务以外，回天地区的各社区也开展了较为丰富的文化娱乐活动，如开设绘画、毛笔字、围棋等文化课程，组建瑜伽班、合唱团、广场舞队等各类文体队伍，同时不少社区正在积极探索从开展文化娱乐活动向组织居民协商议事转变。如回龙观街道龙城花园社区面对基层社会治理中出现的各种各样的问题时，通过线下协商会、线上微信群、社区公众号议事共同推进的形式，建立起纠纷协调、矛盾处理、居民自治的社区议事路径，围绕公共用地归属权问题、供暖供热水事宜、河道环境整治问题及小区班车的运营问题等进行了共商共议，为相关主体提供交流意见的平台，促成了部分问题的解决。同时，在多元主体就共同关心或存在冲突的事项进行沟通的过程中，居民主体性进一步增强。就像社区书记所言，"话说开了""该表达的表达了"居民与各方之间达成了自发的相互了解、相互体谅，认识到了互相帮助、各取所需的重要性，"实际上很多时候是居民说服了居民"。

3. 居民自治与社区内企业之间开始形成良性合作与制衡

回天地区居民自治组织与社区内企业通过整合社区资源、增强社区认同、提升社区凝聚力、改善社区公共服务，开始形成企业经营社群的良性合作与制衡。主要表现在以下三方面。

（1）在社区内企业能力不足的情况下，居民自治发挥重要作用。尤其在物业经费有限的情况下，党群服务经费以为人民服务、解决人民实际需求为宗旨，发挥了明显作用。同时，由于回天地区物业企业具有连锁化、入驻时间长、收费低的特点，不少社区带领物业共同解决社区疑难问题，常驻在社区的物业公司负责人几乎成了社区居委会的一员，社区居委会也会发动志愿者进行志愿参与和管理社区，协助物业做好服务。

（2）在社区内企业能力较强的情况下，居民自治可以对企业形成监督和制衡。如通过在物业公司中组建党组织和"双向进入、交叉任职"工作，党建引领物业模式基本形成。同时，一些社区的业主委员会也在党建引领下发挥作用，监督物业服务、保障业主权利。如田园风光雅苑社区业委会成立之后即摸清了社区"人、财、物"底数。在社区公共场地使用方面，物业公司和网球承租方解除租赁关系，实现了业主维权的核心任务，即从前期物业那里获得了社区网球场主权。在房屋维修情况方面，搜集、统计小区内房屋漏水情况，由物业上门维修，维修结束后业主对维修服务进行评价，便于业委会与物业公司改进等。

（3）通过企业经营社群，形成企业与居民组织之间的合作。根据笔者调研，回天地区的社区养老驿站以护理型、综合型、连锁化为主，发展思路较为清晰。同时，养老驿站也通过开展文化娱乐活动，免费供社区周边的老人参加，并在此基础上运营老年人社群，与社区居委会共同提供各类为老服务，形成企业与居民组织之间的合作，取得较好的效果。

（五）探索搭建立体型智治化平安幸福回天模式

回天地区充分利用昌平区现有基础设施条件，聚焦回天地区基层社会治理和社区管理存在的共性问题，通过市区街三级数据互联互通，建设了一批助力基层社会治理的应用场景，搭建了立体型智治化平安幸福回天社区。如天北街道依托"天北家圆"智能社区服务卡，回龙观街道依托"合创家"小程序，霍家营社区独立建立社区服务平台 App 等，同时不少社区借助社区微信群、公众号上情下达、下情上传、主动治理、未诉先办、协商议事，建设互联、物联与人工智能化的现实应用场景。另外，社区应用场景也包括探索线上搭载辖区医疗、教育、商超、休闲等社区互助、商业服务，建立社区货币系统，在社会治理共同体基础上发展福利经济、社区经济、合作型福利与合作型经济。如回龙观街道社区社会组织联合会的"合创家"小程序于 2021 年 5 月 1 日正式上线运营，运行至今，平台注册用户 102738 人，社区使用 100%，基本上实现了社区居民全覆盖。目前小程序设计有三大类十个板块，通过积分体系、便民服务、任务发布等模块，串联起政府、居民、社区商业等多方主体，为社区治理和社区经济平台的搭建提供重要载体。

（1）综合便民服务平台。该程序为商户自治协会提供商品服务推广兑换平台；为物业企业联盟提供考评打分程序；开发线上缴纳水电费等服务，使得物业服务更加便民利民；推出了智慧门禁功能，用户在小程序上进行注册，平台将居民信息上传到政务云系统，社区门禁系统通过比对进出入居民与系统内收集的信息即可提供智慧门禁服务。

（2）资源整合平台。该程序充分整合并动态更新街道、社区各类学习、服务和活动资源，形成可吸引居民参与的知识讲堂、垃圾分类、志愿服务等活动，并可兑换日常生活用品、线上课程、商家优惠券等积分奖励。以平台的积分系统为例，居民通过参与志愿活动，获得相应的积分，当积分积累到一定程度可以兑换相应的福利，如社区学院的课程、到会员单位商户兑换商品等，此外，积分兑换也有相应的等级，不同的等级享受的折扣和福利不同。

社区篇

习近平指出，一个国家治理体系和治理能力的现代化水平很大程度上体现在基层。① 基层治理的核心是人，人的需求主要在基层社会中得到满足。伴随城镇化和市场化的深入推进，基层社区越来越成为人们衣食住行、生老病死、文化娱乐、社会交往等发生的主要场域，也是公共服务、社会问题、社会矛盾等供给和化解的基础单元。提高基层社区的治理效能，既是满足居民对社区美好生活的需要，也是国家稳固好容纳着超过14亿人口的中国基层社会的主要任务。本篇选取15个特色较为鲜明、经验较为成熟的社区作为样本进行描绘，这些社区起点不等、特点各异，积极探索"回天有我"特色双服务双报到机制、打造基层党组织战斗堡垒、搭建党建协调委员会平台、建立居民议事机制等，推动了社区治理共同体的逐步建立。与此同时，这些社区在相对统一的政策引导下践行各具特色的发展路径，具有一定的共性和可提取的模式，是提炼城市基层社会治理体系的"回天"样本的素材基础。具体来说，回天地区的社区治理特色可以概括为以下四个方面。

一是发挥社区两委团队的模范带头作用。社区环境的改善、资源的引入、制度的建立、活动的开展、矛盾问题的解决等都离不开一支优秀的基层党组织队伍，不忘其民、无私奉献、舍己为民的社区两委

---

① 充满希望的田野大有可为的热土——习近平总书记考察吉林纪实 [N]. 人民日报，2020-07-26（1）.

团队是提升回天地区基层治理效能的主要推动力。

二是充分动员社区内的在职党员、退休党员、社区热心居民等社区积极分子。通过楼门治理和网格化治理将社区积极分子嵌入其中，让这批人成为党政—骨干—居民之间的传帮带，实现上情下达、下情上达，将其打造成社区两委的"帮手"和撬动基层自治力量的支点。

三是建立五方共建机制、吹哨报到机制、议事协商机制等党建引领问题解决和矛盾化解机制。实现居委会、物业、业委会、社会组织、企事业单位等多方主体携带、联动资源共同下沉，丰富社区内部公共资源，合力解决居民诉求、化解基层矛盾。

四是推动居民共治，这既是社区治理的目标，亦是路径所在。社区通过开展丰富的文化娱乐活动，提升社区精神文明、营造活力和谐氛围；通过打造专业化、多样化的志愿队伍，为居民参与志愿服务提供组织依托；通过鼓励邻里互帮互助，增强社区心理韧性，打造互信互援互助互惠的新型邻里关系；通过搭建居民议事厅、社区微信群、社区 App 等线下线上议事平台，回归居民话语权，提升居民参与的广度和深度等。

在市、区、街道指导帮助，社区两委团队、社区基层组织、积极分子以及相关多方领导—带动—互动下，回天地区居民的积极性逐渐被调动，居民参与的深度和广度进一步拓展，共建共治共享的基层治理格局不断学化蕴成。

回龙观新村社区——建立基层红色网格治理体系

社区网格化治理作为一种精细化的治理手段在基层社区治理中发挥着重要作用（王名、杨丽，2012）。传统的单一行政网格管理模式在实施过程中往往面临着结构僵化、管理松弛和服务缺位等问题，回龙观新村在实践中探索建立了基层红色网格治理体系，通过基层党组织领导社区治理团队的分工协作，每个部分、每个人担负一部分责任，自下而上的民情民意反馈迅速获得并处理/解决，自上而下的通知、处理/解决结果迅速反馈给居民。虽然社区拥有近1万人口，但在完善的网格化治理之下，居民的诉求都被网进网格里并于网格中消化、解决。回龙观新村社区的红色网格治理体系可以概括为：以红色网格为主线、服务网格为重点、信息网格为支撑、多元参与共建网格为补充的串联互通的特色网格化运作模式。即建立红色网格体系，搭建以社区两委、党员等为主要组成人员的总网格长、二级网格长、三级网格长、四级网格员的四级网格体系；做实服务网格工作，推动社区志愿服务与楼门服务的网格化，实行楼门"一长四员"制，负责每个楼门的社区宣传、入户走访、邻里矛盾化解、楼门活动等；打造信息网格平台，充分利用"合创家"小程序、社区微信群与社区12345热线电话等信息技术手段，拓宽居民与社区之间的沟通渠道，提高社区治理回应性；推动多元参与共建网格，吸纳市区、街道行政资源、周边企事业单位、房屋中介、个体商户、居民等参与网格化治理，发挥各自优势，补齐社区短板、解决社区矛盾问题，织密社区治理网络。在红色网格治理体系—党建引领社区网格化治理的作用下，回龙观新村居民生活和谐文明，社区文化蓬勃发展、生产生活井然有序，网格成效凸显。

一、建立红色网格体系

回龙观新村社区四级网格治理体系在社区党委的领导下，主要由社区两委、村工作人员、物业工作人员、党员、志愿者等人员组成。通过400多人的网格治理团队的分工协作，以及网格、楼门、微信群、社区12345热线等四条途径的协同推进，社区治理工作有条不紊地进行。一是明确四级网格治理责任分工。总网格长由社区书记兼任；二级网格长由社区两委班子成员兼任，分别负责东区、中区、西区；三级网格长由物业经理兼任，分别负责东区、中区、西区；四级网格员由物业中的安保、消防、维修、保洁、中控、电梯、人防人员担任，共有网格员125人。各级网格长和网格员认真负责。他们都是本村村民，在社区党支部书记张桂芝的带领下，心齐团结，社区的大小事情通过网格发现上报，社区两委都能第一时间知道。二是建立"一长四员"楼门治理机制。"一长四员"主要由社区党员、居民代表、村集体股东代表、退役军人等组成。社区一共41个楼门，每个楼门由5人负责，包括1名楼门长和民事调解员、文化宣传员、生活服务员、综合治理员等4人。三是发挥微信群等线上治理功能。社区微信群由人口群和工作群组成，人口群主要包括41个楼门群、15个租户群，其他还有党员群、在职党员群、志愿者群等，功能主要为：转发党委政府、社区、楼门通知；反映社区、楼门问题，收集处理、上报、解决。工作群包括接诉即办群、楼门长群、垃圾分类群、网格员群等。这些群主要用于发放和接收通知，反映、处理、解决相关问题。目前处理问题使用较多的是接诉即办群。四是居民可以直接拨打社区12345电话热线反映问题。社区12345电话热线的电话号码张贴在社区1094个楼层里，24小时开机，可以随时拨打，每天由1位社区两委工作人员负责接听和处理。

回龙观新村社区四级网格治理体系的总网格长是社区党委书记兼居委会主任张桂芝，她也是昌平区人大代表，还是居住楼门的楼门长。自2011年回到回龙观新村担任村党支部副书记以来，张书记经历了回龙观村的拆迁、回迁和建设，其间遇到了很多困难和阻碍，但她凭借着为村民、居民办实事的信念和乐观豁达的性情，将这个社区治理得井井有条。回龙观新村社区刚建立之时，民心涣散，领导班子不团结。张书记通过一次次的"同心圆"游戏逐步将领导班子、党员的思想统一起来，达成了"一个声音、一个步调、向着一个方向、实现共同目标"的共识。在张桂芝的牵头组织下，回龙观新村社区联合周边的蓝天嘉园、融泽嘉园、金域·万科等社区，于2018年1月份又成立了1818街区联盟（也称"龙域新城"），搭建了一个有问题共同解决、有困难一同帮扶、有活动一起行动的社区联合组织平台。自成立以来，张书记也不断为街区治理建言献策，1818街区的商业、医疗、教育、交通等各方面配套设施逐渐完善，硬件环境不断提升，社区居民的幸福指数也得到了提高。除了关注硬件条件，张书记也号召联盟成员一起举办活动，如春晚、红歌会、给阿尔山贫困地区捐衣物等，几个社区各司其职，凝聚力量，真正做到共建共治共享幸福家园。同时，也许是在早上遛弯的时候，也许是突然受到某件事的启发，张书记总会提出一些新点子，丰富社区治理内容，创新社区治理形式，真正地把社区建设放在心上。2020年，蛋壳公寓暴雷事件影响了回龙观新村社区700余户房东租客，平均每位租客有数万元的预存房款被蛋壳公寓卷走，房东收不上房租，矛盾日益激化。张书记带领两委班子成员及楼长按区划分、通力合作，按照网格化方式层级分工，共同给房东、租客方做工作，调解纠纷，挨家挨户协商沟通，最终运用房东、租客各承担一半损失款的方案妥善化解了各项纠纷。

二、做实服务网格工作

回龙观新村社区网格服务团队分工明确，充分发挥团队协作能力，网格服务管理扎实有效。一是各级网格长和网格员认真负责。在回龙观新村社区的居民中，大约有3500名原回龙观村回迁村民，有约6500名租户，租户中70%都是长租户，社区物业公司属于原村股份经济合作社，物业公司成立的初衷既是负责社区物业管理，也是解决社区闲散劳动力的安置问题，故物业公司的人员以本村村民为主，共120余人，也即四级的网格员。虽然他们每人2000多元工资并不高，但对社区忠诚度和责任心都非常高。另外，社区两委、物业公司负责人、分区经理、村集体工作人员都是本村村民。说到工作人员的责任心，社区党委书记张桂芝说，"我们都把社区当成自己的家一样，目的是带着大家把日子过好，比如这栏杆是我焊的、这个自行车棚的砖头是我看到其他地方多出来的废砖拉回来的、这些消防画线是我画的……你干这活都跟老百姓眼皮底下晾着，大家都知道是你干的，所以不管自己还是看到别人从这走，都有一种荣誉感和自豪感，这样思想觉悟也上了一个层次。"也正因为此，社区的大小事情通过网格发现上报，两委都能第一时间知道。比如要求保洁人员负责的楼门每天都要打扫，楼里有乱堆杂物或有安全隐患的都会及时上报物业，或者保洁员直接清理，或者派专人过去清理。

二是楼门"一长四员"尽职尽责。回龙观新村社区的41个楼门有41位楼门长和164位楼门负责成员进行管理，也即"一长四员"。主要由社区党员、居民代表、村集体股东代表、退役军人、热心居民和志愿者组成①，每个楼门由5人负责，包括1名楼门长和民事调解员、文化宣传员、生活服务员、综合治理员等4人。负责每个楼门的社区宣传、入户走访、邻里矛盾化解、楼门活动等。具体而言，①负责社区垃圾分类、疫苗接种、人口普查等入户走访宣传；②负责在楼门微信群发放各类党委政府、社区通知、消息；③负责一部分的楼门邻里矛盾化解、纠纷解决，解决不了的报给社区两委、物业等；④负责楼门环境整治、活动开展，如下雨、下雪等极端天气需要关注楼门安全，及时发现楼门里的杂物、自行车、小广告等，组织本楼门居民开展或参加活动。实际从2016年进行完楼门环境整治之后，社区两委就开始带领楼门长，引导居民打造楼门文化②，由党员带头、居民参与、自己动手参与建设自己的家，在全社区范围内开展书法、绘画、剪纸、刺绣、堆绣、摄影等活动，并将活动作品装裱成相框，挂在各楼层里。与此同时，每个楼门都根据各自特色设定自己的特定主题，如年轻人和老年人同住较多的单元门主题是"尊老爱老"，居住村民较多的单元门主题是"回龙观村的繁荣发展"等。门厅里张贴着村训、居民公约、榜样人物风采展示，每个楼层张贴社区热线电话，包括暖气、天然气、医院、电梯等服务电话和12345居民热线。

张书记以她的楼门为例，她兼任1个楼门长，她说：昨天中午回家，电梯里有点黏，可能谁家扔垃圾的时候留汤了，她回家拿了墩布就给它墩墩。傍晚突然下大雨，她看到一层隔厅里进水了，就拿着墩布去扫了。前一阵子在楼门微信群里14层说15层到夜里12点多还在吵闹，家里孩子睡不着觉。他们在群里你一言我一语，这时候她就找15层，说从现在开始别说话了，然后找14层，跟他说这种情况也免不了，又不是天天，今天他儿子来了，儿子跟爸爸喝酒，可能意见不一样就吵起来了，都楼上楼下，也能理解。说进了这个门，就是一家人。两边一说和，14层和15层都在群里说不好意思，给人

---

① 党员和退伍军人是社区首先调动的群体，每个党员家庭门牌上都有党员家庭户、退伍军人家庭户的标识，"你是党员、军人，就必须起到模范带头作用，而且不能说泛泛地作贡献，每个人都要有自己的'责任田'"。

② 社区将其总结为楼门客厅化，指将每个楼门、楼层的公共区域打造成美丽、典雅的文化宣传"客厅"，把党建延伸到楼门、把监督管理细化到楼门、把高雅文化引进楼门、把社区服务深入楼门，同时这个"客厅"需要由大家共同维护。初心在于让村民有和谐舒适的生活环境，同时社区美化、居民文明程度高，社区吸引的租户稳定，对村民也是利益上的回报。

添麻烦了。说完这件事就过去了。

再以社区落实垃圾分类工作为例。回龙观新村社区以往有 34 个垃圾投放点位,2020 年撤并了 26 个之后共设 8 个垃圾桶站。除其中三栋楼共用一个垃圾桶站外,其余每两栋楼设置一个垃圾分类桶站。社区要求居民只能在规定时间将垃圾投放到点位上,其他时间不能投放垃圾。与此同时,全部生活垃圾、大件垃圾、建筑垃圾都要投放到点位上,可回收垃圾同样如此。根据社区相关负责人介绍,刚开始实行垃圾分类时,居民很多不会分类、不愿分类,400 多名四级网格员就充当垃圾分类志愿者和指导员,$2 \times 8 = 16$ 个人一班,每天早晚两班,大约需要 32 人,一般 15 天左右轮一次。如果居民在投放垃圾时未提前分类,垃圾分类指导员会严格督促其亲自在现场进行分类。有些居民赶时间上班,在现场进行垃圾分类,既耽误时间,又可能使衣服沾上污渍,这就增加了垃圾不分类的成本和代价,促使居民提前在家中分类。楼门长则负责上门到每家每户宣传垃圾分类,发放垃圾分类村报专刊。与此同时,社区会举办垃圾分类的相关比赛,比如以孩童为对象,举办"垃圾分类小达人"等比赛并评奖,与学校的垃圾分类教育相配合,调动孩童积极性,许多小孩子都积极参与垃圾分类,而孩子又可以带动家庭。同时,社区联合合创家打造线上垃圾分类积分换购平台,居民每正确分类投放一次垃圾就能获得一个积分,累计积分可以兑换社区学院的书法课、剪纸课、社区商户优惠券、理发优惠券等,如 30 个积分换餐饮店 8.8 折优惠,10 个积分可以换一袋盐等。通过这些网格化的服务管理举措,回龙观新村的垃圾分类执行效果非常好。

三、推动多元参与共建网格

回龙观新村社区的网格治理体系不仅包括社区两委、物业公司负责人、分区经理、村集体工作人员,社区中介公司与出租房主也被纳入网格之中,共同参与社区的治理活动。回龙观新村社区作为回迁村,外来人口住户人数较多,社区共 32 家中介公司,社区摸底中介公司数量之后,建立街道、社区、物业和中介公司微信群。中介公司管理外来人口,与社区共同建有外来人口(租户)微信群,不仅方便社区人员管理,也拉近了租户与房东之间的距离,促进了租户与房东的融合。例如,在租户入住前,社区会以房东的名义给租户一封信,在信中表明了社区欢迎租户的到来,希望他们在配合社区管理的同时也能积极参与社区建设,共创红旗楼门,为社区建设出一份力。

一般来说，社区事务由中介公司和直接出租房屋的村民负责通知到租户。如疫情防控期间有租户隔离的，由中介公司或直接出租房子的村民负责给他们递送生活物资。正如社区党委书记所言"我们给谁服务呢？事实上就是给自己服务"。房东与租户之间逐渐抹去距离感，实现互帮互助，创造和谐社区文化。

回龙观新村社区仍然保留集体经济股份合作社，目前村集体所有的几块土地每年租金4000多万。村民手里的股份从2009年一股57元到现在482元；从原来年底欠生产队钱，到现在一年股份分红20000多元，这种互助合作方式让居民对于社区归属感更强、参与意愿也更强。目前社区登记注册的志愿者有180名，其中经常参与活动的核心志愿者130名，开展过垃圾分类、环境治理、普法宣传、医疗卫生等志愿服务活动。社区举办的亲子活动、环保主题趣味运动会、跳蚤市场、光盘行动等需要志愿者，楼门长直接在微信群中发出招募信息，很快便会有住户回复参加。与此同时，社区积极解决原村村民就业问题，除了物业企业吸纳一部分以外，也引入"小麦铺"等科技创新企业，在社区内开设微型便民购物超市、微型菜市场，既方便了出行不方便的老人以及下班晚的年轻人，也解决了部分村民的就业。

四、打造信息网格平台

回龙观新村网格化治理离不开微信群、小程序、12345热线电话等信息技术的支撑赋能。一是社区微信群交流便捷高效。社区人口群主要包括41个楼门群、15个租户群，其他还有党员群、在职党员群、志愿者群等，工作群主要包括接诉即办群、楼门长群、垃圾分类群、网格员群等。考虑到村民和租户之间可能因租赁产生矛盾、问题，以及不同对象的管理方式差异，41个楼门群里都是本村村民（楼门成员），每个群40~50人，15个租户群按17个楼栋划分，每个群400~500人。社区两委、物业工作人员、外来人口管理办公室、片区民警、中介都在租户群中。人口群的功能包括：①转发党委政府、社区、楼门通知，②反映社区、楼门问题，收集处理、上报、解决。同时规定人口群不能转发其他宣传信息，对社区管理上的意见建议反映应当实事求是、语言文明。一般各类通知由社区两委发到租户群，楼门长发到各楼门群。回龙观新村发布通知的一个小细节在于：一些较难一次性记住的通知会分次而不是一次全部发在群里，以便让村居民逐步知晓和养成习惯。如厨余垃圾分类很多，像榛子壳等坚果壳因为不能分解，所以属于其他垃圾，不属于厨余垃圾。瓜子皮可以属于厨余垃圾，因为它可以分解掉。榴莲皮、玉米皮、粽子皮都不属于厨余垃圾。5号电池、7号电池属于其他垃圾，不属于有害垃圾。这些小知识都会分次发在各微信群中。工作群包括接诉即办群、社区两委群、楼门长群、垃圾分类群、网格员群等，接诉即办群包括社区两委、物业各部门负责人、业委会成员，楼门长群包括所有楼门长，垃圾分类群包括物业公司、垃圾分类指导员，网格员群包括各级网格长和网格员。

二是社区热线应急保障。社区设有内部的24小时12345电话热线，如果有紧急情况，可以直接拨打社区热线寻求解决。这个热线电话由两委班子成员轮流值班，值班人员负责处理对应时段内的全部事项，如果有解决不了的，可以将居民诉求发布在相应群里，让相关人员在最短时间内解决问题并在群内作出回应，最终形成一个闭环机制。目前热线电话平均每月接到20多条居民内部诉求单，一般事项包括搬家开门、孩子学习扰民、狗尿狗便、漏水、单元门出故障等。

结语

正是因为有村居民对于社区红色网格治理体系的参与和信任，很多像垃圾分类、成立业委会等其他社区难以落实的难题都在这里迎刃而解。如垃圾分类撤桶并站要求居民必须按时、按点分拣投放，投放错误的由垃圾分类指导员看着分好才能离开，修建自行车棚后必须把长期停放的自行车停放到自行车棚里，僵尸车被清理等社区规范清理，看似严格，却在"共同守护自己家园"的理念下一步步由被动遵守变为自觉遵守。回龙观新村社区也正在逐步实现2013年回迁入住时定下的目标：利用5年的时间打造"实力、平安、文明、美丽、幸福的回龙观村"。

基本信息

回龙观村始建于明代。2009年6月回龙观村启动拆迁，2013年3月回迁。目前回龙观新村社区隶属于昌平区回龙观街道，分为东、中、西三区。社区目前常住人口约1万人，原村民约3500人。

华龙苑北里社区——建立党建引领"合作—制衡—多元"社区治理机制

社会治理的核心目的是切实满足人民日益增长的美好生活需要，故而，一切治理活动的落脚点也是居民的需求指向。社区问题的收集能力、回应能力则是切实满足居民需要的两个关键因素，一直以来，各地都在探索实现传统权力主导向现代权利主导过渡，不断回归居民话语权、评判权以满足民众对回应性时代的迫切要求。华龙苑北里社区在社区治理的改革探索中以服务居民需求为导向，以解决社区问题为基点，以提高社区服务回应性为目标，形成了党建引领下的"合作—制衡—多元"的社区治理机制。其中，合作主要是指各主体之间各司其职、各就其位、通力协作，在共建、共治、共享、共商中发现并解决社区问题，实现多方利益最大化的合作。制衡是合作的进阶和延伸，通过社区微信群平台和业委会，一方面让居民有了更广泛的参与，另一方面以居民为代表的基层自治力量与社区两委、物业及相关责任主体之间逐步形成监督制衡，进一步促进问题解决和矛盾化解。多元主要体现在解决问题的主体和途径上：一方面利用党建协调委员会平台以及社区议事制度，统筹社区居委会、业委会、物业、相关企事业单位、社区社会组织以及居民骨干等，聚合多元主体及其资源合力解决居民难题；另一方面，通过楼门长制度、社区微信群以及志愿服务等多种途径拾遗补阙，满足居民多样化的需求。在党建引领"合作—制衡—多元"的社区治理机制作用下，居民诉求有人可诉、积怨有地可发、需求有人可解、服务有处可寻，实现了"民有所呼、必有所应"。

一、问题发现机制——既通"管家"，亦通微信

建立高效、便捷的问题发现机制是提高社区服务回应性的重要举措。华龙苑北里社区在实践过程中利用楼门管家机制和社区微信群平台（接诉即

办),将在职党员、社区骨干、物业等多方嵌在居民身边,织密了问题搜寻网,疏通了问题与信息的反馈渠道,建立了常态化的问题搜集与整合模式,在服务需求端尽力做到"零疏漏"。具体体现在:

一是建立楼门管家机制,为管家配备"责任田"。华龙苑北里社区建立管家式服务,为社区56个楼门配备56个管家,每位管家负责80~100人的楼门治理工作。这些管家既是楼内居民,又是为社区服务的行走社工。在日常生活中,像门洞里有杂物、楼门电梯有故障、管井里有物品等问题他们都会及时观察,发现后及时上报或解决。处理的原则是使矛盾和问题最大化地解决在楼门,如果各家无法解决协调,便将问题整理后上报给社区。每一位管家都配备一本"民情记录本",居民的烦心事都会记录在案,居民诉求主要通过每个月周一召开的社区两委例会,每月月中20号召开的党员大会和霍营管家会,每月月末召开的党建协调会进行逐一讨论处理。每一次例会召开时,管家将问题反映到居委会,居委会根据问题做详细记录,并在第一时间给居民解决问题。如果遇到党支部居委会单方无法协调解决的问题就会在月末的党建协调会上按照"谁的孩子谁认领"的原则协调相关各方一件件解决。每年年底,社区两委会对各单元的安全性进行抽查,包括有没有堆积物、电动车、自行车乱停等现象,以此检查管家工作,抽查结果会反映到管家群,同时每年选出10个单元的楼门管家作为优秀管家进行表彰。

二是充分发挥微信群作用,方便居民及时沟通。为提供便捷化、智能化的诉求表达渠道,华龙苑北里社区成立了规范化的社区微信群来进行社区"接诉即办"。华龙苑北里社区微信群主要分为两类:一是人口群,二是工作群。居民可以直接在人口群中反映问题/诉求,社区两委工作人员看到居民反映的问题诉求后,第一时间进行接单和派单,转单到相应的工作群,督促事件相关方尽快解决,并在解决后将结果及时在微信群中反馈给居民。如小区内4号楼一位业主在所处楼群内@王书记,询问本楼门是否停电了,社区工作人员朱老师回复"停电了,已给物业公司打电话了",并在8分钟后告知居民"已经好了,合上闸了"。但9点40分又跳闸了,王书记在工作沟通群中@物业负责人李经理,"4号楼5单元不知道什么原因,总是跳闸。已经三次了,这样太影响居民生活了!辛苦你让师傅排查一下""刚刚居民反映又跳闸了,第四次了",李经理回复"好的"。晚上9点55分王书记又在群里@李经理,"不知道是不是有漏电情况,还不到10点,都还没睡,太影响了。辛苦你让师傅好好地检查检查啊!辛苦了",李经理回复"好的",王书记回复

"现在居民都在楼道里!"物业公司看完立即派人一层层进行核查,最终找到了跳闸原因,解决了这一问题,并在实有人口群中进行了反馈。通过社区微信群里的"接诉即办",华龙苑北里社区日均解决居民反映问题10余件(最高20件左右),市民12345投诉在2019年和2021年都保持在每月不到1件。

人口群包括2个业主群(2018年建立)、10个分楼门实有人口群(2018年建立)。目前社区共有常住人口约3400人,社区通过已建立的12个微信群将全体常住人口纳入其中。此外,华龙苑北里社区还积极动员中介公司在出租房屋后第一时间报备租户人数、姓名,并通知租户到居委会做人脸识别信息登记,及时更新微信群相关信息。工作微信群从2009年开始陆续建立,包括社区工作沟通群、党支部工作群、支委工作群、社区两委工作群、党建协调委员会群、霍营管家群、供暖工作群、中介工作群、底商工作群等,一般是社区两委和其他相关人员在群中,比如供暖工作群中有社区两委和供暖公司相关人员,物业工作群中有社区两委和物业公司相关人员等。社区党支部书记王翠娟在分享经验时说道:"物业公司的沟通群建起来之后,我发现这种沟通渠道非常顺畅,速度又快。所以我又把供暖、底商、中介公司全部都建成了工作群。有重要通知、警告、提醒,或者居民反映的一些问题,都会告知他们尽快处理解决。"

二、问题解决机制——多方站位,志愿补位

社区服务回应性提升的重点还在于:在建立高效便捷的问题反馈渠道的同时,也配备与其适应的问题解决机制。通过二者的良性互动与优化协调实现社区治理体系的现代化。华龙苑北里社区在社区党支部书记及其团队的领导下,一方面以党建协调委员会为平台,联结多元主体,辅之以志愿服务,实现多方合作共解难题,另一方面通过业委会制约制衡,倒逼物业主动解决难题,建立了规范系统的问题解决机制,具体体现在:

一是社区书记发挥"领头雁"作用。社区两委团队在面对基层问题时,坦然面对,虚心接受,竭力解决,为多方参与起了带头示范作用,实现党的领导功能的有效发挥,也营造了对待问题勇于直视、积极解决不逃避的社区氛围。以社区基础建设为例,面对社区基础设施不完善的难题,社区两委积极作为,于2016年主持社区监控、单元楼门禁的安装工作,2018年修建临时停车场、改造自行车棚,2019年推动社区排污主管线更新与单元楼外墙体粉

刷，2021年进行社区路灯更新。这些修缮更新让社区环境品质取得了质的飞跃，居民真真切切感受到党支部是在为老百姓全力办事，使得社区两委与物业企业、居民住户之间的凝聚力也得到极大增强。在2020—2021年新冠肺炎疫情发生和反复的过程中，考虑到工作过程中存在感染风险，社区志愿者中很多是老年人，所以楼道消杀、居民登记隔离、代扔垃圾、代买物品等工作都是由社区党支部书记王翠娟带领社区两委工作人员完成的，未发动社区志愿者和在职党员去做。刚开始实施垃圾分类时，王书记亦带领社区两委工作人员先行负责桶前值守，2020年7、8月的天气很热，王书记带着社区两委工作人员在桶前值守，指导居民进行垃圾分类，因为当时很多居民习惯都没有养成，很多时候都是社区两委工作人员把桶倒地上捡出厨余垃圾。待居民有一些改变之后，社区才开始安排党员、志愿者参与桶前值守。被认真防疫和桶前值守的社区两委工作人员的无私奉献精神所感动，党员、志愿者心甘情愿地接受垃圾分类的排岗安排："疫情的时候社区两委工作人员那么辛苦，考虑到我们安全问题，这个时候我们力所能及，我们一定得配合干。"

二是设立社区党建协调委员会，提供多方协作新平台。党建协调委员会是由社区党支部、居委会、业委会、物业公司，以及为社区提供过服务的公益机构、志愿者、周边非公企业共同组成的社会组织等多方主体共建的重要平台，也指党建引领"五方共建"机制，社区通过建立协商议事规则和常态化的会议制度，规范整合多方资源，共商共议社区面临的难题。社区目前主要有4个例行会议：每周一上午召开社区两委工作例会，对上一周工作进行总结，确定本周工作计划及分工，同时开展批评与自我批评、对工作人员进行心理疏导；每月20号是管家例会和党员大会，因为社区党员和在职党员均已纳入管家队伍，所以为避免重复耽误时间，两个会议安排在同一天；月末召开党建协调会，也即多方共建会议。一般情况下，党支部、居委会、业委会、物业公司、党员代表必须参加，协商解决楼门管家收集上来的居民诉求以及社区的重要事项。会议形成决议草案后，利用小区宣传栏、楼道内宣传橱窗、"霍营管家"入户、业主微信群告知等多种方式广泛公示，征集修改意见，最终通过入户签字、设置流动票箱相结合的方式召开业主大会或者居民代表扩大会议，集体进行事项表决，表决通过后执行该表决事项。如续签物业、社区路灯更换、环境整治、垃圾桶撤桶并站等都是通过党建协调会商定之后再实施的。

党建协调委员会委员共设9名，分别为党支部成员2名，居委会成员2

名，业主委员会委员2名，物业服务企业成员1名，非公企业代表1名，片警代表1名。

三是重组优化业主委员会，建立党建引领合作制衡新格局。华龙苑北里社区不仅以党建协调委员会为平台实现多方合作共解难题，而且还着重发挥党建引领业委会的作用，对社区物业形成制约，通过打造均衡格局倒逼物业不断提升服务质量。华龙苑北里社区于2017年重组第三届业委会，第三届业委会成立吸取了此前经验，在提前与街道沟通征得同意的前提下，采取社区两委与业委会交叉任职的方式，由社区书记、副书记和其他3名社区党员组成业委会。通过安排社区书记、副书记在居委会、业委会担任相关职务实现党建引领，通过业委会公开招标物业公司——友邦利通物业实现合作制衡。2021年物业面临到期重新选聘，业委会一方面提醒物业公司要解决和整改一些居民反映的问题，以为新一次选聘做准备，另一方面筹备改选。改选时间是7月21号下午，5点业主大会结束，6点开箱验票统计结果。当天晚上结果出来之后，通过告示牌、公示栏、业主微信群进行了公示。公示7天之后，7月31号业委会与物业公司续签了物业服务合同。

华龙苑北里社区在从2007年物业公司撤离到2017年重新组建第三届业委会的过程中，经历2次业委会换届、换物业公司，业委会成员搬离社区、职责划定不清、得不到居民信任、与物业公司对立等问题，这实际也反映了社区党建引领业委会功能发挥的重要性。

第1次：物业公司突然撤离，成立第一届业委会

华龙苑北里社区建于2005年，因为开发商的前期物业服务公司服务不到位，居民拒交物业费，物业公司入不敷出以及资金出现问题等原因，2007年5月物业公司突然撤离了社区，导致社区物业服务陷入瘫痪。随后华龙苑北里由社区试管了4个月，政府接管了5个月，效果并不好，当时的东小口镇政府建议成立业委会，动员起来了一批满腔热血、愿意为居民服务的居民来组建业委会。2007年年底第一届业委会成立，并于2008年2月以招投标的方式选择了第二家物业公司。有居民形容，在没有物业的1年时间里，居民生活得苦不堪言，却培育了居民团结互助的习惯。然而在第一届业委会运行过程中，因为业委会的委员缺乏专业的法律知识素养，在没有经过业主大会表决的情况下将小区地下一层的公共设备层进行了违法出租，并签了10年的违规合同。这不仅给小区带来了安全隐患，还严重影响了居民的利益，这一事件引起居民强烈不满。后来业委会成员陆续搬离了社区，2010年本该换届，但

因为筹备组工作一直拖着，到2012年重新选举的2年时间里业委会基本处于有名无实状态。

第2次：第二届业委会被孤立，物业服务引发居民强烈不满

2011年年底，因与物业服务企业签的3年合同即将到期，需要业委会加盖公章跟新的物业公司签订合同。改选业委会事宜逐步提上日程。2012年，小区第二届业委会成立，为了防止重蹈第一届业委会违法侵权的覆辙，第二届业委会在选举的过程中特意增补了具有法律知识的专业律师作为业委会委员进行把控。这一届业委会上任后，与物业协商，将公共收益的50%归全体业主所有，为改善社区环境提供了资金支持。然而，这一届业委会因在运行过程中与政府保持独立、跟物业对立，使得业委会在开展工作过程中缺少政府支持，很多事情落实不了；此外，因为小区安装监控设备、升级门禁系统等问题，与物业公司产生了矛盾。由此，得不到多方理解、付出与收获不成正比等诸多原因导致第二届业委会也是暗淡收场。这一时期社区矛盾又一度非常突出，一到过年过节用水高峰时候就供不上水、冬天居民家里暖气不热，2014年用业主公共收益安装的监控摄像头因为物业不帮助维护，2016年就已经全部坏了，2016年物业又没有经过业委会、业主同意，就动用大修基金把小区56部电梯都进行了统一大修，电梯停了半个月的时间①，当时居住在10楼的居民都要走着下楼，这一下就引发了业主的强烈抗议，反复举报、要求换掉物业公司。

四是发扬志愿精神，加强社区志愿服务组织建设。华龙苑北里社区除利用多方共建来解决居民的公共需求外，还组建了各种志愿服务队伍弥补某些领域服务的缺位和失位，完善的志愿服务体系、全面的志愿服务领域构成了该社区志愿服务最大的特色。社区现有志愿服务队12个，包括治安志愿服务队、环保志愿服务队、合唱志愿服务队、计生宣传志愿服务队、艺术志愿服务队、八大员志愿服务队、京北丽人志愿服务队、爱心车志愿服务队、京北小卫士志愿服务队、在职党员志愿服务队、老干部先锋队、为老服务志愿服务队等。现已开展爱心车队公益助困服务（预约每天）、"大手拉小手"系列亲子阅读服务（每周一次）、京北丽人志愿服务（预约每天）、老干部先锋队志愿服务（每月一次）、在职党员先锋队志愿服务（每月一次）、京北小卫士志愿服务（寒暑假期间）、文化艺术团志愿服务（每月一次）、全民健身体育

---

① 根据规定，应当召开业主大会，经过业主同意后有序维修，使用大修基金费用，并且也不能以大修代替年检。

协会志愿服务（每月一次）共八项志愿服务。社区妇女组织活跃骨干居民20人，共青团组织活跃骨干居民6人，残疾人组织活跃骨干居民2人，本社区登记注册的志愿者有400余名，其中较为活跃的人数在150~200人。体系化的志愿服务有效补充了社区公共服务，增强了社区居民内部的凝聚力与团结意识。

华龙苑北里社区的居民中60岁及以上老年人口占20%，其中80岁以上老人占比达到36%。考虑到社区中老年人数量较多，且不少老人面临子女长期在外、缺乏照料的情况，社区成立了为老服务队，在街道进行了备案。服务队共为在册的104位老人提供服务。该册详细登记了符合条件老人的姓名、联系方式以及日常疾病所需的药品，服务队成员会定期联系老人，询问其身体状况。在疫情防控期间，服务队的队员每周都会通过拨打电话的方式询问老人的身体状况；子女有没有回来看望；目前有什么急需的物品之类的问题，还会提供帮忙充值燃气费、购买急需药品、购买日用品等服务。另外，服务队成员也会在微信群内发布通知，需要购买物品的老人在群内报名，队员随后统一购买并分发。

"北里跑男团"也是华龙苑北里社区颇具特色的社区活动队伍。2020年疫情期间，华龙苑北里社区居民自发组跑团，一位爸爸开始带着自己家孩子每天早上出来锻炼，后来孩子带着他同学一起，被其他家长看到了，问能否加入，后来就变成了一个小区跑团群——北里跑男团，由这位爸爸做团长兼教练，带着约15个孩子，每天早上6点30分准时开始，一般训练到早上7点半结束，1小时左右。要求不准迟到，迟到1分钟围小区多跑1千米。因为有的小朋友是爷爷奶奶带，所以也引着爷爷奶奶跟着一起跑，还拍照、喊加油，成了社区早上的一道风景线。后来社区两委了解之后，为鼓励这个项目的发起和发展，由社区出资奖励每位参加的大朋友小朋友一条冰毛巾。

结语

居民作为社区生活的主体，虽然提出的问题可能主要考虑自身需要而相对繁杂，但是是社区工作者作出判断的重要素材和依据。基层社区治理重点即为：将社区矛盾自下而上有效传导，使居民诉求表达渠道变堵为疏。有效解决问题是有效发现问题的价值所在，也是社区治理的着力点。华龙苑北里社区用实践很好地对此作出示范，社区紧紧围绕居民诉求这一核心，以提高社区服务回应性为出发点，充分利用社区楼门长制度、社区微信群平台、党建协调委员会制度等，实现问题的高效传导，同时以坚实堡垒、多方共建、合作制衡、志愿弥补的形式解决问题，将问题发现—问题解决链成闭环，成功探索出了一条党领导城市社区治理的特色创新道路，使得居民满意度、获得感与幸福感不断提升，"合作—制衡—多元"的社区治理体系也日臻完善。

基本信息

华龙苑北里社区隶属于昌平区霍营街道，建成于2005年，为商品房小区，常住人口3400余人。

霍家营社区——建设有人情味儿的社区共同体

建设人人有责、人人尽责、人人享有的城市社区治理共同体是实现城市社区有效治理的重要议题（李永娜等，2020）。霍家营社区自成立以来，充分发挥村改居社区的特色和优势，积极探索从村庄到社区的新的发展路径。经过三年多的创新实践，霍家营社区走出了一条章程清晰、邻里和睦、协商有序、志愿氛围浓厚、集体经济保障的"有人情味儿的社区"之路。这是一个包含志愿公益和互助合作的社区共同体，既是现实共同体，也是意识共同体，一方面，全体居民愿意并且实际为社区公共事务奉献力量——也即志愿公益；另一方面，全体居民愿意并且实际互帮互助共克时艰——也即互助合作。而要实现这一目标，涉及自治、法治、德治等多个方面，社区党支部、居委会、企业、社会组织、居民等多方共同努力，也形成了一个包含政治、经济、社会、文化、环境等多因素的社会生态——社区共同体系统。

一、思想文化共同体：历史传承与现代创新

思想文化共同体是一种历史传承与现代创新，是一种认识上的共同体，是社区共同体建设的前提和统领。它既是社区共同体的重要组成，也在潜移默化地影响社区发展。霍家营社区整个社区拧成一股绳，在思想上保持统一，主要体现在党务政务公开透明化、居民积极参与志愿服务、学习国学礼仪、传承爱国主义思想、接受爱国主义主题教育等方面。

2007年10月25日，霍家营村进行整体拆迁，到2016年6月9日，霍家营社区居民整体回迁，在经历了将近10年的拆迁安置以及从村到社区的生产生活方式转变之后，霍家营社区从2016年开始致力于社区建设，重新打造自己的"家"文化。这个家既是1392户村民（目前常住社区1276人）的家，也是3770个外来人口（租户）的家。

一是倡导党务政务物业公开透明，依法依规办事。霍家营社区高度重视

规则的力量，主张依规办事，认为"制度越严格，越是一种保护，而非限制"。其结合社区实际情况，在专业律师指导下编制印刷了《霍家营社区居民公约》（以下简称《居民公约》），为社区各项事务的运行设置了一定的流程和规则。《居民公约》内容涵盖5大部分55项制度：大到重要干部任免、大额资金使用等重大事项决策程序，十步法一一列明；小到宠物饲养管理、遛养地点时间事事写清；远至档案管理制度、历史资料均可调查借阅；近至智慧社区建设，互联网+大数据，社区事项一目了然。特别地，在2020年5月1日"北京市垃圾分类新规"的推动下，社区联合易和律师事务所，根据国家和北京市有关法律规定及霍家营社区《居民公约——垃圾分类管理办法》，结合社区实际，制定"霍家营社区生活垃圾分类实施细则"。其中对厨余垃圾分类奖励规则，生活垃圾分类工作人员的工作时间、内容、职责及要求，垃圾站管理制度，本社区底商生活垃圾投放要求等均作出了详细具体的说明，以规范居民行为，进一步推进社区垃圾分类工作。

从2017年开始探索通过制定居民公约的形式对社区居民以及工作人员进行规范，《居民公约》的制定充分征集了民意，符合居民的利益和诉求。自2019年5月8日，霍家营社区两委会通过社区智慧服务平台、微信服务群、居务公开栏三种途径将《居民公约》讨论稿全文向全体社区居民公示并征求意见。1个月公示期结束后，30名居民代表分成15组，深入居民家中，利用3天的入户调查完成了居民公约意见征求工作，社区在册1390余户居民同意率超过99.3%，《居民公约》讨论稿通过审议并予以公示。

2019年年底霍家营社区《居民公约》正式印刷成书，内容分为五部分：社区党建、社区管理、社区服务、社区决策、民主监督，从爱国守法、履行公民义务、道德规范、邻里相处、爱护环境、移风易俗、婚丧嫁娶简办、文明礼仪等方面规定了霍家营社区居民们的行为守则。同时在每月党员大会上公布社区居委会、安裕物业每月的收支情况，2018年年初开始在社区公开栏和社区App公开公示，从2018年6月开始公布在社区微信群中。2020年抗击新冠肺炎疫情期间，从1月29日开始每天出一期霍家营社区防控疫情工作简报，公布每天的防疫工作、值班情况、社区榜样、排查数据、复工复产等，发在公众号、社区App、各微信群中，这一做法一直持续到5月21号。

霍家营社区居民丁女士说："其实它就像是一本字典，让我们有据可依、有规可守。我想很多邻居和我一样，都没有通读过，但是遇到什么事，都想着去翻一翻、查一查。"社区居民张宝贤亦作诗称赞《居民公约》："居民公约定得好，各项制度一条条。社区居民响号召，领导把关最重要。为了明天更美好，认真遵守不能少。"现选取其中的"十步法"进行介绍。

"十步法"是昌平区在农村集体经济重大事项民主决策程序"五步法"的基础上，规定了社区在确定五万元以上的重大投资项目等重大事项时须履行的"十步工作法"决策流程，即：第一步群众建议、第二步书记提议、第三步支部动议、第四步"两委"合议、第五步集体商议、第六步工委办事处核议、第七步党员大会审议、第八步居民代表大会决议、第九步公示实施、第十步验收反馈。社区严格按照"十步法"要求，依法依规办事，确立了科学严谨、切实有效的办事流程，确保每一笔大额支出、每一个重大决定都经过了全体居民共同决策。其中，党员大会、居民代表大会、股民代表大会每月召开一次。党员大会上需汇报社区上月支出情况、各项工作任务完成情况，并计划下个月的工作安排。70余人参加党员会进行决策，若超过10人反对，所议事项将暂缓实施，待沟通协商统一意见后再予以施行。

二是鼓励志愿参与和邻里互助。通过党支部书记、社区两委、党员干部、楼门长等带头，开展了针对老年人、老干部、儿童、青少年、妇女、退役军人等不同群体的一系列文化娱乐类活动和针对楼门治理、环境整治、治安巡逻、垃圾分类、协商议事等社区治理类活动，以及社区邻里节等，让居民参与到社区建设之中，同时树立霍营榜样、优秀志愿者、在职党员"闪亮之星"、文明家庭、书香家庭、孝星榜样等先锋榜样。

从2020年开始每月公示桶前值守表彰榜，表扬好人好事等，社区京北丽人志愿服务队被评为2020年"回天好人"先进群体，社区志愿者服务队被评为2020年"回天好人"先进群体，2021年社区召开2020年度志愿者表彰会，表彰了参与卡口执勤60次以上的优秀志愿者、参与桶前值守10小时以上的优秀志愿者，以及率先参与到垃圾分类工作中的突出贡献者等三类居民。社区居民也会通过发照片、作诗歌等方式进行表扬宣传，这些都会在公众号、社区App、微信群中转发，逐步形成社区公益志愿互助氛围。如2020年1月6日早上社区组织居民一起出来铲雪，有居民就把自己做的诗发在社区服务群和志愿者群里，一首是"瑞雪飘飘洒满地，社区居民真神气。抄起工具就铲雪，居民公约显神力"，一首是"早起听见叮当响，社区居民铲雪忙。男女老少都在场，撸起袖子加油干。鼓足干劲奔小康，一年更比一年强"等。这些歌颂国家和社区变化、社区好人好事好景的作品都收录在了2020年的《霍家营诗集》中。

三是汲取国学传统思想,让居民懂孝道、知礼仪。社区从2018年开始,以比赛的形式连续举办四届"我与国学同行"系列经典背诵活动,参与群体从4岁小孩到78岁老人,分为青少年与成年两个年龄组别,2018年的背诵篇目是《弟子规》,2019年的背诵篇目是《三字经》,2020年的背诵篇目是《千字文》,2021年的背诵篇目是《朱子家训》。同时,霍家营社区与昌平区文化馆等单位共同组织书法培训课程、举办书法交流活动、开展"雅诵经典——亲子诵读会"、开办围棋培训班、举办围棋大奖赛、开展"中华文化的生命力"线上培训课程、进行诗歌征集评选、开展皮影手工制作活动等,集结霍家营社区书法集、诗歌集等,建造了国学文化路灯牌以及居民公约三字箴言文化墙,标注孔孟经典的原文及释义。

四是重视对居民爱国爱党爱社区教育精神的培养。有爱国家这个"大家"的意识才有爱社区这个"小家"的动力,对于居民家国情怀的培养,要唤醒其本能的爱国主义,将爱国爱党爱社区的文化逐渐输入社区,对居民产生耳濡目染之效果。在霍家营社区,居民楼内每一户都悬挂着国旗,在社区党员会议、居民代表会、村集体股东代表会、村民会议等不同场合,社区党委书记李宝忠都会输送爱国主义和爱党思想、打造共产主义理想社区的理念,潜移默化地影响社区居民。

如霍家营社区积极探索推行以"五有五化"为主要内容的服务模式,把每月25日定为党员学习日,李书记从2017年开始坚持每月25日给全体党员上党课,让党员们切实了解中国特色社会主义制度的优越性,笔者查看了2017年7月党课内容是:对比介绍以美国为首的西方国家政治走向衰败的原因,中国崛起的成功经验。2018年1月党课内容是:毛泽东、邓小平、江泽民、胡锦涛、习近平五代国家领导人的主要生平事迹及贡献。2018年5月党课内容是:从政治、经济、科技等角度阐述中美贸易现状以及中国面临的机遇与挑战,提出需要国人风雨同舟、万众一心,一步一个脚印地走下去等。2020年6月党课内容是:从中美政治制度、思想文化的区别角度剖析中美两国在抗击新冠肺炎疫情方面的重大区别,以及在中国社会主义制度、家国天下的文化观的影响下,社区能迅速响应、因地制宜、创新方法、群防群控,取得了良好的防疫成效。2020年7月党课内容是:介绍总书记点赞的27位优秀共产党员楷模的先进事迹……对于支部书记讲党课这项工作,李书记深有感触:"我每个月25号支部书记讲党课,坚持了三年多,才有今天党员们的思想统一,现在每次开会60%~70%的党员都拿着笔记本记录。"

二、党建共同体：党建引领多方参与共治格局

党建共同体是社区共同体的先锋和引领，建立在霍家营社区对党建引领作用的重视及实际落实上。主要体现在三个方面。

一是党建引领多方组织参与社区治理。在社区党组织的引领带动下，以社区党建工作协调会为平台，霍家营社区吸纳了社区党委（支部）、居委会、业委会、物业公司、社会组织或驻社区党政机关、企事业单位等各类单位、组织共同参与社区建设，促进社区各类单位和组织优势互补、资源共享、共建共治。一方面，社区安裕物业为村集体合作社下属企业，社区党委、居委会、股份经济合作社负责人和物业公司负责人交叉任职，成立物业党支部，通过党建对负责人的引领，有效避免了居委会和物业之间的相互推诿，同时物业的收支每月向业委会和全体业主公开，每月公开月度工作和下月工作计划，并通过"双服务四签到"模式，接受业主监督。经与业委会讨论，社区公共收益用于修建垃圾站、便民服务等。另一方面，发动社会组织、企事业单位等与社区党支部共同开展活动、解决社区难题。

如2017年通过党建引领及吹哨报到机制协调公交公司引入了在社区内部穿行的专52路公交车，解决了居民因交通路线少出行不便的问题；从2018年开始，霍营南青年汇面向青少年提供志愿公益、非遗进社区、思想引导、学习培训、交友联谊、城市融入类活动，平均每月接近4次；北京夏虹公益促进中心开展非遗手工系列活动和环保系列活动、北京长城中医医院开展免费义诊、面向全体居民的歌唱比赛"唱好一点"等已经连续举办3年；2021年又与华北电力大学人文学院党支部进行支部共建，与昌平有新读书汇、他山石等社会组织开展活动等。

二是选优配强社区两委、发动党员率先行动，做出表率。一方面，社区党支部书记从2004年担任村主任、村支书，到2016年担任社区党支部书记、居委会主任，尽心尽力为村集体发展和社区建设谋篇布局，像桶站值守、垃圾分类等都是先上阵，为两委班子、党员、居民做出表率。2020年新冠肺炎疫情发生之后的3个月时间，李宝忠书记吃住都在社区里，与其他工作人员、党员、志愿者一起奋战在一线。同时，社区工作人员学历高、业务能力强、敢创新、勇拼搏、善钻研，两委班子中有6名30岁以下重点大学本科生及1名研究生。

另一方面，要求党员必须做出表率，压实责任、落实到人。

（1）开展党员先锋岗创建活动，落实"首问负责制"。从2017年开始探索把党小组、党员建在网格上，落实党员网格责任制。社区现有党员118人，51名在职党员，下设3个党支部、11个党小组，按网格范围来设置党小组，党小组组长同时兼任网格长，网格内有楼门长和居民，每位党员分包到户，规定每位党员负责几层楼。如在监督违建违法行为方面，党员和志愿者队伍、网格员每天巡查网格内违法建设，发现情况及时上报处理，做到第一时间发现违法建设、第一时间处理，着力从源头上控制违法建设现象，坚持新违建零发生。

（2）要求党员在社区互助志愿服务中发挥先锋模范作用。从2017年9月25日开始，每月25日是社区党员服务日，全体党员开展"我的社区我打扫""我的家园我打扫"活动，党员们在李书记的带领下，清理小区道路、雨水篦子等卫生死角，2021年又开展了"共享单车摆放志愿服务活动"，将社区大门外停放的共享单车码放整齐等党员活动。

社区成立老党员先锋队，树立老有所为的理念，打造了志愿服务标杆，2020年8月，霍家营社区党委发出"垃圾分类我参与"号召后，就有21名老党员率先参与垃圾分类桶前值守活动，截至2021年7月，有超过70名党员参与垃圾分类桶前值守活动。疫情防控时期，也是社区全体党员、工作人员、物业人员轮流上阵，在排查登记点实行查证、验码、测温、登记等措施。2020年社区优秀党员评选即依照累计参与党建活动和志愿服务次数（党员积分）进行。

三是强化党员、居民政治参与和民主监督。2017至2021年，社区共召开居民代表大会、股东代表大会、党员大会等多种形式的民主协商议事会80余次，严格按照"十步法"流程，让居民、党员等各个群体参与到社区重大事项决策中，充分保证辖区居民的民主权利，充分发挥民主决策优势，让社区治理更加公开、透明。

如在2021年7月的党建协调会议上，社区向党建协调大会报告了【15号】2021年关于使用书记工作室项目资金的决议、【16号】关于北京市昌平区教育委员会就华龙苑南里幼儿园项目征地的决议、【17号】关于北京市昌平区教育委员会就紫金新干线学校二期项目征地的决议、【18号】关于制定霍家营社区12345奖励惩处制度的决议、【19号】关于回龙观F01商业大楼支付北京嘉泰风尚投资有限公司违约金的决议、【物管4号】关于霍家营社区修缮北侧马路的决议等 6 项决策内容，由全体参会党员表决通过。与此同时，从 2017 年开始社区开发霍家营社区智慧服务平台，2019 年投入使用，在社区 App、公众号等平台公开公示社区党委、政务、村集体收支情况，并开通建言建议版块，以便接受村居民政治监督和参与。

三、利益共同体：合作社经济和社区资源平台

紧密的共同利益不仅是更小的自治单元而且是基层社区良性自治的决定性因素。最好的基层社区治理方式是能与群众的共同利益保持紧密一致（卢宪英，2018）。利益共同体是霍家营社区共同体建设的重要支撑。霍家营社区实现良性运作的一大基础就在于村集体股份经济合作社的存在，通过利益联结加强社区成员之间的关联度和归属感，并且其公共服务更多是"自给"，自治色彩浓厚。主要体现在三方面。

一是霍家营社区仍然保留村集体股份经济合作社。社区原村民是村集体合作社的股民，分享合作社利润，处于利益共同体之中，良好的集体经济运营情况也为社区发展提供了经济保障。2009 年 4 月 25 日，霍家营村进行股份制改造，原来的合作社改制为股份经济合作社，土地变成村集体资产，村民代表变股民代表，全村 30 个股民代表全体 1392 个股民，每月定期召开股东代表大会，共同决议社区事务，为社区共商共治提供了制度基础。与此同时，社区没有把村里的土地全部变卖折现，而是选择部分出租，同时发展物业公司、商贸公司等增加合作社收入，这些正确决策都为村民对村委/社区班子的信任和社区凝心聚力提供了重要的思想和现实基础。如村集体将回迁分到的土地向外出售，获得了 2000 余万元的收入；出租首开广场的商厦，每年去除税收约有 2200 万元的收入。2020 年，霍家营村股份经济合作社分红预决算为 451 万，比 2019 年上调 51 万，累计涨幅 11.3%。股份分红按照股民工龄、原始股比例等标准确定，现老人每年可获得 1 万多元的股份收入，待社区贷款还清后，老人平均每年可获得 3 万余元。

二是在集体资产保障下将部分资金用于社区基础设施建设和居民福利服务保障。在社区基础设施建设方面，霍家营社区的社区活动室、会议室、图书馆一应俱全，供社区全体居民免费使用。如 2016 年，社区投资 200 多万元，建设了 1000 多平方米的文体活动中心，购置了跑步机、拉力器、桌球、乒乓球台等多种运动健身器材。除提供广阔的空间作为活动场地外，活动中

心还提供音响卡拉 OK 设备、LED 显示屏。此外，社区打造了一个约 800 平方米，拥有先进灯光音响设备以及宽阔舞台的文化广场；为孩子们建造了儿童娱乐沙坑，并配备了蹦床、滑梯、秋千等各种儿童娱乐设施，让孩子也可以尽情开心玩耍。在居民福利服务保障方面，社区所有活动场地都免费提供给社区居民使用；每年重阳节霍家营社区会为本社区老年人发放过节费，从 2017 年开始每年都有接近 600 位老人领取到过节费；春节期间，霍家营社区两委会走访慰问社区困难群众，重点包括老党员、老干部及军烈属，并以 300 元为标准给每户家庭发放春节慰问品；从 2018 年开始，每年 9 月为社区在校生发放升学奖励费和学杂费，目前已惠及百名学生；为 70 岁以上过生日的老人送蛋糕。摔伤党员张万淑家庭困难，对于金额明确的医药费支出，不考虑保险赔付部分，社区先行予以赔付 50%。

三是社区作为可信任平台帮助社区居民链接质优价廉的商品和服务。霍家营社区为居民连接了教育服务、医疗服务、养老服务、商业保险、生活服务等各类资源。如为满足小区居民基本金融业务需求，社区与农商行接洽，在小区内配备了自动提款机（ATM）等设施；针对周边密集型社区教育和养老资源匮乏的现状，社区牵头对接引入了人大附中、人大附小、芬享艺术学院等优质教育资源，芬享艺术学院每节课 100 元；建设社区老年餐桌（驿站），为 70 岁以上的老年人提供堂食，餐食为四菜一汤，每月更换菜单，70—84 岁的老人可以享受分级优惠，85 岁以上的老人免费；为满足居民生活服务需求，引入了华联超市、药店、理发店、宠物店等多家便民商户。同时，会在社区 App 和公众号上定期发布招聘信息、补充类保险、公益性教育医疗服务等信息。

四、社群共同体：社区互助志愿服务氛围

社群共同体是全体社区居民的共同体，它是社区共同体的基础，也是最难发动的一环。因为它需要的不仅是思想文化上的统一、党组织和党员的参与，也不仅是经济上的利益共享，而且是在思想文化共同体统领、党建共同体引领、利益共同体支撑的基础上，让全体居民切实参与到社区建设、邻里互助中，也即实现居民共治。与此同时，中国特色的社群共同体并非西方式的自下而上的自治，而是在党委领导、政府负责（政治和行政框架、社会动员）下的自上而下与自下而上相结合的自治。霍家营社区目前的社会动员机

制包括：霍营管家（楼门长）制度、社区12345、社区志愿服务、文化娱乐队伍、线上互助平台等。

一是建立霍营管家（楼门长）制度。2020年5月，社区将霍营管家与楼门长合二为一，选出24名楼门长（包括所有底商的门长1名），党员比例为63%，楼门长将本楼门的所有人拉入本楼门微信群①，同时联系方式和岗位职责公示在单元每一层电梯口。

楼门长的职责主要包括：①民情反馈，每个楼门长每月要反映两条建议，意见统一汇总到民情记录本上，供社区参考。②信息统计，楼门长需要入户走访，收集、核对、整理居民信息，以保证信息更新及时。③宣传党务、居务工作。社区除每个楼门建立楼门群外，也建立楼门长群、社区通知群和12345群，楼门长可以在相应的群中接收通知、反馈需求。2021年4月，霍家营社区还统一组织了一次楼门长入户核查和民情记录工作，各楼门长对辖区内居民进行拉网式的走访，再次梳理整合了本社区常住居民信息和实有人口居住信息，并且入户宣传了疫苗接种、垃圾分类、消防安全等工作。

二是设立社区12345电话服务热线。以12345热线为主要载体的接诉即办工作是当前社区工作的一项重点任务。经霍家营社区接诉即办数据统计，类似物业维修、居务办理、邻里矛盾等完全可以在社区内部解决的问题，占12345总量的85%以上，此类案件通过拨打12345热线，派单流转，最终还是要回到社区解决，不仅效率慢，还占用政府公共资源。同时在考评机制的约束下，还会让基层大量的精力消耗在处理类似物业问题等本应该就给老百姓解决做好的实际问题上。因此，为进一步做好12345群众诉求工作，降低和缓解市区12345拨打频率，缩短案件办结流程，提升辖区精细化治理能力和水平，霍家营社区开通了"社区12345"热线：81737266，在每层单元楼层内张贴联系方式，同时，社区微信群里发布通知，广泛告知居民有任何问题都可拨打该电话反映自身诉求，让社区自己的热线代替市政热线的作用，解决居民问题。

"社区12345"热线由中控室工作人员负责，7×24小时值守，接线员秉承"接诉即办"的工作宗旨，5分钟内根据居民需求进行派单，15分钟到达现场，24小时内解决问题，如遇短期内无法解决的疑难案件则5日内反馈进度。案件完成后，有专人负责回访，进行满意度调查，便于居民进行监督，推动

---

① 同时负责流动人口（租户）的进群和出群。

未诉先办工作落地,力求将居民反映的问题在社区范围内予以解决,做到"小事不出网格,大事不出社区"。2020年,霍家营社区"社区12345"累计接案件1254件,受理内容涵盖咨询、诉求、投诉举报、物业服务、建言建议、环境卫生、车辆交通等多个方面。特别是疫情防控期间,2月单月接件量高达206件,切实解决了居民隔离、买菜、医疗等基本诉求,真正做到了"件件有回应,事事有着落",居民幸福感和满意度不断提升。

三是动员居民参与社区志愿服务。社区志愿服务是霍家营社区的重要特色,成立契机是霍家营社区右边的南北向主干道经常拥堵,于是社区招募了190多位志愿者,成立了一支帮助民警维护交通秩序的志愿者队伍。除日常的交通秩序维护外,志愿队伍也会在两会、双节重大活动期间负责治安执勤工作。随后,社区党委李书记觉得这样的志愿者队伍非常值得肯定和常态化、规范化,就给志愿者配了统一的志愿者服装,建立了社区志愿者服务站,供志愿者休息。① 后经过疫情防控和垃圾分类,越来越多的居民加入志愿者队伍,现登记注册的志愿者已增至501人(除去约170名党员,有330余名居民志愿者),组建了老党员先锋队、在职党员先锋队、青年志愿服务队、巾帼亲情志愿服务队、"京北丽人"志愿服务队、治安志愿服务队、环保公益志愿服务队、"京北小卫士"志愿服务队等12支志愿者服务队,累计7.6万个小时的志愿服务时长(每天共约50小时)②。社区对登记在册的志愿者按时段进行治安巡查值守排班,制定了严格的志愿者岗位责任制度,同时要求社区两委干部每周6小时义务执勤,每个班次的志愿者上岗前都拍照上传至社区微信群内,与其他志愿者一起相互监督和鼓励。截至目前,霍家营社区未发生一起盗窃案,在这之中治安巡查值守发挥了重要的作用。新冠肺炎疫情发生后,社区共有319名志愿者参与到防控工作中,2020年8月建立2个垃圾分类驿站,亦有约170余名志愿者参与到垃圾分类桶前值守中。

社区志愿者的无私奉献也感染了其家人和其他居民,一位志愿者的孙子看到爷爷每天做志愿者很辛苦,就拿出压岁钱买了918斤鸡蛋,分给了所有执勤一线的工作人员,每人3斤,为他们补充营养。2020年上半年响应国家

---

① 后来志愿者服务站在工会的支持下建立了社区暖心驿站,里面配备有微波炉、饮水机、空调、桌椅、雨伞、针线包等,不仅志愿者,民警、交警、快递员、外卖员都可以在驿站里喝水、热饭。在此基础上,2021年霍家营社区又在社区东门太平庄北街、建材城东路与417乡道交界路口,置备了霍家营社区志愿者服务站——交通警务工作站,作为执勤交警平时值班的场所。
② 社区志愿者会在"志愿北京"上进行登记注册,并记录志愿时长。

号召为抗击新冠肺炎疫情捐款，社区累计收到捐赠物资106批，561人捐款142830元，社区党委书记说，2月28日刚开始通知，"就上午10点到11点这一个小时的时间，就有505人参与捐款，收到129430元。"

在志愿者奖励方面，除按照厨余垃圾投递次数进行积分每月兑换小奖品之外，其余志愿者采取的奖励方式主要包括2类：①精神激励，包括微信群公众号推送志愿服务工作照片，每年公示志愿服务时长和排名评比，并以此向街道、区、市级报送；②现实奖励，每年组织志愿者看电影、去其他地区参观学习，社区讲座、活动可以优先报名等。

四是组建各类文化娱乐队伍。霍家营社区致力于打造精品文化，组建新干线书画社、霍家营合唱团、自由飞翔舞蹈队、老年太极队、柔力球队等15支文体队伍，定期为社区居民献上精彩的演出，打造社区自己的文化品牌，与"唱好一点"等专业社会组织、老师共同开办围棋班、舞蹈班、书法班、声乐班，开展乒乓球、羽毛球比赛等。文艺志愿者创作防疫诗歌、书画作品、快板书累计600余篇，如社区居民郝素芸作《众志成城抗病毒》一诗："众志成城抗病毒，党员干部带头冲。志愿崇高齐参战，保安值守昼夜行。保洁消毒防疫情，为咱社区保康宁。居民齐心团结紧，重创美好霍家营。"2018—2019年，社区内累计开展文体活动共计160余场；活动累计参与10016人次，活动人群实现全年龄覆盖。

五是搭建邻里线上互助平台。霍家营社区提出的邻里互助理念是：我为人人，人人为我。更广泛的居民参与，能让居民提升素质，探索除市场经济以外的按需分配的社会经济部分。霍家营社区在社区党委的引领下，积极搭建邻里互助线上平台，打破传统邻里陌生化的物理约束和条件限制，实现志愿互助由浅入深发展。首先，较浅的层面主要体现在拾金不昧、失物归还、寄养宠物等。其次，将邻里互助向合作拓展，探索通过网上平台达成合作，满足双方共同的需求，实现互帮互助的最终目标。调研时社区书记提出设想，比如暑假期间，社区1—6年级的小学生在家里待着没地方去，社区有居民是老师，可以辅导孩子，放在老年驿站那里，每天在这里一起玩耍、写作业，还可以链接一些其他课程，每星期排好班次。邻里之间相互服务也会获得社区积分，用作抵物业费、到周边底商购物、购买服务抵扣等。

五、环境共同体：社区环境治理靠大家

社区是居民共同生活的家园，实施社区环境卫生整治与常态化管理，进

一步提升辖区的环境面貌，提升群众的幸福感，是社区治理的重要内容。霍家营社区对社区环境共同体建设亦非常重视，开展"对不文明行为说不"行动，积极发动居民举报乱停车、乱扔垃圾等不文明行为，并利用社区文化广场大屏进行曝光。最开始的时候出现部分居民的对抗行为，比如楼道里乱扔垃圾，但是物业可以做到随铲随清，居民说哪有垃圾，立马清除掉，这样就没有形成效仿和连锁效应。同时物业会进行溯源，当面跟居民说清楚，如果不改正进行通报批评。逐步地，社区居民也适应了这种模式，养成了保护社区环境的好习惯。

辖区卫生大扫除是每月25号的党员、志愿者常态化服务项目。社区每月底发动广大党员、志愿者开展清洁美化家园和卫生大扫除活动，强化居家环境卫生清洁，并要求志愿者带头清理门前杂物，做好开窗通风和消毒工作。同时志愿者要积极宣传爱国卫生工作的意义和成效；宣传首都市民卫生健康公约和文明促进条例，倡导健康生活方式；推广垃圾分类、光盘行动、物业管理等；引导提醒广大居民戴口罩、勤洗手、常通风、少聚集。

从2020年7月1日开始，社区设置两个垃圾分类驿站，垃圾必须扔到垃圾分类驿站中，并且把厨余垃圾分出。设有固定的6人担任垃圾站管理员，一个月可获得900元补贴。其中2名男性因为任务重，负责刷桶、清理卫生等，所以全部的可回收垃圾卖出的钱都作为2人的工资。桶前值守志愿者，进行桶边宣传、桶边指导、桶边清洁工作。同时采用广播形式宣传垃圾分类，每天中午十点和下午三点左右，都有30分钟~1小时的广播，宣传垃圾分类方法、要点。

居民公约规定不应该把电瓶车推到屋里，不能把自行车推到屋里，需要放在指定的地点；楼道里不应该摆放柜子，不应该摆放鞋柜，不应该摆放破烂。

结语

在调研中，霍家营社区书记跟我们讲述了很多他对于社区未来发展的设想，希望打造真正的邻里需求和服务高效对接的互助型社区，包括教育、养老、便民服务等都可以通过互助解决，交换媒介是社区积分，用作抵物业费、到周边底商购物、购买服务抵扣等。笔者亦期待理想美好的互助型社区能在霍家营这里率先探索、成为现实！

基本信息

霍家营社区是昌平区霍营街道下辖的"整建制农转居"社区，前身霍家营村建于明代，至今已有400余年历史。在《北京市昌平县地名志》中有这样的记载："霍营明代成村，称霍家营，今称霍营。"当时的霍家营村位于昌平区政府东南20.4千米，呈东西向矩形，有两条主要街道，各长500米，村中有553户人家、325个门牌，久居人口有1326人。20世纪60年代合作社生产队一直保留，民风淳朴、互帮互助，参军当兵，人员相对稳定。2007年霍家营村进行整体拆迁，2016年霍家营社区居民整体回迁。目前，社区常住人口5000余人。

龙泽苑社区——打造党领群议众治格局

基层社会需要一个具有多方整合能力的行动主体——党的领导,能够把现有资源最大限度地调动起来、整合起来,通过各要素、各系统之间的良性互动发挥合力作用。龙泽苑社区在基层党组织的领导下,紧紧围绕居民利益,聚集多元主体,共解居民难题,逐步探索出一套独具特色的党领群议众治治理路径,具体体现在:发挥社区两委带头作用解决居民关切问题,提供一老一小福利,同时助力解决业委会难统难分问题;打造线上线下议事渠道,集众智解众难,通过共商共建实现民有民享;面对疫情防控和垃圾分类两个热点、难点问题,通过发动居民力量广泛参与实现众治等,取得了良好的效果。

一、党领:关切一老一小,解决难统难分

基层党组织承担着社区公共服务供给、价值引领、民生保障、社会协调(张艳国等,2018)等重要功能,是党的全部工作和战斗力的基础。龙泽苑社区即有一支对待社区工作认真负责、耐心细致的社区党组织队伍,在工作和生活中充分发挥党员先锋模范作用,以社区为家,扎实推动社区各项工作有力开展。

一是提供"一老一小"社区福利服务。养老、扶幼等民生保障服务是社会服务体系的重要组成部分,是每个家庭最关心的民生问题,也是民生政策最关切的特殊群体(于芯,2021)。龙泽苑社区在为群众办实事的过程中,重点为"一老一小"群体提供福利服务,具体措施包括:创办老人食堂、开办老人大学、为儿童建设滑梯等。就老人食堂而言,考虑到龙泽苑东西两区有超过 2700 名 60 岁以上老人,对老人食堂的需求强烈。恰好社区内有一个锅炉房因煤改气而闲置,社区便计划将锅炉房这个空间重新利用起来,建成老人食堂,给儿女不在身边的老人提供良好的饮食,该计划已被纳入了回天三年计划里。同时,龙泽苑社区还开设了老人大学,为社区内的老人提供了一

个退休后学习、娱乐的场所。在征求小区居民意见时，许多年轻妈妈们便说："想要一个滑梯，小区里面孩子好几百个，给我们弄一滑梯吧。"社区书记介绍说，按理来说，党群经费是不允许那么用的，但是有一个特例：若是老百姓需求特别强烈且确实需要的便可以。于是社区就充分发挥场地的灵活性，为孩子们创造了一个独特的游乐场，受到了居民的热烈欢迎。

二是解决业委会难统难分问题。龙泽苑社区先后4次成立业主委员会，最近一次组建活动于2019年7月开始，也遭遇不少困扰，一方面是龙泽苑社区的一些"历史因素"限制，另一方面业主对于成立业委会的意见不一。对于是否成立两个区的业委会，西区有1410户同意，有15户反对，有8户弃权；东区有793户同意，有16户反对。面对这个投票结果，伊然书记带领社区两委成员将所有反对的业主都联系了一遍，听取了他们的意见，了解到大家并不是原则上的反对，而是都基于自身的一些原因。比如，有些业主住在西区，但是车位在东区；有的业主东西区都有房，认为只有一个业委会对他们会更方便；还有业主担心，分开成立业委会之后，供暖等资源如何分配等。所以书记与这些业主们进行了交流与沟通，消除了业主们的担心，最后龙泽苑东西两个社区成功成立了各自的业委会。业委会在成立之后，通过各种线上手段呼吁居民积极加入业委会的组织中，尤其欢迎懂财务、懂法律、懂建筑的居民加入业委会。在经过多次线上动员之后，确定了龙泽苑社区的业委会代表最终人选，代表们中有法学博士等素质较高的居民。同时选举业委会代表坚持党员优先的原则，这样可以保证方向上不会偏倚。

龙泽苑社区成立业委会的"历史因素"主要表现在：建设部的文件表明，一个物业管理区域只能成立一个业主委员会，龙泽苑东区和西区是同一个物业公司，所以按政策来说要成立一个业委会。但龙泽苑东区和龙泽苑西区以前是一个社区，后来分为两个社区，这在实际管理上又需要成立两个业委会。

二、群议：推动民主议事，实现共商共建

龙泽苑社区面对大情小事，均主动寻求居民和共建单位意见，在跑道改造、斑马线等问题解决上推动各方共同参与，使居民集体在社区中遇到的问题又在集体中得到解决，不仅有效聚集了多方谋略和多方资源，而且有效明确了居民在议事会中的地位，变居民被动接受政府决议为党建引领多方平等协商，维护了居民政策参与和民主决策的权利（马得勇等，2018），实现了从

"为民做主"向"由民做主"的转变。

一是民主决策解决改造跑道难题。居民通过民主协商的方式，积极参与社区事务决策，彰显了主人翁的地位（颜玉凡等，2019）。同时，在投票决策与自身息息相关的社区事务中，建构了群体归属感，也为居民参与自我实现开辟了途径。如龙泽苑社区通过民主协商修塑胶跑道。针对社区水泥路的健身步道改为塑胶跑道问题，居民意见不一，40多位社区热心居民主动入户征求居民意见，当晚就有900多户居民签字同意，第二天入户1360户，其中有61户不同意，通过对这61户居民进行调研，了解到他们都是担心塑胶跑道不环保。经咨询当时天通苑有100米的跑道正在做实验，于是社区党委书记伊然就周末包车组织了这61户居民去天通苑进行参观考察，发现跑道的质量很好，没有任何味道，最后健身步道改为塑胶跑道得以顺利实施。

二是成立居民议事厅。龙泽苑社区居民议事厅建立于2015年11月，最初是由于社区锅炉房及自来水管线改造扰民，居民对此意见颇深。于是，社区将物业公司、自来水公司及居民代表组织起来，共同商讨解决办法，最后问题被成功解决，而龙泽苑社区居民议事的传统也延续了下来。此后，每隔一段时间，社区两委便会将收集到的居民的意见和建议进行整理，对于一段时间内居民反映较为强烈的问题，社区党组织会发挥党建引领作用，将党员、居民代表和相关单位人员召集到一起，共同协商解决。通过协商议事的方式，将社区矛盾在基层化解，在此过程中，居民的主体作用也得到了进一步的体现。

三是吹哨报到解决"斑马线"问题。龙泽苑社区离地铁站较近，原本居民只需要穿过一条马路就可以到达地铁站，步行仅需五分钟。但是后来实施道路提升改造，将机动车和非机动车分离，中间用绿化隔离带，虽然道路的美观度提升了，但是龙泽苑社区居民出行的便捷度受到了影响。原本过马路五分钟就可以到达地铁站，现在需要沿着道路一直向西，经过天桥再绕回地铁口，通勤时间增加了至少17分钟，龙泽苑社区的居民们对这一改造有着一定的不满情绪。最后龙泽苑社区通过吹哨报到的途径让问题得到了有效解决，即社区牵头，找来了交通队、交通委、公交集团等多个主体，经过协商之后，最终在道路中间画上了斑马线，解决了居民的出行问题。

三、众治：疫情高效防控，垃圾有效分类

"众治"也指居民共治，是社区治理的目标和路径。龙泽苑社区积极推动

居民共治，在疫情防控、垃圾分类等方面均取得良好效果。首先是织密疫情防控网。社区是新冠肺炎疫情联防联控、群防群治的重要一环，只有防控资源和防控力量下沉，辖区单位和广大居民积极参与，才能把社区这道防线筑牢守实，才能把社区防控网络织强织密。由多方参与组成疫情防控共同体是龙泽苑社区的重要经验：一是两委带头工作。龙泽苑社区两委成员8人，疫情防控期间，敲门2005户核实5700多人，办理出入证7700张，登记返京人口3638人，每天查验出入证3000多人次。二是通过发动居民、物业公司、社区民警、家庭医生等各方力量，对密切接触者采取"七包一"措施。三是实行网格化管理。将防控措施包片到户、责任到人，由志愿者、对门邻居、楼门长、网格长、党员、志愿者组成管控网络，这不仅极大提高了社区两委的工作效率，同时避免了人员聚集等隐患。疫情防控期间，龙泽苑社区共有防疫志愿者150名，实行轮班制参与社区的疫情防控工作。1月27日，有一家五口从襄阳经武汉回京，因担心被管控没有到社区报备，傍晚时分一位网格员发现其家亮灯，随即报告社区，当即采取了有效措施。四是调动"职能部门"资源，吹哨报到、接诉即办。防疫初期，社区一是缺人手、二是缺物资，社区人手不够，组织部门随后增派下沉干部助力社区日常防控值守；缺少隔离栅栏，龙泽苑社区向区城管委市政所吹哨，部门当即送来；最冷最难的时候，民政应急帐篷迅速到位；街道从按个按人发口罩到一袋一包地发，酒精、84消毒液也从社区一桶分几个社区到一个社区一桶、几桶，社区防控信心和力量极大充实。五是发挥专业社会组织力量。这次疫情防控，专业社会组织为社区隔离人员制作体温打卡小程序、出入证小程序，累计记录体温45000多次，短短2天内制作了5200多张二代出入证。

其次是督导垃圾分类新办法。推动居民参与垃圾分类由被动走向自觉，不仅需要相关法规以作指导，还需要辅之以配套的信用、荣誉、利益等激励性政策与机制（钱坤，2019）。龙泽苑社区即通过社区活动、积分奖励等吸引居民参与，进一步推动了社区垃圾分类工作的进行。社区目前投放了175个垃圾桶，其中4个红色垃圾桶、10个绿色垃圾桶、4个蓝色垃圾桶、157个灰色垃圾桶，并有4个四分类桶站、6个二分类桶站。社区实行垃圾分类积分制，在桶站边有指导员，为正确投放垃圾的居民在积分卡上打钩，可以积分兑换洗涤灵等小奖品；四分类桶站设有语音播报，语音播报的内容是各类垃圾应该投放在哪个垃圾桶，当有居民来投放垃圾时，语音播报便自动开启，以更好地提醒、帮助居民正确投放垃圾。同时，在桶站边安装了监控，起到监督与警示的作用。此外，龙泽苑社区还开展了一些小活动来调动居民垃圾分类的主动性和积极性。如举办多次垃圾分类知识答题活动，鼓励孩子与家长共同参与；制作卡片帮助参与者认识各类生活物品属于何种垃圾，从源头抓起，通过活动使孩子对垃圾分类产生兴趣，并带动一个家庭共同学习垃圾分类等。

结语

基层社区治理并非仅是社区党组织或社区两委的工作，而是一个有效带动多方参与、资源整合、相互协作的过程，龙泽苑社区即通过党的领导推动这一过程深入发展，形成了党领群议众治的治理格局。具体体现在：首先，党组织发挥在基层的战斗堡垒作用，不断完善社区服务供给，满足居民的多样需求，用实际行动解决社区居民关切的问题。其次，通过搭建议事平台、吹哨报到等形式发动各方民主议事，深化"众人的事情众人商量"的理念，同时有效提升居民的参政议政意识。最后，在疫情防控和垃圾分类两件当前热点事件上，充分动员居民、社会组织、物业公司等各方力量，形成合力共同治理社区。党领群议众治的治理格局实际上是每个社区都在探索的实践，其重要的理念即是为党建引领和多方共建，而要实现社区更深入的发展，还需向互助合作进行延伸，构建起合作制衡的多维均衡态势，笔者认为，这正是龙泽苑社区和诸多社区未来可以重点探索的方向。

基本信息

龙泽苑社区隶属于昌平区龙泽园街道，建成于1999年，属于商品房小区，目前常住人口7700余人。

领秀慧谷社区——建设共建共创型社区

领秀慧谷社区充分利用社区可信任平台属性,以党建引领为主舵手,积极联络社区内外各类资源共同服务社区治理,积极动员社区居民共同打造品牌化治理项目,推动社区朝着共建共创型社区发展。其中,"共建"主要表现在社区党支部书记及其团队积极发挥先锋带头作用,按照党建引领、共同建设的总体思路,调动各共建单位的积极性,使得原本松散无序、各自发力的个体商户、企业、居民自治组织、社会组织、事业单位、政府部门联动起来共解难题、共享资源、共享利益,为居民谋身心健康、养老、医疗等多种福利,推动社区的健康发展。"共创"主要表现为在共建的基础上,创新社区治理项目,将品牌建设思想寓于其中,在志愿服务、楼门院治理、社区心理平台等方面作出创新探索,共同打造品牌化系列类社区治理项目。

一、"自身提升":筑牢堡垒、不慢其民

党组织书记及其团队是基层战斗堡垒的核心。作为组织系统中最活跃的要素,以培养选拔德才兼备、忠诚干净有担当的高素质专业化干部为宗旨,打造社区党支部书记领头雁工程,用一支优秀先进的党支部书记队伍引领基层党支部建设工作,是提升社区治理水平的重中之重。领秀慧谷社区两委团队即以为居民服务为宗旨,关心慰问社区困难群体,充分发挥社区下沉干部、在职党员、社区志愿者带头作用等方式,切实为民办实事解难题,在一点一滴中得到社区居民的认可,在一步一个脚印中筑牢了党在基层的战斗堡垒。具体体现在以下两个方面。

一是解决居民难心事。在疫情防控期间如何实现居民便利买气对于社区两委来说是一个大问题。由于领秀慧谷小区周边没有银行,小区居民买煤气本就比较麻烦,疫情防控期间有一户居家隔离居民的家里刚好没了煤气,社区两委工作人员冒着大雪开车跑了两天最终也没买来气,只好给居家隔离居

民送去热水壶和方便面。后来类似的事情又发生了多次，社区党支部书记郭荣华就尝试找农商银行协商，希望在社区门口菜店安置一部自助存取款、缴费机。后来农商银行的行长向总行提交申请，大概一个多月的时间存取款缴费一体自助机就安装在了社区底商菜店里。

二是带领党员服务居民。由于农学院社区人口老龄化严重，加上交通不便，老人日常购菜、购物不太方便，尤其在疫情防控时期，社区居民出行、购物受阻，吃菜、购物更成为一大难题。恰逢2021年2月中旬昌平区供销社下沉干部支援社区共同抗疫，社区党支部了解到供销社资源后共同商议开展便民购物事宜，成立了党员先锋岗，自3月3日开始，社区两委便带领供销社便民服务党员于每周二、五上午为农学院社区售果菜米面粮油奶生活必需品，同时接受网上预订。截至笔者调研时，供销社便民服务党员先锋岗每周两次把服务送到社区家门口，已上门服务40次，受益居民达几千人。这一便民服务，极大地减少社区居民外出购物带来的风险及隐患，深受居民的欢迎。再如重阳节时社区两委开展重阳节主题邻里活动，主要包括重阳节敬老活动、健康环保倡议活动、美好生活主题摄影展等，促社区形成敬老爱老、邻里互助的氛围；端午节时社区两委开展"情浓端午·粽飘香"端午节活动，组织社区党员、在职党员、社区志愿者等约80人一起包粽子、迎端午，在活动结束后将包好的粽子送给部分社区居民，给社区居民送去节日的温暖和祝福等。

二、"对外开放"：多方共建、资源整合

社会治理过程是多方参与的社会公共事务管理和解决过程，也是有效整合资源、组织各主体提供服务、享有服务的过程，各主体所存在的客观优势和不足需要共治主体之间的功能互补、拾遗补阙。面对社区资金短缺、供给不足的现状，领秀慧谷社区通过搭建共建平台引入资源、整合资源、共享资源，有效激发社会治理和组织运行活力。目前社区已经利用专业社会组织、企业、个体商户等资源，建立垃圾分类（5家）、社区社会组织培育（2家）、楼门院治理（3家）、心理健康（8家）、健康医疗（2家）、文化艺术（9家）、非遗传承人课程（47人）、社区体育（2家）、科普教育（50家）、社区底商（40余家）等不同类别社区资源库。这些资源可以为社区提供专业赋能、技术指导、钱物支持、服务对接等，而社区可以为他们提供项目落地场域、社群资源、活动场地等。目前社区通过搭建资源共享平台成功联合多方

抗疫、开展"扮美好家园，绘多彩社区"海棠花节、举办"关爱自己、关爱心灵"社区心理健康嘉年华以及"下一代接班人"暑期成长夏令营等。

一是联合多方共抗疫。在新冠肺炎疫情发生和反复的过程中，领秀慧谷社区两委联合物业、一街两巷商铺共同抗疫。如商铺会为防疫志愿者及工作者们配送饮用水、口罩、咖啡等物资，德水天成文化公司向社区提供了600瓶水、500个口罩、多箱饮料，而北农市场经理则表示可以免费帮助居家隔离居民配菜并进行配送等。在疫情状况逐渐缓和的时候，商铺也为志愿者送上福利，如洗衣店送洗衣卡，理发店送理发卡，牙医诊所送洗牙券等。

二是建设社会心理服务站。社会心理服务站成立于2020年7月，旨在为居民提供专业、便捷、及时的社会心理服务的最基础阵地和平台。服务站整合"心理+社工"的专业服务方法，采用"线上+线下"的服务形式，为社区居民和各类重点人群及危机人士提供专业、便捷、及时的"一站式"心理服务。自其成立，服务站开展了如亲子园艺心理体验工作坊、"世界精神卫生日"主题宣传活动等多种活动，关注社区居民身心健康。社会心理服务站也帮助调解社区矛盾，从心理角度分析矛盾成因。

领秀慧谷社区内有一位老人，总是打12345抱怨楼上有声音，社区两委难以解决这个问题，便找了邻居、楼上居民、社会心理服务站专家等多方主体一起找寻矛盾成因，最终发现老太太是对之前亲眼所见邻居从自家窗户摔落的身影一直耿耿于怀，产生了心理阴影，所以才会一直抱怨楼上有声音。社会心理服务站师晓霞老师便根据老太太状况进行心理治疗，调和老太太与楼上居民的矛盾，最终老太太与楼上居民关系逐渐转好，邻里情谊不断加深。更有小区外的人慕名前来社会心理服务站寻求帮助。北京创业园的一对夫妻因担心儿子心理有问题，又听说社会心理服务站的老师专业度高，因此来到社会心理服务站寻求帮助，服务站的师晓霞老师与这对夫妻交谈后，给出相关意见，成功舒缓这对夫妻对儿子过度紧张、过度关心的心情，解决了他们与儿子之间的问题。社会心理服务站通过关注社区居民、关注特殊人群的心理问题，对其心理隐患做到防患于未然，起到了有效预防、发现、治疗的作用。

三是共办夏令营。领秀慧谷社区为了使社区儿童的暑假更加快乐充实，与北京市昌平区观心社会工作服务中心、北京市昌平区温心社会工作服务中心、北京市昌平区回龙观堆绣协会一起联合举办了"下一代接班人"暑期成长夏令营。夏令营为期5天，主要学习内容包括：衍纸、纸浆画、彩绘油纸伞、麦秆画、内画鼻烟壶、手工堆绣、认知与成长等课程。这次夏令营活动不仅使青少年收获了一个快乐充实的假期,更帮助青少年在体验国粹的过程中加深对传统文化的认识。

四是共办心理嘉年华。领秀慧谷社区党支部与北京昌平温心社工师事务所共同举办"关爱自己、关爱心灵"社区心理健康嘉年华,嘉年华设有多个体验活动,如心理健康知识宣传、情感咨询、心灵涂鸦、快乐手工、欢乐大转盘、趣味乒乓球、心愿墙等,引导居民关注自身心理健康,保持积极向上的心态。

五是共办海棠嘉年华。从2020年开始,每年4月,海棠花开时,领秀慧谷社区都会举办海棠花节。如社区党支部、居委会联合物业、德水天成文化公司、北京农学院的在职党员仲欣老师及其学生团队、社会组织等多方共建开展了2021年的"扮美好家园,绘多彩社区"嘉年华活动。活动主要包括三个板块,分别是领秀慧谷社区"第二届海棠花节"活动、"助力创城,我们在行动"志愿服务活动、领秀慧谷"快乐妈妈"志愿服务队公益行活动。

三、"对内动员":议事协商、志愿文娱

文娱活动和志愿服务是动员居民、提升居民参与度的主要途径,居民议事则在两者的基础上进一步深入,通过表达利益诉求、商讨社区事务、博弈多元主体来提升居民的权利意识和自治能力(杨敏,2005),两者结合构成了社区共治、凸显居民主体地位的重要抓手。领秀慧谷社区一方面成立社区书记会客厅,将需要协商议事的问题搜集起来并形成议题,组织共建单位、专家、在职党员、楼门长、居民代表等相关方参与研讨;另一方面则由两委或相关单位根据决议内容组织居民互助志愿参与、分级分类协商,最后实现问题解决或项目落地实施。具体体现在以下两个方面。

一是通过议事协商共促社区发展。以垃圾桶站点变身成为"一米小院"为例。在领秀慧谷社区实施垃圾分类撤点并站后,部分居民由于自身习惯、意识等原因,仍然在原垃圾桶点乱投放垃圾,导致垃圾就扔在地上引来蚊蝇乱飞,不少居民将此情况投诉到居委会。根据这一问题,社区两委召集社区党支部、居委会、物业服务企业与物管会、社会组织、共建单位以及专家、在职党员、楼门长、居民代表等九方近30余人,探讨如何让居民不再将垃圾扔到原垃圾桶点,经讨论决定将原垃圾桶点进行改造,最后形成"以园景式

花盆种植改造原垃圾桶点"的决议。随后，社区两委、物业和志愿者初步将100个原垃圾桶点变身成了家门口的园景式花盆，取名为"一米小院"，同时组织开展了垃圾分类宣传的主题活动，鼓励社区居民对园景式花盆进行垃圾宣传画与宣传语手绘，后续将启动居民认养绿植活动，动员居民亲手培养"一米小院"中的植物。

快乐妈妈志愿服务队成立于2020年11月，队伍由社区内30岁至70岁的妈妈及家人组成，她们发挥所长，在参与志愿服务项目、热心公益的同时也不断学习新的知识，快乐玩耍。自其成立，快乐妈妈服务队组织了"快乐居家，趣味做灯笼"、"每个女孩都是公主"关爱困境女孩、"环保酵素制作"等多项活动。疫情之际，快乐妈妈志愿队伍更是与社区两委、社区党员、在职党员、大学生们一起包饺子，将爱心饺子送给社区卡口值守的工作人员，为他们带来社区的温暖。妈妈们在活动中实践绿色环保、参与公益志愿，传递快乐，在实现自我的同时为建设美好社区献出自己的力量。

二是通过志愿文娱动员居民。目前，社区治理项目注重打造社区互助志愿文化品牌和楼门院治理品牌项目，包括建设"涂鸦墙""楼门美术馆""益想空间"等楼门院展示和活动空间，打造"温暖一家亲"情暖冬至嘉年华、"小市集大发现+关爱女童公益行"志愿服务等社区互助志愿文化品牌项目。通过这些品牌项目的开展，不仅搭建了平台让楼门邻里增进认识，更凝聚了居民共识，营造了"社区是我家、建设靠大家"的共治共享理念，让社区变得越来越漂亮，也越来越温暖。

如利用居民作品装点楼门美术馆。为倡导环境保护理念，2020年社区举办废弃塑料变废为宝"废旧塑料抽象画项目"的活动，社区孩子和家长们运用红黄蓝绿等色彩元素，将废弃塑料制品制作成了近30幅精美的抽象立体画作。后来正好领秀慧谷社区要打造楼门文化，探讨"如何美化社区楼门院环境"，由此邀请了来自社区党支部、居委会、物业、共建单位、居民代表等24位成员，大家在讨论中想到了可以让废旧塑料抽象画"上墙"展示，故把这些环保画画成了图，同时征集了各楼门居民的画作，将试点楼门的一层墙壁重新粉刷，加了射灯，建设楼门美术馆，展示社区居民艺术风采的同时也美化了社区环境。

结语

实现共建共治共享是当前乃至往后一段时期社区治理的主旋律。在基层社区面临着资源匮乏、居民参与度不足的情况下，以共建链合资源、以共创调动居民的做法非常值得借鉴。领秀慧谷社区在逐步完善自身的过程中坚持整合资源、积极动员居民共同发展，建立起对内对外"两手抓"模式，为其他社区的发展提供了可借鉴的经验。具体表现在：首先，基层党组织从自身出发，以服务为宗旨，解决了社区的急、难、愁、盼，坚定了党在群众心中的引领地位，筑牢了党在基层的战斗堡垒。其次，面对社区资源不足的困境，依托于共建单位，借助外部力量，搭建社区智库以及资源共享平台，成功抗击疫情，举办夏令营、心理嘉年华等精彩活动。最后，领秀慧谷社区也注重居民的主体地位，建立了社区书记会客厅协商议事机制维护居民话语权，建立了社区心理服务站关注社区居民心理健康，举办居民集体节日活动推动社区精神文明建设等，推动社区建设朝着全面多元的方向不断发展。

基本信息

领秀慧谷社区（分为 A、B 两个区）隶属于昌平区史各庄街道，始建于 2011 年，属于商品房小区，居民 5300 余人。

龙锦苑东三区社区——搭建社区、楼门双层治理体系

基层党组织和党员具有强大的凝心聚力和政治引领作用，而社区骨干成员具有相对更多的社会资本，是协助社区、动员居民、引领自治的重要群体，两者相互协作，可以共同推动社区建设。龙锦苑东三区社区即在基层党组织的领导下，依托社区两委和楼门长队伍，逐步形成党建引领和楼门自治相互配合的双层治理体系。社区层面利用党建协调委员会，通过党建引领多方共建，尤其是引领物业形成合力，美化社区环境，解决社区问题；楼门层面扎实推进楼门精细化治理，依托楼门长队伍，结合霍营街道2019年推行的霍营管家，发动社区党员，画小治理单元，将社区服务楼门化、网格化、机制化，充分调动楼门内外资源，推动楼门治理。

一、党组织牵头，协同共治

要发挥基层党组织的战斗堡垒作用，就需要充分发挥党密切联系群众的优势，增强在群众中的吸引力（王国荣，2016），也即在日常实践中把群众置于首位，用行动践行党的先锋模范作用，通过增强在群众中的威信进而带动居民参与，使党真正成为人民的引领者，同时实现先锋模范与居民参与有效衔接（吴岚波、原珂，2021）。龙锦苑东三社区两委在工作中起着领头雁作用，一方面发挥社会服务作用，同社区居民积极沟通、充分协调，构建良好的党群干群关系。另一方面发挥动员引领作用，有序动员各主体参与社区基层社会治理。

一是社区两委积极协调，为居民解决问题、调解纠纷。社区中的事务与居民息息相关，无论是在社区两委与居民之间，还是在居民与居民之间，面对繁杂交织的事务，都容易产生不满与矛盾。龙锦苑东三区社区两委在各项工作中积极与居民进行沟通协调，充分满足居民诉求。同时社区两委努力协

调居民纠纷，为居民化解矛盾。例如，在垃圾分类的撤桶并站的前期工作中，社区在各个楼门张贴通知，征求具体的点位位置意见。

起初，有一个点位设计在10号楼1单元，因为该地曾有居民捡废品堆积于此，但居民联合反映该地老人小孩较多不适且设置垃圾桶站。随后社区居委与物业协商调换位置，最后居民表示满意。

二是党建引领多方力量，为居民服务。社区两委通过党建协调委员会，积极与多方开展合作，建设社区环境，提供生活服务，开展文娱活动。在建设社区环境方面，社区充分利用每年40万的党群服务群众经费。如2016年社区利用党群服务经费安装了智慧门禁，并建了宣传长廊；2017年修建了文化墙，宣传社区文化和传统文化；2019年修缮了1号楼和7号楼的道路；2020年在社区中安装灭蚊灯；2021年对社区中的路灯进行改造，并将灭蚊灯与路灯相结合。同时，社区联系开发商重新打造了社区绿化系统，建设绿色长廊。此外，社区向霍营街道申请建造了社区舞台。在提供生活服务方面，社区利用工会暖心驿站为居民提供雨伞、纸巾和水杯等。另外，社区与养老驿站合作，为老人提供免费理发服务。在开展文娱活动方面，社区两委与许多专业社会组织合作，如温馨社工事务所、郑桥社工事务所、立德社工事务所等，开展了各类活动，如文明养犬、环保小队等。

2019年，社区路面已经年久失修，虽然路面整修本应由物业出钱，但由于该问题较为突出，社区两委考虑到1号楼的居民较多为老弱病残等弱势群体，道路不平造成了一定的安全隐患。于是在2019年，社区使用党群服务经费立项申请修缮了1号楼和7号楼的道路。

社区还向街道申请绿化改造，街道召开党建协调会后，决定由房地产开发商首开公司负责，共1271平方米。同时物业与绿化公司定期前来修剪，社区就变成了一个"绿色长廊"，风景优美，一年四季都有不同的花开放。

由于龙锦苑东三区社区是经济适用房，回迁的老年人很多，但是之前公园还未开放时，周边仅有一个体育公园，老人也不便前往。社区重新绿化后，为社区老人提供了一个休闲娱乐的场所。2018年社区向霍营街道申请了面向社区的小微项目，将社区内原有的一块不太美观的小山坡建造成舞台，设置大屏，可容纳约300人活动，日常可供老人小孩玩耍和开办晚会。2021年霍营街道为庆祝"七一"而举办的"8个1"项目的首场和末场活动便在此处开展，节目内容包含有非遗剪纸、书画、大鼓和交响乐等。

三是党建引领物业管理。虽然该社区物业费较便宜，为0.65元/平方米，物业只能完成一些基础工作，但由于社区居委和物业积极沟通合作，目前居民对物业的满意度较高。一方面，社区两委工作认真负责，与物业积极合作，为物业的工作打下良好基础，如疫情防控期间，通过党建协调会，社区两委和物业讨论疫情值守的排班。在早上八点至下午五点，由社区两委值班，物业若有人手可以帮忙。在下午五点至晚上十点，由物业的保安队长接替社区两委进行值班。晚上十点后，社区的小门上锁，只能通过汽车通道进入小区，需要保安遥控开启台杠。社区两委和物业相互配合，保证了疫情防控期间24小时的值守。另一方面，社区两委充当物业和居民之间的沟通桥梁，促进物业和居民的互联互信。物业主要负责社区的公共设施维护、保洁维修、安保等工作。社区两委将居民反映的问题中需要物业整改的部分，及时通过居务群这一平台告知物业，物业整改完毕后通过社区两委及时反馈给居民。

在2021年，为提高效率，将物业相关工作人员拉进了居民群，与居民直接进行沟通，获取反馈。以保洁工作为例，由于社区只有两名保洁员，难以及时清洁所有楼门。但通过微信群，居民有意见可以及时反馈解决，从而提升了物业服务质量，同时也增强了居民对物业的信任，实现居民和物业的双赢。社区党支部书记王梅说："居民以前都是对物业有一些抵触，不干活或怎么样的。现在就点赞的比较多了，他们2019年物业费就收到了99.9%，可以说是100%了。"

二、骨干先行，楼门自治

龙锦苑东三区社区属于超老龄社区，社区60岁及以上老年人口比例达到了46.7%。在社区两委的领导下，社区形成了老年党员带头、老年人积极参与社区事务的良好风尚，保障了社区工作有条不紊地进行。目前社区共有60名楼门长，即霍营管家，主要由老年党员、居民组成。楼门长主要工作包括通知宣传、搜集民情民意、保持楼道卫生环境、排除安全隐患等。通过建立楼门长机制，社区两委与居民积极沟通，社区中的众多问题得以解决，众多事务也得以顺利推进。

一是通知宣传。首先，在通知方面，不少楼门没有建立微信群，楼门长就一户一户上门进行通知。遇到居民回来晚的情况，有的楼门长住在一楼，随时留意着居民归家状况，有的楼门长会给居民留纸条贴在门上，方便查看。其次，楼门长在充当宣传员的角色方面也尽职尽责。在垃圾分类推广初期，尽管有积分兑换的奖励机制，但由于居民自觉意识不足，垃圾分类的难度较大，于是楼门长承担起宣传员的角色，将宣传材料和垃圾分类的声音传送进社区的每家每户，推动了社区内垃圾分类工作的开展。此外，社区在2020年拟成立业委会，需要在移动客户端上进行投票，由于一些老人不会操作手机，加上部分业主在外上班等缘故，业委会的投票率受到了影响。为了保障业委会正常成立，楼门长协助社区联系业主，邀请居民到居委会开展沟通、宣传以及培训活动，即便在支持率达到标准后，这项活动仍然在开展。

有的楼门或由于技术原因或由于担心通知不到位等原因，选择由楼门长上门一户一户进行通知的形式，虽然显得有些麻烦，但这样的好处就是入户的时候可以顺便与居民聊聊天。遇到居民回来得晚的情况，有的楼门长住在一楼，就会随时留意着居民回没回来，有的楼门长会给居民留纸条贴在门上，方便查看。尤其是疫情防控期间的各项通知，楼门长都是晚上上门完成宣传、排查、信息收集、登记等工作。在入户的时候，楼门长会给每户发一张社区电信卡，居民有问题可以打电话反映。

二是搜集民情民意。每位楼门长有一本民情记录本，用以专门记录通知传达情况以及居民意见建议，通过每周管家例会上报给社区，或者直接在管家群里反映问题给社区两委和物业解决。社区主要通过管家会和微信群两种形式畅通上传下达渠道，充分掌握民情民意。首先是社区每月25号召开一次管家会，在管家会上，一方面居委会传达最新的任务，另一方面每位管家汇报自己的工作，如进了多少户、宣传册分发了多少等，并及时反馈管家无法解决的问题，由居委会或上报相关部门协调解决，形成了上传下达、下情上达的沟通机制。其次是社区充分利用微信群这一渠道，分门别类建立了楼门长群、在职党员群、党员群、居务群等，通过微信群实现各方之间的即时沟通，不仅能充分了解各楼门居民反映的各种问题及各种诉求，同时也能将社区的各类通知如公众号入群、人脸识别、垃圾分类宣传等传达下去。

三是保持楼门卫生。由于社区共65个单元，但只有两名保洁工作人员，难以覆盖全部楼门，不少楼门长就自己或者组织居民定时清扫楼道。在疫情防控期间，社区两委动员楼门长积极承担起本楼门清洁消杀工作，尽管一些楼门长年纪较大，但还是积极面对楼门的清洁工作，把楼门的事情当作自己家的事情。也有一些年纪大的楼门长因腿脚不便等因素，积极发动自己的子女来帮忙。与此同时，老年楼门长们还是社区活动的积极参与者、志愿者，如主动参与社区值守、协助社区清理僵尸车、垃圾分类初期指导以及社区的各项文娱活动等都有他们的身影。

结语

社区党建引领和楼门长骨干先行是龙锦苑东三区的社区治理特色与亮点。在对社区开展调研的过程中我们发现，协同治理之所以能够取得实质性的成效，关键在于党组织牵头作用的充分发挥，即无论在物业管理、环境营造还是居民议事、文娱活动方面，党组织所发挥的"激活"作用始终是不可缺位的。吴晓林（2020）认为，在社区利益分化以及矛盾增多且社会力量还不成熟的情况下，党组织所具有的独一无二的组织优势能够有效弥补社区治理的短板。龙锦苑东三区正是充分发掘了社区党组织的力量，在社区治理主体之间牵线搭桥，并通过动员社区党员，发挥骨干力量来激起群众对公共事务的热情，逐步形成协同治理的良性循环。

基本信息

龙锦苑东三区社区隶属于昌平区霍营街道，建成于2009年，属于经济适用房小区，常住人口2500余人。

龙锦苑东四区社区——双服务四签到机制的发源

居民志愿服务可满足居民多样化、个性化、碎片化的需要，将各类服务延伸至基层，弥补正式的公共服务供给不足问题，同时有效带动居民参与，在志愿服务中提升居民对社区的认同感、归属感及成就感。龙锦苑东四区社区在面临物业服务不足的情况下，催生出利用社区居民志愿服务来补位的社区治理模式，逐步建立起"双服务四签到"机制，不仅缓解了物业服务能力不足的困境，也通过志愿服务的形式将居民纳入社区参与体系中，推动了基层互助服务、互助参与、互助合作，同时也倒逼了物业企业提高服务质量。此外，龙锦苑东四区社区还注重社区氛围的营造，通过信息公开和组建丰富的志愿服务队伍来增强居民-物业-两委信任和居民-居民情感，进一步巩固社区发展成果，营造向上、向善、互援、互助、互信的社区氛围。

一、起承：《向前一步》成为催化剂

北京卫视主办的全国首档市民与公共领域对话的社会民生类节目《向前一步》，2018年11月25日即聚焦龙锦苑东四区社区的物业问题。在当期《向前一步》节目中，居民代表针对具体的问题向物业提问，物业公司对居民代表提出的问题给出回应，媒体评论员、街道代表、两委代表等参与协商，充分交流社区内部的治理难题并商讨解决方案。《向前一步》节目的录制，为龙锦苑东四区社区居民与物业公司之间的矛盾纠纷解决搭建了桥梁，在一定程度上缓解了物业公司压力，也催生了社区弥补物业不足的创新方式。

一是提供对话平台。在这一期《向前一步》节目录制过程中，居民和物业双方积极沟通，居民在物业公司公开的账目中了解到物业公司的亏空现况，也缓解了当前的积怨，同时，街道代表和专家积极向居民宣传政府的"回天地区三年行动计划"的政策，这在一定程度上也缓解了居民对物业公司的不满，增加了双方的沟通空间。总的来说，以《向前一步》节目录制为契机，虽然很多问题没有得到立即解决，但居民看到了物业的积极态度，物业也了解了居民的真实诉求，居民同物业公司间的互动是积极的，也为后面具体问题的解决奠定了基础。

二是推动部分难题解决。节目录制结束第二天，物业公司针对小区居民提出的问题立即召开会议，商讨解决问题的方案；针对高层水压问题，物业公司先行垫资更换高层加压水泵电机和控制系统，设备更新后，在入户检测时五层水压达到2千克，能够满足高层住户的生活用水要求，同时消除了安全隐患；针对社区的环境问题，在节目录制后的第六天，霍营街道、社区居委会联合物业公司在小区开展"回天有我"社会服务活动，组织居民共同参与垃圾清理、楼道清洁等小区环境卫生整治工作；针对居民提出的安全问题，街道党群工作部黄科长在节目现场就给出回应，霍营街道出资进行的智慧门禁建设目前正在试点：第一批试点3个小区，第二批试点11个小区，而龙锦苑东四区就在第二批试点小区名单里，同时表示项目在12月底之前就会落实；针对小区内部的巡逻问题，通过协商，居民同意先尝试采取志愿服务的形式应对这一问题。

小区居民提出的问题主要在以下方面：第一，小区安全无保障，小区没有门卫，没有巡逻，多次发生电动车电瓶、盆景被盗的事件。第二，高层水压不足，导致五六层楼居民日常生活需求无法得到满足。正常情况下，水压要达到1.25千克才能满足日常生活用水需求，而小区五层水压只达到0.5千克，用水高峰期水压连0.5千克都达不到；而且，高层水压不足的同时加热设备的使用也存在较大的安全隐患。第三，小区卫生脏乱差，楼道扶梯打扫次数少，垃圾桶旁散落的垃圾无人清理，夏天垃圾桶散发异味严重影响小区居民生活品质。第四，居民要求公开物业收支明细。

根据物业公司的说法，许多问题得不到解决的关键在于资金的短缺。按照一级物业①0.65元/平方米的收费标准，物业公司管理费年收入121.6万元，小区公共空间的年收入4.35万元，物业公司年收入合计125.95万元；物业人工成本年支出72.92万元，公用设施养护年支出32.78万元，清洁卫生年支出3.24万元，绿化养护年支出11.5万元，保险年支出5.47万元，管理费用年支出19.97万元，税金年支出7.96万元，年支出合计153.84万元，共计有27.89万元的缺口。小区车位费年收入106.72万元，年支出为86.51万元，

---

① 北京市物业分五级管理，一级最低，五级最高。

合计年收入 20.21 万元。两项合计物业公司每年仍有 7.68 万元的资金缺口。

二、转合：建立"双服务四签到"制度

自《向前一步》录制和播出后，社区决定探索利用志愿服务来弥补物业管理的不足。也正因龙锦苑东四区社区的探索，霍营街道 2019 年开始推行霍营管家和"双服务四签到"工作，龙锦苑东四区社区也逐步将志愿者管理和"物业+志愿服务"楼门化、网格化、机制化，建立了片区、居民小组、楼、单元四级社区党建引领物业管理和志愿服务的有效机制。

一是建立健全服务机制。"双服务"指的是物业服务和志愿服务，"四签到"指的是环境清洁、治安消防、工程检修维修三类物业服务和"霍营管家"志愿服务签到。环境清洁和治安巡逻由物业服务和志愿服务合作提供，由龙锦苑东四区社区环保志愿者服务队和龙锦苑东四区社区治安维稳志愿服务队补充物业服务。片区长兼任党小组长，由党员两委干部担任，非党员干部可担任副片区长。楼长由具备履职能力的居民代表担任，并兼任所在单元的楼门长。楼门长由具备履职能力的党员和居民代表担任，党员、居民代表人数不足的，可由优秀的社区志愿者担任。本单元内未担任楼长、楼门长的社区志愿者均纳入"霍营管家"范畴，由所在单元的楼门长统一调度。目前，社区共有 5 名片区长（党小组长）、17 名楼长、126 名楼门长、约 160 名霍营管家。

"当时就是因为社区的这种矛盾，有这么多的问题，我们要涨物业费，大家肯定不同意涨。不同意涨的情况下怎么办？咱们就志愿服务跟物业管理相结合，所以我们一直推的叫霍营管家，我们整个街道都在推。当时也有党建引领五方共建，有更多的企业或社会组织加入社区，引进资源进来，另外也发动我们社区自己的力量，就像垃圾分类也是我们霍营管家工作的一部分。霍营管家是我们整个霍营地区志愿者的一个统称，我们的口号是：霍营管家，管好我家。"社区党支部书记赵桂华如是说。

二是社区两委先行带头。为更好地调动居民参与志愿服务的积极性，社区两委切实行动，为居民示范带头，引导居民行动起来，共同参与社区管理。目前霍营管家志愿者队伍一共 100 多人，里面有 70 多岁的老党员，也有回社区报到的年轻人，共同的心愿就是把共同的"家"管理好。

被采访的几位霍营管家介绍道："社区能发动志愿者，第一是原来他们有

基础，第二是因为我们的党员或者居民也好，看你们在做什么，你天天靠嘴巴去说肯定不行，你真的是以身作则，亲身去做，这是很好的示范效应、带动作用。老的志愿者、老党员，大家会去看的。你看现在有夫妻档，有母女档，这些都是慢慢人气起来了。大家看到了我们的志愿者真的是在发挥作用，真的不是图那点东西，我们都是义务的，大家看到改变，他就愿意去做这件事。特别是这次疫情，物业的、居委会的，这些人都在前线，像我们的志愿者也都参加，特别有一些身体不好的老人，他们都在干，我们也弄，这社区是咱们的，靠咱们自己。尤其垃圾分类，特别明显，赵书记、刘经理真的在垃圾桶里掏。所以后来有些人他为什么也自觉了，因为这些人确实不容易。刚开始分类的时候其实不好做的，书记就跟两委干部说，咱们就亲自带头，慢慢大家看到你们真的在做，互相带动就会逐渐相互影响。现在居民要求的不单是你光喊口号了，一定是实实在在去做事，就会看得见的。"

三、共促：营造社区良好氛围

氛围营造一直以来也都是社区建设的重要方面，龙锦苑东四区社区一方面形成了属于自己社区的志愿队伍，助力于本社区志愿服务，同时走出社区，服务其他社区，贡献了居民的力量；另一方面充分重视社区信息公开，让社区事务在阳光下运行。两者并举，为社区发展创设了互信、互助、互援的良好氛围。

一是发展社区志愿队伍。除文化曲艺类队伍，目前社区有巧娘服务社、治安维稳、楼门长、社区卫士、文化、环保、老党员、青年、京北小卫士等11支志愿者服务队，其中很有特色的包括：巧娘服务队、社区环保队、社区卫士等。如社区环保队是物业管理保洁部分的重要补充，每周五社区环保队都会有30~60人在社区捡拾垃圾、打扫卫生、宣传垃圾分类等，该活动从2019年开始已持续3年时间。社区卫士志愿者每天排班，轮流在社区内巡逻、与外来人沟通、清理自行车等。同时，一方面，社区在试行志愿者积分管理，通过志愿服务活动签到次数统计积分，评定星级志愿者，并给予一定的物质奖励。另一方面，社区也在尝试与周边底商、商户以及爱心企业合作开展活动，帮助企业宣传，获得部分赞助商品、礼品，用于发放志愿者激励。

龙锦苑东四区社区志愿服务队在社区党组织的领导下，积极参与社区建设，弘扬奉献、友爱、互助、进步的志愿精神，社区不断完善志愿者服务组织，不断开拓志愿者服务项目，努力把志愿服务活动与德育相结合，努力把志愿服务与技能训练相结合，逐步形成了社区志愿服务品牌。参与社区建设志愿服务的服务队有："京北丽人"巧娘服务社志愿服务队（10人）、治安维稳志愿服务队（90人）、楼门长志愿服务队（126人）、社区卫士志愿者服务队（35人）、东四文化志愿者服务队（30人）、环保志愿者服务队（62人）、社区老党员志愿者服务队（31人）、回天有我志愿者服务队（57人）、东四共建志愿者服务队（60人）、青年志愿者服务队（26人）、京北小卫士志愿者服务队（30人）。

在开展日常的志愿服务过程中，龙锦苑东四区社区也积极动员社会力量参加助力，为志愿活动提供资金及部分实物。如最近一次社区举办志愿活动，昌平企业家协会赞助社区志愿者蔬菜礼盒、保温杯；社区底商还购买了花生瓜子；保险公司赞助了50个垃圾桶、20个小推车。在活动中，以抽奖的形式为主吸引大家，奖励有推车、垃圾桶、保温杯、花生、瓜子、饮用水，还有厨房厨余垃圾处理器。垃圾处理器是最大的奖项，价值3950元。

二是实施信息全面公开。首先，在社区居委会明显位置张贴党员"积分制"明细，党建引领社会工作体系一览表（包括片区、片区长、片区议事会成员、楼门、楼长、单元门、楼门长、霍营管家，各负责人姓名、联系电话）、党员、居民代表楼门长议事规则，党员、居民代表楼门长制度等社区重要的创新性制度，并且落实到人和电话。再次，双服务四签到公示牌进入每个单元门。每个单元门里并列有四个通知栏，一是各类温馨提示和社区商户（如养老驿站等）信息，二是龙锦苑东四区社区划片图（里面标注片区、片区长和党员人数），三是居民楼门公约，四是双服务人员（物业经理和保洁员）公示，四张签到表，以及每季度物业服务评价表（由楼门长组织楼门议事会打分）。

社区公示栏确实发挥了作用。第一次调研时，正值社区成立业主大会，公示栏里贴着社区业主大会议事规则、业主委员会候选人推荐表、社区召开首次业主大会和选举业委会委员网上投票方案、社区房屋产权情况信息统计表等公示信息。第二次调研时，公示栏则贴了"法律明白人"招募、疫苗接种、适老化改造摸排、老年照护服务对象登记、"邻里智"会议委员会第一届委员会委员公示、中西面点培训等社区通知。去到的单元门上还张贴着龙锦苑东四社区第十一届××小组居民代表选举结果、居民小组长推选结果计票单、居民小组代表选举结果计票单。

结语

社区治理是一项系统庞杂的工程，需要党委领导政府负责下的各个主体共同发力，才能建设成"人人有责、人人负责、人人享有"的社区治理共同体。居民是社区治理的客体，也是社区治理的主体，换言之，社区治理的目标不仅是更好地为居民提供服务，还要调动居民自我服务，推动居民自治。而居民自治是一个循序渐进的过程，志愿服务是这一过程中的重要一阶，通过志愿服务这一载体可逐步提升居民对社区的认同感和归属感，并使居民在提供服务中获得成就感，找到自我在社区参与中的价值，同时也能产生以团结的群体、组织约束制衡行政、市场的外溢效果。对于社区来说，要在具体实践中识别和开发居民需求，针对需求提供专业化服务，并进行组织性参与（杨莉，2018）。龙锦苑东四区社区即在不断推动志愿服务做实做专，发挥出社区自身的特色，将社区中的居民充分调动起来，鼓励社区居民共同治理家园，促进龙锦苑东四区社区向着"善治"的目标更近一步。

基本信息

龙锦苑东四区社区隶属于昌平区霍营街道，建成于2009年，属于经济适用房小区，居住人员多为拆迁户，主要来自东城、西城、海淀。目前社区常住人口约4500人。

龙城花园社区——线上线下协商民主共解社区难题

党的十八大和党的十八届三中全会作出了健全社会主义协商民主制度、推进协商民主广泛多层制度化发展的重大战略部署。解决社区治理难题问题要积极构建线上线下协商民主联动机制，将居民的实际需求摆在阳光下解决。居民可以对自己感兴趣的或和居民利益切实相关的社区事务畅所欲言，并协商提出行之有效的解决方案。龙城花园社区面对基层社会治理中出现的各种各样的难题问题时，即通过党建引领线下协商会，线上微信群、社区公众号议事共同推进的形式，建立起纠纷协调、矛盾处理的社区议事路径，围绕公共用地归属权问题、供暖供热水事宜、河道环境整治问题及小区班车的运营问题等进行了共商共议，为相关主体提供交流意见的平台，促成了部分问题的解决，同时在相关主体就共同关心或存在冲突的事项进行沟通的过程中，居民主体性进一步增强。就像社区党支部书记王堃所言，"话说开了""该表达的表达了"，居民与各方之间达成了自发的相互了解、相互体谅，认识到了互相帮助、各取所需的重要性，"实际上很多时候是居民说服了居民"。

一、线下协商会，集众智聚共识

基层协商民主和城市社区治理在目标上具有内在一致性，因此，应在新时代共建共治共享"三位一体"社会治理格局下，系统明确城市社区协商治理的价值导向、制度内涵与实践路径（王芳、陈进华，2019）。从 2016 年开始，龙城花园社区居委会即探索针对居民与物业、居民与居民之间的矛盾和冲突，围绕公共用地归属权问题、供暖供热水事宜、河道环境整治问题及小区班车的运营问题等，召开线下民主协商会，解决相关主体之间的利益冲突，并在这一过程中逐渐加深了居民对社区的归属感，促进了公共精神的孕育和培养。

一是公共用地归属权协商会。公共用地的归属权问题是龙城花园社区居民与开发商之间矛盾不可调和的最典型的缩影。究其根本，居民与开发商之间的冲突源自利益上的分歧，在公共用地上建房对开发商意味着巨大收益，但对居民而言既丧失了对公共用地的支配权，也少了一个很好的公共活动空间，而协商未果最终导致的结果就是一方面居民们没有享受到其所争取的公共活动空间，另一方面开发商囿于居民的反对也没有在此处盖房。双方基于自身利益的考量都没有做出让步，而双方长达多年的博弈也未能收获令某一方满意的结果。在这期间，有的居民举着横幅在小区及多个地方进行反对游行，有的居民请律师打官司，有的居民打 12345 投诉……这些举动引起了北京市住建委和规自委的重视，遂街道和社区共同召开协商议事会，讨论结果是土地的产权归开发商所有，但在使用时需要政府、开发商和居民共同协商决定，最好的办法是通过居民协商议事的形式。居民共同协商决定公共用地归属权问题，充分体现了社区坚持问题导向，积极推动改革创新，不断增强社区事务的生机活力，推动了社区治理中协商民主的一大进步。

二是供暖供热水协调会。龙城花园社区居民和物业公司之间就供暖和供热水问题存在较大的矛盾和冲突，2015 年，居委会为其中一个区召开了供暖协调会。该区楼间距小、保暖性好，室内温度可达到 28 度左右，要求物业将当时的 5 个月供暖期改为 4 个月。虽然最终协调未能成功，其后社区、物业和居民又围绕该问题进一步寻找达成双方共识的解决方法，但是对于现存问题积极召开协商会议的举措是值得肯定与推广的。居委会主任说："虽然没有结果，我觉得不是所有的议事都有结果的，但至少营造这种氛围，就是大家有事可以商量。"

在供暖方面，物业公司为小区住户提供 5 个月的供暖可以获得较高的利益，但对居民来讲，其不仅要承担按国家规定多一个月的暖气费，而且很多住户在天气渐暖时室内温度很高，完全不需要额外一个月的供暖。在供热水方面，由于小区管道老化，经常爆管，24 小时供应热水造成热量流失，物业公司盈利空间有限，不愿意好好经营供热水服务，经常停几个区的热水。因为生活热水使用不便，越来越多的居民选择自己安装热水器，物业公司损失也就越大，于是停热水的范围也就越广，形成一个恶性循环。

三是小区班车协调会。龙城花园社区本来有一辆小区专属的班车，居民可以花 2 元钱乘坐班车前往龙泽地铁站。但随着公共交通的发展，居民们有了更多元化的选择，公共汽车和公共自行车的便利性也使得班车的生意大不如前。由于收取的车票费远不能抵消燃油费、保养费、司机的工资等各项开支，出于成本收益权衡的考虑，物业决定停运班车，但有几位居民坚持每天早上都要坐这趟班车，不同意班车停运。于是社区两委便召开了有关班车问题的协调会，物业态度比较强硬，表示运营班车完全是入不敷出的赔钱项目，最终没能协调成功，班车停运。

四是建造"河道花海"协商会。"河道花海"是龙城花园社区民主议事成功的代表案例。该河道在小区的中轴线上，本来功用是排水渠，在售房期间还因为其清澈的河水吸引了许多人。但随着时间的推移，由于上游居民和工厂的数量逐渐增加，原本清澈的河水不仅变得污浊不堪，还散发着浓烈的臭味，居民们屡次表达不满、反映意见。社区收到意见后向政府积极反馈，河道管理局派人对河道进行了改造，在其上方修了一个盖状的围挡。但是河道周围杂草丛生、蚊虫较多，还有人在旁边种菜，环境很不美观，居民对此也存在不满。而种花的想法最初来自居民中的一位小姑娘，所以河道花海也有一个浪漫的故事，叫"少女的梦"。这位小姑娘看见河道的环境不美观，便向其父亲提议在自己窗前能看到的这片区域内种上鲜花，父亲为满足女儿的心愿，自己出资在河道上种植了鲜花，后来大家觉得种花的想法很好，经过社区两委、居民、物业一同协商，共同出资，把河道旁的杂草、石头都清理干净，在整个河道上都种满了鲜花，起名"河道花海"。河道花海建成后，小区居民自发成立了护花队——龙城花海志愿者协会，每年都会提一些改进河道环境的意见并征得社区同意去落实，包括修建园林景观、建立牡丹园、改种玫瑰和牡丹等。

五是儿童乐园地胶更换议事会。针对龙城花园社区儿童乐园的地胶更换问题，居民们也表达了不同的意见。居委会提出要更换地胶之后，有的居民担心地胶安全指数达不到标准，可能会致癌；还有居民住在儿童乐园附近，担心更换地胶之后来儿童乐园玩耍的小孩更多，噪音影响更严重；也有居民认为应当更换地胶，现在的地胶有些破旧，小孩爬一圈身上都沾着地胶的渣。对于居民持有的多派意见，居委会承诺一定会从正规渠道、正规厂家购买地胶，保证地胶的安全性。但由于依然有反对意见，导致这一问题停滞不前。在访谈中，社区两委打算今年再次举行民主议事会，如果能达成一致意见，就由物业、居委会各出一部分资金，解决地胶更新问题。议事会的广泛开展，居民的各抒己见也为社区内实际问题提供了更多解决思路，照顾到了更多社区居民的想法诉求。

二、线上微信群，合众巧献良策

为了提升民主参与的广泛性，提升辖区居民对社区公共议题的关注度，为社区协商民主提质增效助力，龙城花园社区拓展了"互联网+协商"工作机制，通过搭建社区微信群网络，形塑了社区事务参与新形式——"微交往"，利用微信群功能进行居民建议的整合（唐晓勇等，2018）。让愿说话的居民随时随地说得上话、发得出声，使"群众的事同群众多商量，大家的事大家共同参与"的协商治理模式渐入人心。

2019年，在社区党支部书记的带领下，龙城花园社区建立了10个业主微信群。这些微信群的特别之处在于：一是考虑到不同片区房屋类型和人员构成层次差别较大，社区按片区划分建立10个业主微信群，不同微信群各自运行，下发通知、讨论本片区事宜、协商议事。二是社区两委和相关单位/部门都在群内，谁的问题谁负责解答，解答不了共同协商。自微信群建立2年以来，一方面，用于社区及相关单位/部门发放通知、回复居民需求，形成良性沟通机制。如居民反映绿化、保洁、垃圾或狗狗粪便清运问题，直接发到群里，物业就可以及时处理，处理完发照片到群里，居民也得到反馈。另一方面，用于社区居民协商议事，帮助解决居民困难，化解矛盾纠纷。如在疫情防控期间快递是否进小区、积水疏通、自备井改造、消杀蟑螂、供电停电、燃煤供暖等问题上，社区两委通过在群里发起投票征集意见，居民直接在微信群中发表自己的看法、提出诉求，也可以到龙城花园社区公众号上进行回复，再根据回复情况有理有据进行处理。

社区两委共9人，每人负责1—2个群，相关单位/部门包括社区物业客服、保洁、绿化队、包片民警、供暖公司、社区卫生服务站以及其他临时相关的人员，如维修停电、卫生服务站接诊停诊、绿化带喷药、办老年证暂住证、道路改造等都可以在群里通知，他们做的事情也可以发照片到群里让居民知晓。微信群也方便了社区公共服务提供者进行宣传工作。以物业为例，如居民没有亲眼看到物业在清洁打扫卫生等，就有物业工作不力、服务不到位的评价，产生不满情绪，有了微信群这个平台，物业就可以拍工作照发在群内，也曝光乱扔垃圾区域，让居民更直观地看到他们的工作内容以及自身问题。

三是微信群采取实名制，请居民（尤其是经常发表意见的居民）做群主，如果发现不是本社区居民、本区域业主，即清理出群。

社区书记王堃说："其实建这个群，我们也是摸着石头过河。我们要求居民实名加房号，目的就是你有诉求，实话实说，你实名表达陈述你的观点，我们也通过这个实名平台有针对性地为您提供服务。这个群建了以后，最开始的时候确实每天有铺天盖地的信息，尤其是5期那个群，在交物业费的那几天，那个群信息狂轰滥炸，我们也没有回避，解决问题先归类、调查、研究，找了那个区域也挺热心的一个姑娘，我说你帮我收集大家的意见，归纳一下，别你一句我一句了，最后他们归纳了一下，大概有10多条。然后分群，分群了以后一开始压力很大，但是慢慢地我们还是觉得利大于弊，一个个的问题我们都能协商解决。"

协商案例如：

一是组织消杀蟑螂协商会。2021年3月，有居民陆续在微信群内反映家里有大蟑螂，随后居民在微信群里投诉不断，社区两委便在微信群内进行了调查统计，以一周时间为限，通知家里有蟑螂的居民在群内接龙，结果显示家里有蟑螂的确是该片区的共性问题。经过社区两委协商，社区首先向卫生防疫部门询问情况，能否集中给消杀一次。但是反馈是蟑螂要达到一定密度才能集中消杀，社区蟑螂密集度没达到政府部门统一消杀的标准。其次向街道反映了情况，街道提供了几百张蟑螂贴。再次询问专业的消杀公司，这一片区一起消杀需要10万余元，街道和社区都没能力承担这一费用。社区两委将这三个路径都在群里反馈给了居民，同时征求居民意见，在政府没有项目、街道只能提供部分帮助和请企业花费过高的情况下，能否大家自己买药，在指定的时间段统一消杀，另外有需要的家庭可以来社区领取蟑螂贴。居民在了解情况之后同意了各自买药集中消杀这一建议，成功解决了居民受蟑螂困扰的问题。消杀蟑螂的故事充分体现了社区发挥自我管理、自我服务功能的优势，在缺乏政府的资金和项目支持，寻求市场力量花费过高、难以负担的情况下，社区居委会勇于承担责任，积极寻求合理的解决办法回应居民诉求，通过微信群将居民组织起来，统一时间，集体消杀蟑螂，以较低的成本和快捷的方式解决了居民的燃眉之急。

二是快递进小区协商会。新冠肺炎疫情缓和之后，微信群里有部分居民提出因为小区太大，封闭管理导致取快递非常不方便，希望能放开对快递的限制，允许快递员进门。这部分业主提出这一意见之后，群里其他业主就立刻反驳了：现在疫情虽然缓解但不是没有反复的可能，快递人员进小区就存在把病毒带进来的风险,危害小区其他居民的安全。双方在群里一度争执起来。社区两委看到这一议题成为群里的热点话题,而且确实存在居民取快递不方便的情况,就让居民在微信群中接龙表达自己对于快递人员进小区的态度,同意回复"同意",不同意回复"不同意"。接龙的结果是允许快递人员进小区占大多数,社区工作人员统计后在群里公布了结果,并且决定有序放开对快递的限制,允许京东、顺丰等较为正规的快递人员先进入小区,而后逐步扩大进小区的快递员数量。

社区书记说:"我们当时讨论的时候,你可以看得到你的观点跟别人观点是有冲突的,你就考虑到不是你认为对的观点就是对的了。最后是绝大多数人都说还是进来,让快递有序进社区了,所以进社区以后没有被投诉。这样就好了,我觉得还是要听大家的声音,最终要大家说服大家。"

三是静林湾门的开放问题协商会。静林湾小区是龙城花园社区隔壁的小区,只有190户居民,因为人数较少没有单独设立居委会,也归龙城花园社区管辖。静林湾和龙城花园社区之间有一个隔门(静林湾北门),以前是开放的,龙城花园社区居民可以通过这个门直接去往二拨子方向,方便行车、日常买菜等。但是因为新冠肺炎疫情原因限行,只允许人通过,车辆不能通行,给龙城花园社区居民带来很大不便。到2020年6月1日开始,该门开放让车辆也通行,争议随之而来。因为静林湾小区居民在隔门关闭不让车辆通行的几个月感觉很安静,考虑到龙城花园社区人数几乎是静林湾的十倍,车来车往一则容易轧坏小区的路,二则会破坏小区安静的氛围,所以不同意开放。这个问题反映在多个微信群,静林湾微信群里不同意,其他微信群里同意。由于涉及多个微信群,故社区选择了在微信公众号上推送了"静林湾北门是开?是关?社区大讨论"的推文,文章阅读量近800次,居民们在公众号下方留言几十条,如"我觉得这个问题根本没什么可讨论的,恢复之前正常状态就好了。打开本来就是互惠互利的,对大家都有好处。何必借着疫情防控搞自我封闭呢……大门关了不太重要,心门关了就可怕了……""早上送孩子上学,本来时间就紧张,还要绕一大圈。只要管好两个小区大门,不让非小区车辆进入,就可以了,没有什么不利影响。""我同意静林湾北门禁止车辆通行!人员可以照常通过,方便大家。以前通行车辆给静林湾小区道路造成严重损坏,非静林湾小区车辆通行远远多于小区车辆,导致2017年动用公共维修资金240多万元对主路进行大修,这对静林湾小区住户显然是不合适的,何况还有安全、噪音及污染等问题。综上:静林湾小区北门应关闭车辆通行功能。"等，但主要意见还是同意隔门开放。故经过讨论之后，最终开放了静林湾小区北门。虽然静林湾小区居民有时仍在群里说一下开放不好的意见，但通过直接讨论回复的形式，让大家都看到了各自的意见。虽然只是线上留言，但一条条回复代表了一位位居民的心声，大部分静林湾小区居民也知道了龙城花园社区居民的难处，体会到了两个小区之间的依存关系，"话说开了""该表达的表达了"，居民之间其实是达成了自发的相互了解、相互体谅，认识到了互相帮助、各取所需的重要性。

结语

龙城花园社区运用线上线下协商议事相结合的方式推动了社区内部事务解决和矛盾化解，在线下协商议事的基础上勇敢向前一步，通过线上议事的形式，扩大了民主参与的空间和范围，提高了议事协商的效率和效能。对于龙城花园社区来说，较为完备、发达的协商意识和维权精神与其社区居民的构成密不可分。龙城花园社区内有高档住宅区，居民多为IT高科技成员、教师和文艺界名人等高收入群体，具有较高的文化素质和维权意识。因此当感受到权益受到侵犯时，一则有权利意识奋起维权，二则具有文明素养，采取协商对话的正规途径进行博弈。由此可见，龙城花园社区的民主发育具有其特殊性。不过，尽管社区人员构成不可复制，但是其协商的渠道、协商途径具有可借鉴可复制可推广意义。首先，社区两委应具有协商意识。积极主动为居民创造参与的机会，面对社区内的大事小情，应尽可能地为居民保留协商的空间。其次，搭建多元化的协商平台。线下协商具有一定的物理空间和时间的限制，但民主不应因此而被束缚，可搭建智能化的线上平台，利用微信群、公众号、小程序等形式突破时空界限，为居民参与协商创造便利。最后，协商议事不应将目光囿于问题本身，更重要的是通过这一过程来培育公民的公共精神，有序推动居民由被动走向自觉，学做社区的"主人翁"。

基本信息

龙城花园社区隶属于昌平区回龙观街道，于1994年建成，是北京市较早开发的涉外高级别墅社区，目前常住人口7400余人。

佰嘉城社区——在职党员"报到"参与社区服务

社区作为国家垂直管理与服务提供的"最后一公里",往往面临责任大、资源少等治理难题。2018年,北京市先后下发文件提出,积极引导机关企事业单位党组织、在职党员回社区(村)报到并开展服务活动,旨在通过把在职党员活动延伸至八小时以外,缓解基层社区治理人才资源不足的难题。① 龙泽园街道佰嘉城社区就充分发挥了社区在职党员的积极作用,扎牢了社区疫情防控网络,同时建立起居民、物业、社区两委的沟通桥梁;在此基础上,通过成立物管会将在职党员参与社区服务这一模式制度化、体系化,增强了社区党员回社区报到工作的可持续性。同时,在职党员队伍建设、参与社区治理也带动了社区居民的参与意识,激活了"共建共治共享"的社区治理共同体建设氛围。

一、队伍雏成——党组织推进,"能人"促成

罗家德通过对中国乡村自组织的考察发现,自治组织能否发生作用的关键不仅在于社区自身是否拥有基本的社会资本存量,还在于是否存在一个或若干个民间领袖或精英,能承担起带头人或主持人的责任,并能够有效地影响社区内其他成员的态度和行为(罗家德等,2014)。社区"能人"与信息技术手段的有效融合对佰嘉城在职党员制度化的形成发挥了重要作用。

一是社区党组织积极推进。佰嘉城社区在社区两委的领导、支持和动员下,充分发挥社区300多名"双报到"在职党员的先锋模范作用。从2018年在职党员回社区报到之后,佰嘉城社区就组织在职党员开展文明养犬、捐款捐物、垃圾清理、环境美化、党员献策、安保巡逻等社区宣传和社区服务工作。通过这些活动,在职党员与社区两委之间建立了密切联系。2020年年初

---

① 基层党组织和在职党员"双报到"是指单位党组织到所在地区的街(乡)党(工)委进行报到,在职党员回居住地社区(村)党组织报到。

新冠肺炎疫情发生之初，佰嘉城社区党支部书记韩国军即高度重视疫情防控下的管理问题，在经过社区两委会议商议之后，社区于1月26日开始实行封闭式管理。由于佰嘉城社区本身只有10余名保安人员，因此面临繁重的疫情防控任务明显人手不足，经与物业协商，社区两委决定发动社区的在职党员们一起承担社区防疫工作。社区当时只留了一个出入门，安排在职党员在门口值班，保安定时在社区里巡逻。

在随后的几个月，疫情吃紧缺少防疫物资的时候，在职党员们率先帮助社区老人、门前值守、生活困难等防疫物资缺乏或亟须群体采购口罩、消毒水等，在他们的带动下，社区的居民们也自发捐出84消毒液、酒精、口罩等，为社区紧张的防疫氛围增加了关爱、互助和融洽。根据社区韩书记讲述，当时有一名在职党员是程序员，他帮忙制作了一个小程序，在职党员们直接在小程序上报名到门口值班，按照这种方式一直坚持到2020年9月。据不完全统计，在疫情防控期间，在职党员参与值守的有128人，参加次数上千次。

二是"能人"效应开始凸显。2019年3月，齐志伟（大齐）因为积极参与社区工作被选为居民代表和楼门长。到2020年年初新冠肺炎疫情发生，以大齐为代表的在职党员挺身而出，承担了门前值守、采购防疫物资等工作，同时建立2个业主群和1个租户群，通过线上微信群发布通知、了解居民诉求，在线下上传下达、协商议事、解决问题，同时举办线上线下活动带动居民参与。从这个时候开始，"有事找大齐"逐步成为佰嘉城社区在职党员发挥党建引领先锋模范作用的一张靓丽名片。

大齐是北京回龙观医院心身医学科护士，掌握心理学和医学知识，疫情期间，他主动请缨，通过微信群教居民如何做卫生、戴口罩、自我防御。2020年元宵节居民们仍然在居家隔离，大齐建议小区居民在家中开展美食节活动，由此"正月十五闹元宵"线上美食节拉开帷幕，30多户社区居民把自家做好的美食拍照发到群里进行评比，有花卷、馒头、面包、炒菜等，另外还有"歌唱祖国·声援武汉"拉歌、小朋友"画出祖国大好河山"绘画作品展示等环节。居民微信群的建立同样源于疫情防控，通知居民只靠线下张贴告示、挨个打电话、上门等方式速度慢、不安全，业主原本有一个群都是说些负能量的言论，大齐就主动提出要建新的微信群，在征得社区两委同意后，他把群二维码公布在原来的业主群里，然后张贴在小区南门和居委会门口，借居民办出入证等工作迅速将业主群和租户群成员充实起来，后来逐步增加为2个业主群和1个租户群。

二、深入发展——服务社区，搭建沟通桥梁

伴随疫情防控常态化以及社区微信群的有效运行，在职党员在社区治理中的参与逐步深入，通过协调社区关系，搭建居民-社区-物业之间的沟通桥梁，他们服务社区的治理效能也日益凸显。

因为社区属于经济适用房小区，小区环境、房屋质量等都存在不少问题，故社区、物业与社区居民之间一直存在隔阂。以齐先生为代表的在职党员们就充当起了连接多方的桥梁，尤其是成立了业主群和租户群之后，业主群里只有业主，租户群里有租户、物业管理员和街道派出所工作人员。大齐在微信群里公布了个人电话，每个群大齐和几个在职党员骨干都在，"谁看到，谁负责"，充当起了连接社区、物业和居民的桥梁。社区、物业通知会第一时间发到群里，当有居民在群里反映问题后，在职党员及时与大家沟通，在了解大家的需求之后，将情况汇总反映到社区，和社区工作人员、物业一起想办法解决。与此同时，由于佰嘉城社区业主的物业费缴纳率一直不高，物业公司与小区居民多次协商无果，在职党员就与物业人员一起一家一户挨个到常年拖欠物业费的小区居民家说服缴纳物业费。在社区两委和在职党员等的带动下，佰嘉城社区的物业公司——长城物业公司也主动作为，就居民反映的问题积极与社区两委、在职党员协商寻找解决办法，同时定期开展"十家连心"活动，了解居民需求，与居民进行对话，增进与居民之间的关系，督促自己提高服务水平。小区的物业费缴纳率在2020年后达到了95%以上。

还有一个典型案例是在疫情期间的排水管道改造。2020年年初，新冠肺炎疫情发生初期，由于高层设计不合理，多位居民家中的排水管漏水，必须要进行改造。社区两委、在职党员、居民代表开会并请示上级，议定方案为：先联系开发商，将施工有关人员调集到北京，集中实行14天隔离，限定活动范围，集中管控，14天隔离期过后开始施工。但是当时学生都在家上课，大量人员居家办公，施工噪音会影响居民生活，容易造成居民反感、引发社区矛盾。业主和租户微信群发挥了重要的协调作用，大齐等在职党员负责通过微信群、电话、张贴通知等方式和居民沟通时间，收集居民可以接受的时间段，最后议定的是：一天内只控制2个小时的时间进行施工，并告知居民施工时间。在多方共同协商参与之下，这场改造持续了40多天，最终赶在雨季

前把小区内所有排水管有问题的房屋都做完了改造，而且期间没有收到过一次投诉。

三、治理拓展——成立物管会，联动多方参与

2020年9月正式成立了由2名社区两委成员、5名在职党员组成的物业管理委员会，大齐和几名骨干在职党员也组建成大齐团队，工作机制逐步规范化。借助物管会这一正式组织，他们一方面积极协助社区两委和物业工作，另一方面关爱困难居民，共解居民难题。

一是协助社区两委和物业工作。社区下雨防汛、下水道堵塞、上级检查等，大齐团队都会跟着社区巡查和维护秩序。2021年接种新冠疫苗，在职党员同样与社区、物业一同行动，在夜间进行入户宣传，及时有效将免费接种疫苗情况告知，解答居民疑问，鼓励居民积极接种疫苗。如在垃圾分类方面，大齐团队提出"一小带四老"垃圾分类宣传理念，这也成为他们的入户宣传"法宝"。每到一户，首先教孩子垃圾分类知识，做垃圾分类游戏，教孩子做到垃圾精准投放，大齐说"只有广泛对孩子开展宣传，养成垃圾分类意识，才能带动一家人，做到精准投放。"在群租房管理方面，一方面要求中介不能出租群租房，另一方面告诉业主群租房危害，不要租群租房、打隔断的房子，每个三居室租住不能超过9人，如果有群租房或者打隔断，要及时汇报，他们与派出所、城管部门一起去查，到目前社区几乎没有出现群租房的情况；等等。

二是关爱困难居民，真心友爱邻里。根据大齐介绍，居民家里漏雨、有事着急用车、老年人摔倒看病送医、单元门维修、业主被盗等都会反映在群里或给他们打电话寻求帮助，"我家跟物业住一栋楼，所以居民有事情给我打电话，我下去就能找到物业"。居委会、物业、在职党员对于居民诉求的解决，工作特色和亮点等的文字、照片，也会通过微信群及时发布。大齐团队用一件件真心真意真情付出、帮助居民解决困难的小事，逐步赢得了各方的信任和支持。如大齐看到楼道有杂物，就组织居民清理；看到有3个孩子趴在顶楼边缘玩"吃鸡"游戏，他立刻把孩子安全地从楼顶带回来，用自己家的锁把楼顶天台的门锁上并通知了物业；在社区外的小公园，一位老太太意

外摔伤，他得知后前后张罗打急救电话，直到救护车到来将老人接到医院；居民家里漏雨，他早上5点就开始和物业一起去查看情况；业主家里被盗，被盗之后找物业、居委会，后来就找大齐诉说，经常会聊1个多小时；小区底商、快递、外卖也与大齐团队建立了联系，如快递、外卖送错了，群里@一下就可以找到；社区底商着火，有居民第一时间在微信群里反映才得以及时通知消防队，减少了底商损失；底商烤串污染、噪音等问题遇到居民投诉，大齐团队帮助一起和居民协商解决；2020年重阳节，社区小公园路灯不亮，在公园锻炼的叔叔阿姨找到大齐，问能不能解决一下，大齐联系物业和居委会，但是因为线路老化，无法安装新的路灯。大齐就先垫钱买了太阳能路灯，让物业师傅安装，到2021年社区利用党群服务经费重新安装了37个路灯；由于社区单元门损坏过多，很多居民找大齐都是修单元门，后来团队就把居民报的坏的单元门统计出来打印成表，发给物业找师傅统一维修。他们也把这个情况反映给社区两委，经过开会讨论，决定2021年申请经费统一更换单元门。

3年的时间不长不短，在访谈中，大齐说，"我们其实也没做什么大事，就是以身作则、冲在前面，确实在实实在在干活、解决问题、起带头作用，做完发到群里让大家知道、感受到，大伙儿就逐渐相信我们了，我的手机24小时没关过机，关键是要做，光说没用"。确实如此，社区无大事，但每一件小事也都是关乎居民切身利益的大事，也正是在这一件件小事的妥善处理中，"大齐团队"成了社区两委和居民、物业都信任，能够有效协调多方关系、解决社区居民困难和矛盾纠纷的中坚力量。

结语

在2020年笔者第一次到佰嘉城社区访谈时，大齐一直送我们到社区大门，沿路讲了社区的变化和还需要改进的情况，最后一幕让笔者印象很深，当时接近傍晚，在昏黄的路灯下，大齐说："我们社区其实有很多还需要修补的地方，如果你们有什么资源，一定想着我们啊！"朴实的话语里满是对社区的真心和真情。居民是社区的主体，如果每个社区都能挖掘出像大齐这样的党员、先锋，带动一些人，影响一些人，如果每一位居民都像大齐一样真心为社区着想，我们的社区怎么能不和谐美好，基层怎么能不稳固扎实！

基本信息

佰嘉城社区隶属于昌平区龙泽园街道，于 2006 年建成，分南北两期，2006 年第一批居民入住，第二期是 2008 年开始入住。南面的居民基本是华电、北农老师以及其他社会成员，北边有一部分是回迁房，有来自海淀、朝阳，还有西城区的，还有一部分是农民上楼。目前社区常住人口 5400 余人。

天通北苑第二社区——立体四合院，回归邻里情

楼门自治指在党建引领以及社区两委指导支持下，楼门通过自筹资金、自我管理、自我服务、自我监督，提升楼门居住环境、和谐邻里关系的一种社区精细化治理方式。天通北苑第二社区积极分子打造楼门文化，成立了"立体四合院"，建立楼长、层长、楼门管理部，成立楼门微信群，以自治和智治的方式高效便捷传达社区通知、解决居民诉求、开展邻里活动，真正意义上发挥了楼门的治理效能和价值；楼门治理既推动了社区资源下沉，也有效带动了居民参与社区内的互助氛围愈加浓厚，邻里关系愈加和谐。

一、楼门发育——从无到有，规范建设

2019年，为充分发挥退休党员作用，同时改善社区文化环境，天通北苑第二社区计划在以往楼门建设的基础上，再打造一批新的楼门典范。社区两委将打造楼门文化的想法同社区能人张淑芹多次交谈后，选定1号楼1单元作为试验田，于2019年7月正式筹划。张淑芹在随后的3个月内，走访96户居民，宣传楼门文化理念，充分征求居民意见。后带动一批社区骨干，建设公共宣传栏、墙体建白等，完善楼门基础设施。在楼门建设初步成型后，不断渗透楼门文化思想，同居民签订同意书，楼门打造正式开始。因为楼层一层6户，共16层，结构就像一个个四合院摞起来，所以定名为"立体四合院"。

社区退休党员张淑芹是社区优秀党员，并且早期为社区流管员，不仅熟悉社区基本情况，而且个人充满正能量，为人慷慨和善，经常和邻里往来，互帮互助，为其推动楼门建设奠定了基础。

一是设立"综合管理部"，实施组织化管理。2019年4月初，1号楼1单元的15名楼门骨干正式成立"综合管理部"志愿服务居民，后新增设5位门长，每位门长负责15~20户家庭，探索楼门院治理的有效模式。楼内每层设

层长、护花使者、安全员、清理员、会计、审计、出纳、采购等专员和职位均由住在单元里的居民担任，志愿投入时间和劳动，参与楼层和楼门的管理维护。安全员定期值班，检测灯和监控器等设备，配合安装师傅、维修师傅，维护楼内设施安全，给居民带来"安全感"；护花使者平时定期巡视楼道盆栽的生长情况，浇水养护，修剪枝杈，顺便打扫周围卫生，每次统一购买绿植后，护花使者们一起分花分土，分完后再一盆一盆地放到各个楼层。护花使者队伍的队长被居民亲切地称为"花仙子"。在护花使者的带动下，越来越多的居民自发做好门前卫生，也积极参与楼道环境维护。

二是配置楼门基本硬件，提升楼道环境。社区环境是楼门建设的基础。为营造良好的居住环境、建设良好的楼门风貌，在街道和社区的支持下，楼门利用项目资金和居民集资捐款，以"白、净、亮、美"为基础，重新粉刷楼道墙壁、清理垃圾小广告，制作悬挂张贴板，安装宣传橱窗，展示居民才艺作品，初步美化楼门环境。笔者调研时，他们正在进行步行楼梯间外露管道的包裹装饰，大粗管子上包上了绿色的厚贴纸和树叶，像一棵枝叶繁茂的大树。

大部分的楼门开销采取 AA 制方式，如今年的楼内建设和楼层美化共有83户参与，收到楼门建设捐资款近3万元，每层搭配的绿植，包括花篮、花架、盆栽以及拖把等用具都是用居民集资款，层层上报需求统一购买，这些基本硬件的设置，为提升楼道环境增添了生机与活力。

二、楼门治理——先锋动员，下情上达

一是党员引领楼门治理。将社区党员、在职党员纳入楼门网格，发挥凝心聚力和带头作用。如党员张淑芹是楼门体系中的一员，经常买小礼品送给楼门志愿者；积极主动完成社区布置的工作，在楼道张贴疫情宣传资料；对楼门现有93户人家疫情防控期间的各种情况逐一核实汇报给社区。楼门还有许多党员志愿者，老党员李进便是其中一位。她曾是和平里某社区主任，今年72岁，仍坚持参与楼门建设工作，目前担任楼门常务主任，负责对楼门总体工作的监督检查，她经常捐款捐物，整理卫生时也总是一马当先，带动了大批老人支持楼门建设，也感动了许多年轻人加入志愿队伍。

二是建立问题发现机制和楼门议事机制。以社区在职党员、党员、骨干成员、热心居民等自治力量为主而组建楼门长，形成了问题的传达主体和决策的议定主体。在天通北苑第二社区的"立体四合院"里，均制定有居民公约、各层公共区域环境卫生值班表等，本楼党员志愿者、居民代表对楼门环境卫生进行巡查，每月两次，发现问题及时解决。如2020年下半年，1单元门口由于地势台阶高、门口空间狭窄及106室遮光问题，无障碍坡道一直未落实修缮。楼门综合管理部的党员和居民骨干多次在楼门长家里开会，并将楼内居民出现的问题反映给社区。最后社区党支部借助街道力量引进社会工作室，为1单元提供专业设计师来设计方案，既满足老人及残疾人上台阶问题，又未遮挡一层住户采光，解决了居民们的大难题。

三是以自治和智治形式高效便捷地解决居民诉求。现实生活中的居民诉求多种多样，很多是关于个人生活、邻里关系、楼门设施等方面的，天通北苑第二社区与时俱进，推行智能化治理，建立"远亲不如近邻"和"管理部"微信群，形成"线上楼门长"，为楼道灯不亮、单元门损坏等居民日常诉求开辟了"高速公路"，让楼门居民诉求及时得到响应与反馈。微信群的高效使用，也让居民更加关注社区事务，居民逐渐开始运用微信群开展线上议事，对楼门建设、维护方案进行充分讨论、协商，解决楼内照明、堆料堆物等问题，让居民参与式的自我管理更加完善、自我服务更加全面、自我监督更加有效，是一种便捷高效并且容易得到居民满意的途径。

三、楼门衍射——全民参与，互助服务

通过楼门建设不仅可以和谐邻里关系、增进邻里情谊，将社会矛盾化解于基层，让居民生活在有安全感、信任感的环境中，同时也能够借此在居民身边开展丰富的文娱活动、创造志愿性参与项目、创设互助志愿岗位，让居民通过文娱活动、互助志愿参与提升自我效能感，同时对社会报以更多善意、真情、理解。

一是举办趣味节日活动，促进感情交流。如春节前举办"迎新春同心筑睦邻家园"主题活动，"院"里的老老少少齐动手，编织中国结，装点楼内环境，既了解了中华优秀传统文化，又增进了邻里沟通交流。逢端午节，楼门

也会组织骨干包粽子送给邻里。今年的六一儿童节，孩子们去游乐场玩耍的愿望落空了，但是消毒纸巾、小纸帕、小扇子、儿童刊物少不了，"立体四合院"的家长们用精美的礼物为小朋友们送上了祝福，每家人还在单元门前合影留念。每年的九月九重阳节，楼门都会组织老人们聚会，发放慰问品，互相问候，畅谈生活，努力让居住在这里的老人都不再觉得孤单。所有节日活动所需资金都来自居民的集资捐款，居民也在活动中加强了沟通交流，推动了感情的增温，在楼门活动中实现了利益共同体和情感共同体的双重打造。

二是鼓励居民"自主创新"，打造特色楼层。天通北苑第二社区根据居住环境和居民成分构成特点，在尊重居民意愿基础上，挖掘特色楼门文化和内涵，鼓励居民发挥才艺，参与立体四合院基础美化及设计装饰，形成居民作品展示墙、才艺展示墙、邻里和谐展示墙等主题文化展示。居民自己的设计、装饰，更是激发了大家的创作和维护管理热情，形成了一层一特色的楼门文化：1层是"锦绣家园庭院"；2层是"儿童成长园地"，因为6个住户家中都有小孩，楼道里挂满了小朋友们的作品；3层是"乐享夕阳红"，热爱花草的居民刘丽君和李进在这里成为花友；5层是"春光世纪庭院"；6层是"六合同风庭院"；7层是"七色阳光庭院"；9层是"温馨家园庭院"；11层是"宜室宜家庭院"；12层是"不忘初心、牢记使命"，由楼门长张淑芹和这层居住的9名党员共同建设；13层是"和谐温馨庭院"；14层是"欧尚风景庭院"，由一对"90后"夫妻精心装扮，营造了欧式简约风；15层是"安享宜居庭院"……"邻里街坊携手创建的美好家园来之不易，但未来的长期维护工作更不会轻松。"张淑芹说："好在，楼道里花卉、壁画的布置，都是居民精心设计的，大家维护起来积极性很高。"为了维护楼门院改造成果，居民自发制定了值日表，每层住户采取轮班制清扫楼道卫生，绿植则由固定人员护花使者专门打理。

三是动员居民全员参与，提升楼门环境。为提升居民对社区的情感认同，树立"人人参与、人人尽责、人人享有"的自觉意识，社区策划了系列活动，推动全民参与共同打造、维护楼门环境。楼内每层都搭配绿植，花篮、花架、盆栽以及拖把等用具都是使用居民集资款，层层配合价格统一购买。目前单元内83户参与楼门建设，收到楼门建设捐资款近3万元，主要用于楼内建设楼层美化。2层还用捐款为孩子们购买了秋千。同时，邻里居民也会捐赠自己创作的字画、手工作品、图书等，字画和手工作品都错落有序地挂在楼道墙壁，装饰楼层环境，宛如作品展览。5层105的业主就将妻子的画作捐出来，悬挂在楼层公共区域的墙壁。图书则摆放在楼层图书角，供居民借阅，同时也美化了楼层。"大家有钱出钱，有东西拿东西，80%都是我们业主自己的。"还有一层被装饰成活动长廊，为居民活动提供了美丽的环境。居民的捐款捐物，以及所参与的各项活动，都会进行公示，作为评选"最美家庭""最佳租户""最佳出租户"等的参考，以此激励更多居民参与建设活动，提升楼门环境。

四是推动居民自发帮扶，形成互助共同体。楼门里设置了"好人好事好邻居"专栏，记载着社区里发生的一件件温馨事。如楼里有2位老年人经常靠捡废品贴补家用，但堆在楼道的废品不仅存在火灾隐患，还会滋生细菌，于是1单元综合管理部商量过后，想出了"一举两得"的好方法：院里每家的水瓶和纸箱等可回收物，都给这两位老人留着，并定时送到固定的地点，这两位老人也十分感恩，成了楼道环境卫生维护员。住在12层的曲克昕，是"立体四合院"中出了名的孝子，他不仅贴心照顾80多岁的母亲，对其他老年人也是关爱有加。有一次，家住9层的杨大爷轮椅坏了，曲克昕得知后赶忙拿着工具去帮忙修理。于家峰是8层的一名租户，去年春节前回到武汉过年，作为第一批湖北返京人员，他需要居家隔离14天。邻居们得知后，纷纷对他说"生活上有什么需求就告诉我们""隔离时不要胡思乱想""过了隔离期阿姨给你做好吃的"。邻居们不仅关心于家峰的生活，还在微信群里为他做心理疏导。于家峰说："我来北京这么多年了，在这里真真切切感觉到了家的温馨。""立体四合院"就是这样一个温馨家园的存在。

结语

天通北苑第二社区"立体四合院"的建设充分发挥了社区能人的积极作用，发挥其上传下达、先锋模范、凝心聚力作用，搭建起民意的传播桥梁，实现了居民诉求和上级通知的双向传达。以社区党员和社区积极分子为支撑而构建的网格体系，实质上是划小管理单元的一种体现，将社区微缩成了N个楼门，并将其部分楼门的治理权交还给群众，是实现精细化治理和还权于民的重要举措。楼门治理的重要成效不仅在于实现管理井然有序，还在于以楼门为依托有效引导居民互帮互助,增强社会心理韧性,提升居民—居民、居民—社区之间的安全感、信任感、归属感和效能感。在楼门治理的作用下,居民关系越来越亲密和谐,往往游离于社区之外的租户也会经常参与到社区楼门活动。

基本信息

天通北苑第二社区,隶属于昌平区天通苑北街道,常住人口约1万人。其中设立"立体四合院"的1号楼1单元里共有96户298位居民。

佳运园社区——由对峙走向黏合

"互信·互容·互合·互助"的新型邻里关系是构建社区共同体的重要价值内核，是在城市化进程中破解社区关系淡薄、人情冷漠、距离感、陌生感、警惕感等邻里隔阂的时代呼唤。佳运园社区自新一届的领导班子上任后，逐渐扭转社区风气，改善社区精神风貌，规范社区秩序，并引入外部资源改善社区设施，实现了路平、灯明、水畅、地绿，经过几年的发展，特别是在"回天三年行动计划"启动以后，社区邻里关系逐渐融洽，居民心理韧性不断增强，新型邻里关系得以初步构建。具体来说，佳运园社区的发展可以概括为以下三点：一是社区党支部书记鹿笃平以身作则，冲锋在前，并带动社区两委、社区党员、社区积极分子等骨干成员为民服务、孝老尊亲，逐步改善社区分裂、敌对、人情冷漠等不良风气，增强了居民对社区、对社区两委的认同感；二是充分利用党建协调委员会平台，依托社会组织、企事业单位等资源，改善社区硬件设施、环境面貌和服务保障水平，为社区居民提供了看得见摸得着的实惠，居民的安全感和归属感进一步提升；三是开展多样文娱活动和志愿服务，营造互帮互助的社区氛围，打造有人情味的社区，社区居民的幸福感和获得感不断提高。

一、初期——骨干先行，改善风气

在2016年社区两委改选前，社区内部矛盾尖锐，不仅和谐氛围淡薄，硬件软件设施也极度匮乏。故新一届社区两委班子从整治社区风气风貌入手，不断改善社区环境，推进社区规范化建设，为后期发展奠定了坚实的基础。其具体主要表现在以下两个方面。

一是领导班子身体力行，冲锋在前。社区党支部书记及其团队是党组织在基层的代言人，其工作能力和服务态度直接影响着党在人民群众中的形象，关系着党能否赢得群众的支持和信赖。佳运园社区新一届领导班子上任以来,即一改往日只居高阁办公而不去基层实践的工作作风,经常深入基层与群众沟通交流,体民情、察民意,扎实为民服务解难题。如社区内有一残疾人,起初经常到居委会闹事,并贪占小便宜,社区书记鹿笃平每年亲自到昌平区为其领残疾补贴,车费、油费自付,一直帮他领到去世。残疾人对此特别感动,说:"谁都能说我,谁说我都不服,只有书记说我,我才服"。平时,只要社区内有大事,社区领导班子总会出现在居民面前,无论脏活累活,也是社区两委成员亲自上阵冲锋在前。如2020年新冠肺炎疫情发生,社区书记大年初一开始上岗,轮流值守社区,严格管控出入人员,并为居家隔离人员送物资。同时建立表格排查,平均每人每天打200多个电话排查湖北籍成员,共筛选2196户居民。再如社区的垃圾分类,桶前值守实行排班制,周六日全天由社区两委进行值守,社区内有报酬的志愿活动如卡口值守(一小时8块钱)会留给志愿者,脏活累活则在书记的带领下由两委主动承担。在社区团队的身体力行下,社区民风改善,居民对两委的态度有所好转,越来越多的居民开始向两委靠拢。

二是动员社区骨干,建立楼门网格。佳运园社区在实践中发现,仅靠组织化力量难以动员更多居民参与,还需构建起一套以感情、人情、互惠和信任为基础的非正式的积极分子网络(杨敏,2005),故充分利用社区党员、在职党员、退休党员、居民代表等社区骨干,将其纳入网格内,利用骨干成员搭建上传下达的沟通桥梁,与社区居民形成互动,激发楼门自治活力,增强居民同社区黏性。对于居民诉求,居民一方面可联系社区书记直接反映个人诉求、意见建议,另一方面也可向居民代表(楼门长)反映,由居民代表(楼门长)作统一的收集和记录,进而向上反馈。与此同时,社区两委也会不定时到社区内巡视,及时发现社区潜在问题、解决问题。为提高居民诉求解决效率,进一步提升服务水平,社区组建社区微信群、物业群,主要用于信息传达、居民讨论、诉求表达等,所有业主实行实名制。

在微信群内,社区两委成员一般不发声,其中探讨话题最多的是上学、老旧小区改造,因为社区附近没有中学,孩子上学不方便,所以在每年开学季学校话题成为微信群内年轻妈妈们经常探讨的热点。

为充分保障居民的知情权、参与权和监督权,同时方便居民在有问题时可以直接找到负责人解决问题，佳运园在社区内设置公示栏，向全体社区居民公开公示居委会的电话、上班时间、成员分工、责任限定、包楼情况，以及物业的相关信息如支出费用等。同时社区活动会以在社区内贴通知或微信群通知的形式传达给社区居民，居民根据自己的意愿报名参加。无论是社区两委工作情况还是社区活动，均做到了公开化、透明化。

二、中期——多方共建，引入资源

佳运园社区将社区内外不相互隶属、掌握不同资源、联系松散的底商、企事业单位、居民等多方联结为紧密的共建体，并把现有资源最大限度地调动、整合起来形成良性互动，由此丰富社区公共池塘，改善社区基础设施，回应居民对安全感、归属感的强烈需求。

一是发挥党建协调委员会作用。党建协调委员会是党建引领基层社区治理的重要议事协商平台，它以党领为核心、协商为平台、多方为合力，是解决基层事务、化解基层难题的重要场域。佳运园社区充分发挥党建协调委员会的平台作用，将社区内的大事小情搬上会议桌，召集居民、物业、楼门长等相关责任主体，共同协商探讨。截至调研时，社区已召开五方共建协调会20余次，商讨大事小情10余件，包括在协调各方的共同努力下，社区投入70万元，为7#、9#、10#楼安装新电缆，购置粉刷楼外墙体涂料70桶、社区公共垃圾桶20个；投入党群服务经费193800元，安装一区单元防盗门51套；投入57000元，更新户外公共座椅；投入48000元，安装户外显示屏；投入159804.36元，建设图书室，完善相关设施，购买硬件设施、设备等；投入40635.1元，采购图书802册；投入8万元，新增户外健身器材和修建儿童户外游乐场等；为加强社区的安全防护，用党群服务经费投入60万元在社区各个楼安装了治安摄像头；借助回天地区三年行动计划，申请疏解整治促提升资金，2019年获资700万，为佳运园一区铺设路面，改造路面坑洼不平，解决百姓出行难问题，同时进行房顶修缮、绿化、路灯更换等，2020年佳运园二区路面修缮，路灯更换，结束了10多年道路漆黑无路灯的历史，等等。百姓说：路平了、灯亮了，百姓的心敞亮了。

二是与社会组织、企事业单位等部门共建。为丰富社区活动，满足居民多样化的情感需求，促进社区精神文明建设，佳运园社区对接了温馨社工事务所等专业社会组织，为社区居民提供心理咨询。除提供专业化的求助类服务外，专业社会组织还协助社区治理，如疫情防控期间为社区捐赠口罩、支持社区活动等，每次活动由居民自主报名参加。社区的寒暑假群，主要针对社区里面的青少年，在寒暑假提供国学类的活动，最近举办的一个活动为雅诗朗诵，邀请专业社会组织的老师为青少年提供为期三天的免费培训，为配合疫情防控的需要，参与人数控制在20人左右，该活动在2019年举办过一次，受到社区青少年的热烈欢迎，于是今年又举办了第二次。目前社会组织与社区计划在9月为老年人开设朗诵班以丰富社区老年群体的文娱生活。同时与企事业单位共建，一方面就近与周边底商合作，联合开展社区活动，争取社区赞助，如2020年新冠肺炎疫情发生，争取商户为社区捐赠大批量的口罩，帮助社区抗击疫情；另一方面充分利用共建单位，向外寻求资源。如主动对接自来水公司报到服务，争取支持资金解决墙体漏雨等社区硬件设施改造等困难问题，1000多平方米的墙体得以修缮；为社区争取了70个垃圾桶和每年10万块钱的拨款；2021年，又对接金隅集团帮助社区修建大门、完成三个门面改造；2022年还将为佳运园三、四区进行路面改造。同时，社区与医院对接，聚合各个医院的皮肤病、眼科等门诊，定期邀请医生到社区内免费为老人做检查，等等。

三、后期——居民参与，黏合邻里

居民对社区的情感认同是实现居民共治的重要前提，也是城市社区共同体赖以存在的基础，而文娱活动、志愿服务可有效推动邻里互动，增强居民对社区的认同感和归属感，是打造邻里互惠和信任的重要载体。佳运园社区积极引入丰富多样的文化娱乐活动，为居民结识创造机会；为志愿者提供人性化服务，提升社区人情味；关注社区弱势群体，塑造向上向善、互帮互助的文化氛围，增强居民共同体意识。

一是丰富社区活动。社区活动是联结居民的平台和载体，也是建设社区治理共同体的有效手段和途径。总的来说，佳运园社区活动丰富多样，开展活动的频率为每月三四次，基本做到了周周有活动。每逢残疾人日、端午节、妇女节等节日，社区亦会举办相应的活动丰富社区生活，如母亲节带社区小朋友为母亲献花，在春季、秋季举办运动会，清明节举行健步走活动等，为吸引居民参与，社区会提供每人20块钱的奖品作为激励；每月开展主题讲座；开设武术班、非遗的花棍班、手机班、美术绘画班等，社区内有课程表，每周进行排班，由社区领导班子成员或邀请专业老师为居民免费授课，一方面丰富居民的文娱生活，提升居民的文化素养；另一方面以活动带动居民，吸引居民向社区靠拢，推动居民社区参与，为基层社会治理蓄力。

二是为志愿者提供人性化服务。就社区志愿服务而言，目前社区志愿者约170人（包含物业），其中社区内报名志愿者在140人左右。社区在开展日常志愿服务的同时，也对志愿者提供人性化的关怀。如遇到两会等需要卡口值班的情况，社区班子会每天三次为志愿者送水，为志愿者提供细致周到的服务；去年疫情社区卡口值班，社区在值守处放置冰箱，为志愿者准备绿豆汤和酸梅汤，有时将酸梅汤冰镇装在保温瓶里送过去。再如元宵节会准备煮好的汤圆带给社区值守的志愿者，端午节会为志愿者煮粽子，等等。

三是关注社区弱势群体。佳运园社区内存在着大量孤寡、残弱老人及贫困群体，为保证在基层社会治理中不落下任何一个人，实现社区发展成果人人享有，社区通过走访慰问、成立社区微基金（由社区书记出资）、一对一帮扶等形式为弱势群体兜底。首先，社区书记带头探访孤寡老人。自新一届两委班子成立后，成员经常走访探望社区里的困难群体，把他们当作自家人关心。社区内有一个百岁孤寡老人，社区书记向外人介绍道"这是我的老妈"，无论遇到什么好事大事难事，老人都会给她打电话说说；社区书记出资4700元成立个人基金会，款项用于帮助社区弱势群体；此外，社区实施对口帮扶制度，一名年轻党员对接社区内一位高龄孤寡老人，通过结对精准帮扶，不仅使弱势群体有所依，提升全民幸福度，也形成了睦邻友好、互援互助的邻里文化。

结语

社区书记的个人能力、工作态度是影响整个社区发展的重要因素，佳运园社区新一届的领导班子自上任即改变先前的工作作风，发挥党组织在基层的影响力、感召力，无论大事小情冲锋一线，深入基层，逐步改善并加强了党群干群关系，居民开始向社区两委靠拢；社区硬件设施影响着居民对生活的满意度和幸福感，在自身资源不足的情况下，社区借助外界资源丰富自我，实现对墙体、路面、路灯、绿化等的全面改善，看得见摸得着的改变让居民看到了社区两委班子的有所为，从而进一步深化了居民对社区两委、对社区本身的信任和认同；精神共鸣是打造社区共同体的关键，佳运园社区在硬件改造的同时，也通过开展多样的文化娱乐活动、社区志愿服务、扶贫济困活动等来提升社区文化软实力，增强居民对社区的情感依赖。通过内外实力两手抓，佳运园社区的和睦氛围逐渐浓厚，幸福感不断提升。

基本信息

佳运园社区隶属于昌平区天通苑南街道，辖区共有4个小区，其中一区在1997年成立，大部分居民属拆迁户，且外来人口较多；二区和四区在2015年成立，属于商品房，年轻人居多；三区主要以盖奥运场馆拆迁的农民居多。目前社区常住人口近7000人。

田园风光雅苑——业主的内生自治空间

2020年7月,北京市政府印发《关于加强北京市物业管理工作提升物业服务水平三年行动计划(2020—2022年)》,提出要在2020年年底前新成立业主委员会(物业管理委员会)2000个以上,业主委员会(物业管理委员会)组建率达到30%以上,2021年达到70%以上,2022年达到90%以上。相关数据显示,截至2021年11月,回天地区已组建业委会78个、物管会52个,业委会(物管会)组建率达到97%。

田园风光雅苑社区业主委员会由70%的业主民主投票产生,委员人均得票率超过90%,成立于2020年10月24日。该业委会的6名委员中并没有社区两委成员,但都是高级知识分子,有热情,具有奉献和公益精神。田园风光雅苑业主委员会成立后,业委会通过摸清社区"人、财、物"底数、利用社区微信群和社区治理小程序开展居民协商议事、联络社区内外资源开展各类社区活动等方式逐步打开局面。虽然与街道、社区、物业、业主之间的相互支持和信任关系建立,以及各方主体责任厘定并形成合作制衡机制仍然需要时间,同时面临经费缺乏等困境,但作为业主自发成立的内生自治空间,代表了实现基层民主和市民社会发育的一种可行途径。

一、业委会成立——党员行动,精英动员

根据《物业法》和《北京市物业管理条例》,田园风光雅苑业主委员会筹备工作虽然由霍营街道推动、社区居委会主持进行,但业委会委员完全由本社区业主自行举荐并经过民主选举产生。在业委会成立的过程中,充分体现了业主对于自我权利的追求和努力,也充分体现了业主内生的自治力量,具体表现为:

一是通过网格化方式筹备宣传。为了提高业主的参与感,拓宽筹备组与

业主的沟通渠道，田园风光雅苑筹备组成员通过网格化的方式，发动社区骨干和积极分子，由筹备组成员担任组长并招募50余位业主志愿者建立10个工作小组，志愿参与筹备，且各位筹备组成员每人捐赠200~300元作为业委会筹备的初始资金。一方面，工作组通过包楼包栋、上门走访、电话联系，以及通过阿里云、百度云机器人给业主打电话或发短信提醒业主参与投票等方式，动员业主下载北京业主App、完成注册和参与投票工作，并每天统计每栋楼业主的注册与投票情况，利用大数据分析投票结果，将情况反馈给工作组，工作组再根据反馈再次宣传动员。另一方面，筹备组积极开展线下活动，制作宣传标语、横幅、易拉宝、纪念品等，在广场举行活动并赠送纪念品，吸引业主参与投票，有效动员居民。

在自发成立业委会的过程中，筹备组成员也遇到了很多困难。首先是缺少经费。在成立业委会后一年仍然依靠业委会委员自身捐款、部分志愿者和业主出资出物运转，累计捐款捐物数万元。其次在宣传动员业主投票环节也有不少困难。业委会筹备组的前期宣传和通知工作通过微信群进行，但是由于小区业主众多，审核入群工作量大，实名制推行阻力大，难以辨别成员是否是本小区的业主，管理十分困难，群内存在垃圾信息广告众多，出现业主问题无法及时回复，业主意见难以统一，通知不及时、不到位等情况，导致业主颇有意见，甚至出现过激业主前往负责宣传的委员家门口进行泼洒脏污的极端行为，最后委员迫不得已安装摄像头才将此行为遏制。

二是成功组建高素质的业委会团队。在志愿者和居民的共同努力下，小区多个楼宇投票率超过90%，整体投票率超过70%，符合《物业法》和《北京市物业管理条例》的要求，2020年10月24日，业委会成功建立。该业委会的6名委员中并没有社区两委成员，但都是高级知识分子，其中涵盖有创业者、财经记者、律师、高校教师、会计师等，不仅有热情，具有奉献和公益精神，而且具有极强的权益意识、法律意识以及组织意识。同时6名委员都是中国共产党党员，具有很高的服务热情和超强的服务能力，"话不多、事不拖、人不作"，志愿开展工作，没有任何酬劳。根据每个人的专长和社区业主的需求，业委会下设13个职能部门，涉及法务、社区议事及文体服务、财务、行政、电梯安装、停车管理等工作。业委会在此基础上成立了功能型党支部，这在同类小区业委会中有着独特优势。

业委会成员及美玲谈到他们团队时说：我们小区的业委会成员素质很高，大家有共同的想法和志向，对小区有着很深的感情，想为社区作贡献，最后就组到了一起。跟他们在一块合作对于我来说是一个不断学习、挑战自己的过程。在机缘巧合之下我们组成了一个非常完美的组合，有律师、会计师、支部书记、记者、教师等，像陆主任是搞金融公司的，以前也有当记者的经历，领导力很强，也是在她的"催促"下我们才能又快又高效地完成选举。

二、业委会运作——智治赋能，议事协商

田园风光雅苑社区业委会在运作过程中，巧用微信群、小程序、企业微信等智能化手段，开展便民服务，组织线上线下协商议事活动，不断培养社区业主的民主意识，维护业主的合法权益。

一是巧用智能化手段。一方面，建立企业微信群。针对业主常态化管理的问题，由于微信群聊人数上限有限制，业委会利用自筹资金购买了企业微信群功能，并在探索大群+小群的管理模式，大群即企业微信群，小群以共同的兴趣爱好为基础将具有相同特质的人纳入同一群体，并在建立小群的过程中发掘热衷于社区事务的积极分子。另一方面，应用线上小程序。该小程序由舒心住科技开发，其中包含报事报修、议事投票、物业服务、社区活动、业委会公示、二手置换等六大模块，社区居民可以在小程序上进行互动交流、议事投票，查看业委会会议纪要，申请成为社区志愿者等。小程序上线三周以来，居民使用该程序参加活动反馈问题累计超1000次，由此提高了业委会与居民、居民与居民、居民与居委会之间的交流效率。

二是建立协商议事制度。业委会规定每双周的周日召开工作例会，总结上一阶段工作并安排下一阶段的工作，同时对居民反映的问题进行协商，落实到专人负责，涉及业主共同利益的决定和措施在小区宣传栏、微信群、小程序中进行公示。如业委会与社区居民一起探索小区绿化最优方案，并监督物业公司实施。业主们对小区绿化一直不满意，觉得物业公司的规划不合理，部分区域缺少绿化植物。业委会在得知业主的诉求后，经过商讨，决定牵头成立业主志愿者小组，在小区中实地寻找部分缺乏绿化的区域。区域选定后，业委会就应该种什么植物向业主征求意见，有的业主希望新的绿化区域种花，

有的业主则希望种树，业主意见较多无法达成一致。为了协调业主们达成一致意见，业委会成员自发地学习绿化知识，找到了既美观又经济实用的绿化植物并提出最后的优化方案，这个最终方案受到了小区业主们的欢迎。后经过业委会与物业公司进行协商，由物业公司按照设计方案对小区绿化进行了优化提升。

业主委员会第十二次例会纪要

物业公司蔡经理汇报物业提出的服务内容、绿化规划、停车方案并讨论；讨论对小区安全消防通道管理，加大对业主宣传，及时通报上级相关文件；讨论关于小区内临时停车及外来停车问题的管理；增开行人北门，方便业主出入坐地铁和公交车；西区网球场开放为小区公共活动场所，业委会出台安全使用制度并向所有业主公示；讨论回天地区社区基金会提案，由基金会提供社区健身宣传讲座及组织健身活动方案；计划5月与农大召开协商会推动产权问题；下周三街道党建办黄科长到田园风光雅苑社区调研，要求业委会成员参加；讨论业委会平台小程序开发和使用；业主大会议题5项讨论初定；收取业主老师的产权材料。

三、业委会成效——向内维权，向外引源

为了让小区变得更加美好舒适，维护业主合法权益，业委会一方面派出注册会计师委员，梳理规范物业财务制度、资产管理制度，问卷收集居民们对于小区物业管理的意见，定期和物业管理公司进行协商谈判；另一方面积极向外界联络资源，为社区发展提供支撑，通过对内部资源有效维护和对外部资源有效链接，社区活动逐渐丰富，设施逐步完善。目前社区物业已经答应拿出小区公共收益的一部分给予业委会支配使用，外部方面社区与中国农业科学院、回天公益基金会、北京市农业农村局、北京市农林科学院等单位均开展了初步合作。

一是摸清社区"人、财、物"底数。在社区公共场地使用方面，社区内的网球场大部分时间处于闲置状态，且业主无法利用。针对这一问题，业委会通过与物业公司沟通，了解目前网球场对外承租情况（对外出租合同）、收费以及维护费用问题，并针对网球场的未来功能定位在小区展开调研，在业

委会的作用下，物业公司和网球承租方解除租赁关系，西区网球场将作为公共活动场所对所有业主开放，实现了业主维权的核心任务，即从前期物业手中争取和确立社区网球场使用权。同时，业委会还制定了网球场使用公告，联系物业公司安装4个照明灯、6个长椅，现在的网球场，是集篮球、羽毛球、游乐场为一体的对全体业主开放的场所。此外，业主还可以通过企业微信以及田园风光业主微信群对网球场的使用提出合理、可行的意见和建议，在现有条件的基础上最大程度改善小区公共活动空间的环境。在房屋维修方面，由于小区建造时间较早，楼体出现老化，恰逢夏季雷雨频繁，业主反馈漏雨和雨水倒灌现象较多。田园风光雅苑社区业委会通过各类方式搜集、统计小区内房屋漏水情况，并将情况告知物业，由物业上门维修，维修结束后业主可以对维修服务进行评价，便于业委会与物业公司改进，据此形成业主—业委会—物业三者之间的合作与制衡。

在社区物业费收支方面，田园风光雅苑小区物业公司为北京国农物业管理有限公司，小区物业费为0.65元/平方米，小区公共场所的所有公共收益此前十多年也归物业公司享有，故合计测算小区物业费应该是在1.2元/平方米左右。

在业委会成立之前，田园风光雅苑社区的网球场在物业的管理下存在诸多问题：第一是合法性问题，当时此区域规划用地类型是绿地，现在改为网球场，是否合法；第二是收费不透明且业主未获收益的问题，网球场建成后，物业公司主要是用来对外出租，出租的费用低且未公示，业主未从出租中获得任何实际性的收益；第三是资源没有合理利用的问题，由于西区的面积较小，没有活动广场，网球场占地面积大且平时很少开放。

二是联络社区内外资源开展各类社区活动。业委会积极寻找了企业、社会组织、高校等各类机构开展社区活动，包括与回天社区基金会合作开展了社区健身活动，与北京农林局合作开展了优质农产品进社区活动，与中国农业科学院合作开展了社区科普阳台花艺活动，与中国农业大会合作开展家庭植物栽培基地活动，与一心关爱慈善基金会合作开展义工、养老和临终关怀服务培训等。如为了给社区居民提供安全、优质的品牌农产品，田园风光雅苑业委会在由北京市优质农产品产销服务站主办的"北京农业在社区"活动中积极对接并配合主办单位，共同举办"北京农业科技大讲堂"系列科普活动,邀请阳台农艺方面的专家,为居民提供室内外相结合的科普讲座和科普咨询。此外,为了让农业科学知识、科技成果走入居民生活中,田园风光雅苑业委会邀请了北京市农业农村局、北京市农林科学院等负责同志、专家学者举办了"阳台园艺入门讲座与手工 DIY"科普活动,为居民介绍阳台园艺基础知识及操作步骤,并由居民亲自进行芽苗菜栽培。之后田园风光雅苑再次举办了"芳香植物和家庭园艺"科普活动等,均获得社区居民的一致好评。

结语

田园风光雅苑业委会属于业主自发成立,活动经费完全自筹。对于这类业委会的可持续发展,业委会成员也提出不少问题:如缺少对优秀业委会在物质和精神上的激励手段,在缺乏相应激励机制的情况下,如何保持能人式业委会的高效运作;未来业委会委员是否能具有本届委员的高素质与乐于奉献的精神;未来的业委会能否复制本届业委会的成功;如何发挥功能型党支部的党建引领作用;社区两委与业委会是否为上下级,如果居委会和业委会是独立的组织,双方成员在年龄履历、学术背景上鸿沟较大、目标不同,如何保持高效沟通,等等。总体而言,田园风光雅苑业委会的成立有其特殊性,第一届业委会的成功选举得益于社区能人和积极分子对这项工作的高度热忱和投入。而对于如何独立地开展业委会的工作,田园风光雅苑第一届业委会委员们都在探索学习之中。笔者认为,要让业委会作为基层治理的独立主体,需要从理论和实践两个方面去进行努力:在理论层面需要界定好基层治理各方主体的权力和责任并建立行之有效的体制机制;在实践层面需要根据各社区实际情况进行灵活调整;以建立合作制衡的社区均衡系统为目标,在各方共同努力下,改善社区环境,提高业主幸福感与满意度。

基本信息

田园风光雅苑社区隶属于昌平区霍营街道,建成于 2006 年,目前登记业主 1500 余人,社区住户主要是北京各高校职工和事业单位职工。

业委会成员构成及分工如下:

陆媛,田园风光雅苑业委会主任,中国共产党党员,山东大学新闻传播系文学学士、北京大学金融学硕士,调查记者、监管研究者、金融家。

谢虹,副主任委员,中国共产党党员,中国农业大学上庄实验站书记

（已退休）。

韩芳，委员，中国共产党党员，中国农业大学博士，北京农学院文法学院社工系副教授。

尤国庆，委员，中国共产党党员，中国社科院博士，科研工作者。

及美玲，委员，中国共产党党员，中国农业大学学士，注册会计师，自由职业。

张万华，候补委员，中国共产党党员，中国公安大学学士，律师。

东辰社区——老旧小区的更新改造

社区环境是居民生存的基础，也关系着居民生活质量的提高。老旧小区基础设施落后、社区环境相对较差，严重影响着居民的居住便利、环境舒适和生活幸福感受。2020年4月国务院办公厅印发的《关于全面推进城镇老旧小区改造工作的指导意见》提出，改造提升城镇老旧小区，改善居民居住条件，构建共享共治社区治理体系，让人民群众生活更方便、更舒心、更美好。东辰社区肿瘤医院小区是典型的老旧小区，且长期处于物业脱管状态，为解决社区基础设施老化、安全隐患较多等问题，在天通苑南街道、社区两委、社区居民等多方主体的共同努力下，社区进行了系列的摸排工作，了解居民心声，引入物业企业解决物业缺位难题，创新探索了"先尝后买"、"双甲方"、"交叉入职"、"扶上马"再"送一程"等物业管理方法，具有较强的借鉴意义；进一步地，东辰社区肿瘤医院小区老旧小区改造工程得以有序推进，亦推动了社区的志愿服务、协商议事、楼门治理等社区治理机制的发展完善，起到综合治理的效果。

一、摸排：协调沟通，体察民意

为充分了解居民对社区老旧小区改造的看法和建议，东辰社区党支部在天通苑南街道的协调指导下，多次召开议事协商会、党建协调会等，召集居民代表、社区党员等主体共同商讨，同时发动社区两委班子、志愿者等实地走访摸排，对居民充分动员、深入沟通，为老旧小区改造营造积极的舆论氛围。具体来说主要表现在以下两个方面。

一是搭建平台，协商难题。一方面，东辰肿瘤医院宿舍楼小区在天南街道的积极协调下，充分利用党建协调委员会平台，加强街道办事处、社区党支部、居委会、东小口卫生服务中心以及党建协调委员会其他成员单位多方联动，聚合多元主体的意见、建议以及资源，共同商讨解决东辰肿瘤医院宿舍楼老旧小区改造及物业管理缺失问题。如东小口卫生服务中心副院长就发挥兼任物管会副主任的职能优势，多次参与协调解决老旧小区改造、物业脱管问题等工作；协同街道办事处多次召开党建工作协调委员会联席会议，帮助解决小区物业选聘、物业办公用房等难题。此外，还多次邀请住建部门、社区党员、居民代表和群众进行座谈，向居民介绍老旧小区改造、规范物业相关政策，了解居民诉求。另一方面，东辰肿瘤医院宿舍楼建立了稳定的沟通协调机制，规定每周定期召开议事协调委员会，协商解决与老旧小区改造、物业引进相关的重要事项。这些议事协调工作为小区改造、解决物业缺失难题奠定了基础。

党建协调委员会是解决社区问题、链接多元主体、聚合多方资源的重要平台，除协商老旧小区改造及物业缺失难题外，还在各个领域发挥着重要作用。根据提供资料显示，2020年1—10月，社区协调解决疫情防控、垃圾分类、物业服务等问题6个，发动210名党员、志愿者参与疫情防控2000余次，50名志愿者参与桶前值守，开展垃圾分类宣传活动10次。

二是入户走访，宣传动员。为了争取全体居民业主的广泛理解与支持，社区充分发动居委会、党员干部、热心群众等，逐户上门进行动员和政策讲解，宣传老旧小区改造和物业引入必要性，改变居民对物业的惯有认知，破除居民偏见；在以往动员走访过程中，社区党支部书记安翠珍研究了一套"民情日记"工作法，对收集到的居民意见进行记录，系统梳理并留存，为全面获悉居民意见、洞察民意走向作出了重要贡献；通过党员干部、社区老党员和热心群众代表的正面倡导，顺利完成了引入物业管理、老旧小区改造等工作，获得居民认可。

2013年，社区书记就开始实行"民情日记"工作法，几年下来，这本"民情日记"早已成为社区书记"知民心、体民情、解民忧"的绿色通道，里面记录着社区里居民生活的点点滴滴。比如2020年4月3日，在东辰社区卡口执勤处，有居民向社区工作人员反映有位老人摔倒了，得知消息后，社区书记立即第一时间前往，并安排社区工作人员查询老人的家庭档案。书记赶到后，和大家将摔伤的老人小心翼翼地扶到长椅上，经询问得知，老人在外散步时不小心摔倒在地，意识清楚只是不能走动，直至老人的亲人赶来，社区工作人员才离开……像这样的社区"小事"，都是社区书记关注的"大事"，每一件都仔细记录在"民情日记"中。社区书记认为记录"民情日记"能保证工作的连贯性，提高社区为民服务的能力。笔者调研时，安书记也向我们展示了她的工作材料：在她的办公室里，党史学习教育主题活动记录本、文明实践志愿服务活动记录本、社区每栋楼的居民信息、居家隔离承诺书等资料夹摆放得整齐有序。

二、立新：引进物业，奠定前提

为了彻底解决小区设施老化、自备井改造市政水等突出问题，天通苑南街道办事处积极帮助社区申报老旧小区改造项目，而东辰肿瘤医院宿舍楼小区在2013—2017年长达4年的时间里处于物业脱管状态，作为申报老旧小区改造的前置条件，必须落实物业管理单位。因此，在街道等多方的协助以及社区居民的支持下，社区引入物业并创新管理机制，为老旧小区的改造提供了良好的环境。

一是投票选举物业。为尊重民情民意，保障居民的知情权和参与权，社区采取投票的方式抉择北京庆和阳光物业管理有限责任公司是否进驻社区。2019年1月18日至27日，东辰社区党支部居委会组织肿瘤医院宿舍楼居民对是否同意北京庆和阳光物业管理有限责任公司接管物业进行投票，最终以"双过半"投票结果通过该公司提供物业服务。2019年3月，北京庆和阳光物业管理有限责任公司正式进驻社区并开展相关物业服务。

在小区引入物业前，针对肿瘤医院小区无物业管理对居民生活造成影响，街道及社区多次协调小区两家建设开发单位，经充分沟通，双方最终搁置分歧，以保证群众利益为共同原则，明确了权责，落实人员和资金，建立了小区应急沟通机制和处置方式，双方对小区内部各类应急维修、日常保洁等方面的管理达成了合作共识，暂时保证了小区物业管理服务的正常运作。对于小区内的一些卫生保洁工作，很多也由社区内热心居民自发清理。

二是创新物业管理机制。由于东辰肿瘤医院宿舍楼小区处于长期脱管状态，社区欠账较多，内部问题复杂，给初驻社区的物业带来了一定挑战。为保障新物业正常运转，给物业一定的缓冲期，社区采取由政府将物业公司"扶上马"并"送一程"的方式，协助物业公司站稳脚跟、转入正轨。首先，创设双甲方。将街道与产权方东小口卫生服务中心均作为甲方，建立"2-1-2物业管理长效机制"，前两年由甲方给予全额补贴，第三年开始甲方补齐物业费差额，最后两年由物业公司自行收取、自负盈亏，居民根据物业公司的服务质量决定是否缴纳物业费，有效缓解了物业公司在老旧小区收费率低的经营压力，同时给予居民缴纳物业费的适应缓冲期。其次，双向进入，交叉任职。将庆和阳光物业公司纳入街道奥北中心非公企业联合党支部，确保做到两个覆盖；2020年8月，肿瘤医院宿舍楼小区组建物管会，7名成员中包含4名党员以及3名居民代表，并同步成立功能型党支部，社区居委会副主任担任物管会主任并兼任书记，全面推进"双向进入、交叉任职"工作，实现了物业管理、物管会的党的组织和工作全覆盖。

物业公司引入后，在社区两委的推动下，协同多方开展了大量的服务工作：主动安排分类指导员进行桶站值守、政策宣传、桶站清洁工作；同社区党支部、东小口卫生服务中心共同打造"'5个1'+N"特色服务品牌，缓解了小区内老人多、生活孤独等现实问题。

三、破旧：社区更新，稳中求进

物业公司引入后，东辰肿瘤医院宿舍楼小区着手老旧小区改造，改善设备老化、自备井改造市政水等突出问题需求。由于该社区物业长期脱管，加上社区老旧，历史欠账较多。因此在进行老旧小区改造时，社区两委又进一步发动多方主体、多方力量、多方资源共同下沉至社区，助推东辰肿瘤医院宿舍楼小区改造高效、有序推进，同时积极协调社区改造中遇到的冲突，安抚居民，打消居民对小区改造的排斥心理。具体表现在：

一是联动多方协同配合。社区党支部、居委会、共建企业、物业企业、物管会积极配合推进肿瘤医院宿舍楼老旧小区改造项目，社区党支部、居委会、物管会协助联系居民及时做好老旧小区改造解释工作，和谐推进工程项目进度，已按程序完成老旧小区综合改造基础信息调查、项目申报、居民意愿调查、设计方案编制、设计方案宣讲、老旧小区区域勘察测绘、招标等工作；社区党支部协调街道城建、物业公司等共同拆除违建，安置自行车棚、健身器械；老旧小区改造所需的房产证、身份证等都是社区书记带领居委会、楼门长等一个个打电话收集的，不同意改造的还需要详问原因；目前，老旧小区改造工作已经全面启动，项目总投资约1200万，让小区的居住条件不断改善。

二是协调纠纷安抚居民。在老旧小区改造和违建拆除过程中，难免会出现矛盾纠纷，如何妥善协调矛盾、化解争端直接影响着施工进度和社区环境。面对出现的各项问题，社区书记也带领两委工作人员耐心劝导、化解，保证了改造的顺利进行。如在东辰肿瘤医院宿舍楼小区改造时，二层的居民不同意施工，拖慢了一层、三层的施工进度，于是找到社区两委进行协调。得知二层的老人是因为觉得施工方说话太难听，生施工方的气才不同意施工。书记就两边说和，让双方都退一步，在书记的积极协调下，居民情绪得到安抚，问题得以妥善解决，也使小区改造得以有序推进。

结语

东辰社区肿瘤医院小区是老旧小区的缩影，因国企、事业单位改制导致产权单位不管、物业弃管而长期处于没有物业状态，长达4年的物业缺失、管理失效使该小区历史欠账较多。一方面该小区属老旧小区，各项基础设施老化陈旧，社区改善所需的资金投入、管理难度使诸多物业望而止步；另一方面物业的缺失又进一步恶化了小区的基础设施和环境维护，由此循环往复。"回天三年行动计划"为东辰社区肿瘤医院小区的发展带来了春天，老旧小区改造项目的申报需以确立物业为前提，这倒逼街道社区重新思考如何引入物业，使得2-1-2物业管理创新模式得以实际探索。在物业管理屡遭瓶颈的当下，特别是在回天地区老旧小区先天不足，而物业费标准和缴纳率"双低"的情况下，这种物业管理模式创新不失为纾解难题的重要方法。

基本信息

东辰社区隶属于昌平区天通苑南街道，下辖肿瘤医院宿舍小区和东辰小区，其中肿瘤医院宿舍小区由肿瘤医院作为产权单位联合东城区一家公司投资开发。1993年小区建设完成后，医院职工分到了1号楼，还有6号楼3单元及1、2单元三层以下的房屋，其他分配给了东城区林业局、教育局等单位职工及部分从和平里搬迁来的散户，房屋权属多为房改房（已购公有住房）。东辰小区建成于1995年，房屋产权性质为一般商品房，二者都属于老旧小区。社区常住人口2400余人。

金榜园社区——发挥年轻在职党员有生力量

目前，社区党员人口老龄化问题普遍存在，优化党员队伍年龄结构、充分调动和发挥年轻党员有生力量成为社区治理的重要议题。同时，楼门是社区中的最小单元，楼门长队伍是邻里关系的润滑剂，是居民与社区之间的桥梁和纽带，是社区治理中的筋骨血管。随着"回天地区三年行动计划"的稳步推进，社区治理工作也在不断发展与创新。金榜园社区以疫情防控为契机，通过群众推荐和个人自荐的方式，仅用3天的时间就选出107名楼门长，无论在疫情防控期间还是常态化治理期间，都发挥了重大作用。具体表现在：疫情防控期间在社区的号召下火速建立楼门长队伍，在职党员发挥先锋模范作用，入户走访、排查信息，并通过微信群等线上形式传达疫情通告，了解居民思想动态，用行动践行全心全意为人民服务的党的根本宗旨，让金榜园社区的防控工作无死角、全覆盖；在疫情过后，楼门长与社区两委、楼门居民、物业等持续互动，自觉参与社区治理，并带动身边居民共同参与社区工作，成为推动金榜园社区治理效能提升的重要力量。

一、作用契机：疫情推动，火速成团

自新冠肺炎疫情发生以来，社区是疫情防控的主要堡垒和关键阵地。2020年年初，金榜园社区将在职党员"双报到双服务"机制同楼门长机制相融合，广泛发动在职党员、志愿者等群体，通过成立107人的单元门楼门长队伍，有效分解社区防疫工作，充分发挥楼门长地熟、人熟、行动快、效果好的优势，配合社区两委全力抓好疫情防控。

一是在职党员充分发挥模范带头作用。在楼门长队伍中，共有46名在职党员，所占比例接近45%，这些在职党员积极参与楼门长队伍的组织与筹建，并在疫情防控中冲锋在前，构筑起了社区防控的第一道防线。队伍建立起始于2020年年初，为把疫情有关通知更好地下发到每个居民，同时也能更好了解居民诉求，社区决定火速成立楼门长队伍。这支队伍一经成立，就投入疫情通知、排查等工作。从组织核酸检测开始到结束，不同的单元门安排不同的时间段等工作，均由社区书记发通知给各楼门长，由楼门长通知给居民。社区书记对在职党员担任楼门长称赞道："在职党员真的很靠谱，任务你给了他，你就放心，肯定能特别好地给你完成"。

二是协助社区两委摸排、督察、传达。在此后的疫情防控常态化期间，楼门长主要负责本单元人员信息摸排工作，特别是重点群体监督。担当了排查员、监督员、联络员的工作，一方面楼门长们不辞辛苦、不怕风险，挨家挨户地进行人员信息登记，每天都会对本单元进行巡查，确保及时发现新的返京人员。有些楼门出租户比较多，难免遇到不配合、不开门的情况，楼门长也会耐心和对方沟通，动之以情，晓之以理，最终赢得了居民的理解与支持。另一方面，楼门长们会在最短的时间内将掌握的居民信息及时上报，同时还会把社区居民对疫情防控工作的意见与建议进行汇总，第一时间反馈给社区。居民们有什么需求，发到群里，楼门长们也会尽量帮他们解决。

三是充分发挥智治支撑作用。疫情开始初期，为了能及时传达相关政策，社区每个楼门都建立了自己的单元门微信群。107个单元门设立了107个单元门微信群，楼门长负责单元微信群的管理。社区将疫情防控的相关政策、防疫知识、管控要求、信息排查等工作点对点发给楼门长，楼门长第一时间转发到各自单元门微信群，从社区发布信息到4000多居民接收信息，只需短短几分钟，极大地节省了疫情防控管理所需时间。

二、深入发展：强力动员，监督制衡

在职党员和楼门长制度不仅在成立之初对于社区疫情防控发挥了重要作用，而且在后续社区治理的过程中，不断整合资源、动员居民，成为居民与社区之间的桥梁和纽带。

一是持续参与并积极动员居民。不少居民在担任楼门长之后对楼门和社区增强了感情、责任，更加积极地参与楼门和社区的各项活动，运用自身资源为社区服务。例如：有的楼门长自己购买了清理小广告的喷壶、滚刷和油漆来清理单元门，并号召本单元居民一起清理楼道杂物，保持楼道干净整洁；有的楼门长利用自己图书馆的资源给社区捐书；为鼓励楼门长和志愿者，年底社区两委会发放一些小礼品，有的楼门长亦将其捐赠给本楼门的困难业主。

同时，楼门长为建设"和谐、美丽、文明"社区更是献计献策，垃圾分类桶站设置、确定垃圾投放时间、创建文明社区、智慧门禁安装使用、加装电梯、单元门更换等一系列重大社区事项，都有楼门长参与其中。楼门长除了自身持续与楼门互动外，还动员社区居民和各方力量共同参与楼门建设，也加速垃圾分类、楼区秩序、环境卫生等方面问题的化解。

二是代表居民监督制衡物业公司。疫情过后，楼门长制度和微信群反馈机制均得以延续。同时，社区以此为契机建立物业沟通服务平台（微信群），群成员包含了社区两委、物业公司各级各类工作人员以及107个楼门长，楼门长可以随时将居民通过单元门微信群反映的问题转发到物业沟通服务平台（微信群），督促物业解决。一方面，社区两委要求物业公司保持在线，对楼门长反映的问题及时接单，如保洁问题由保洁接单，维修由维修组接单。解决问题后在群中回复，接着楼门长在楼门群中反馈给居民。另一方面，物业沟通服务微信群中的社区两委和100余名楼门长亦对物业公司起到集体性的监督制衡作用，增加了社会性面子和群体性压力，利用表达权、评判权等对市场主体的服务进行评判与监督，避免市场主体权力极化，由此达到相对稳定的平衡，有效维护业主居民话语权利。

社区党支部书记孙国苹提出："小区内一些常见的问题，如垃圾清运、杂物堆放、入口充电车位被汽油车占用等问题，被居民多次指出，但是一直没有得到有效解决，为此，社区两委与物业、楼门长通过社区微信群共同搭建了服务交流平台，居民可以将问题第一时间传到平台上，反馈给社区及物业公司，同时监督他们即时处理回复。"

结语

新冠肺炎疫情的发生是诸多社区建立楼门长队伍和社区微信群的直接原因，并取得了很好效果。楼门长制度的实质在于充分动员社区内在职党员、退休党员、热心居民等骨干力量，将骨干嵌入在楼门里实现社区的精细化治理。从金榜园社区在疫情防控期间以及疫情后的治理过程可以看出，社区治理的重心在不断下沉，一方面楼门长作为社区两委的"帮手"，通过入户走访、信息排查、通知下达等，发现问题、收集问题、传达问题，架起了居民同社区两委之间的桥梁；另一方面楼门长作为"土生土长"的居民内生力量，在基层中不断发育，不仅自身积极参与社区活动，行使权利，而且还利用自身楼门长的优势动员居民、引导居民，影响物业，对于带动更大范围内的居民有序参与社区治理具有重要意义。

基本信息

金榜园社区隶属于昌平区回龙观街道,建成于2001年,属于商品房小区,目前常住人口约4000人。

兰各庄村——美丽乡村建设促进村社治理

长期以来，建设美丽乡村一直是农村工作的重要内容，是大力推进生态文明建设的重要举措，是在农村推进美丽中国、实现城乡一体化发展的有效途径。2019年，中共中央办公厅、国务院办公厅印发《关于加强和改进乡村治理的指导意见》，并发出通知，要求各地区各部门加强和改进乡村治理要尊重农村特点，健全自治、法治、德治结合的乡村治理体系。以自治消化矛盾，以法治定分止争，以德治春风化雨。兰各庄村作为回天地区的"城中村"，在积极推进美丽乡村建设过程中坚持贯彻党建引领与多方共治的建设理念，探索了独具特色的管理机制、动员机制、保障机制等一系列的制度安排，通过环境整治、设施改造等实践改善乡村风貌。

一、建立健全相关制度规范

（一）管理机制

一是成立美丽乡村建设工作领导小组。兰各庄村坚持党建引领、多方参与的理念，成立以党支部书记郝振汉同志担任组长，其余村两委干部任副组长，党员、村民代表、全体在职工作人员以及企业出租大院负责人为组员的美丽乡村建设工作领导小组。组建美丽乡村建设整治应急一组、二组、三组，每天进行不间断巡逻，从6：30—22：30进行连续性、无缝对接的巡视、检查和整改。高效解决群众反映、投诉及关心的各类意见及诉求，处置突发问题、调解矛盾纠纷、管理重大事件。

二是探索"区域式"管理模式。兰各庄村乡村建设采用市场化的运作方式、商业化业态发展的经营模式，由村集体持股的科技企业提供村里的物业服务、流动人口综合管理、停车服务和商铺及商业项目开发等多项业务。为保障服务区域内工作效率，公司设置物业"服务管家"岗位，实行"区域式"管理,将全村分为西片、东片、南片、大院四个区域,八个街巷服务管家认领任务,经过专业培训后上岗。

(二)动员机制

一是实行积分管理奖惩机制。党支部研究制定《兰各庄村党员"积分制"考核管理办法》,对全村党员实行"积分制"管理。党支部、村委会制定《兰各庄村安全生产和环境卫生积分制管理制度》,并纳入《村民自治章程》和《文明公约》,加强管理。北京兰观吉兴科技有限公司落实积分制考核制度,在检查过程中,将房间内禁止乱堆乱放、严格落实垃圾分类及责任区内的环境卫生工作、门前五包(包卫生、包秩序、包绿化、包整洁、包设施)等内容纳入积分制考核范围,形成良好的惩罚和激励机制。

二是建立宣传机制。以"我爱兰各庄"月刊和微信公众平台为载体,及时推送消息,宣传建设效果,营造建设氛围。建立管家群、营商环境群等工作群,及时传达方针政策,通报工作进展。发挥村民的主人翁意识,充分调动党员、村民代表的积极性,推行党员联系户、村民代表联系户宣传和检查机制,印制《北京市农村人居环境整治标准》宣传页,宣传到家家户户,让美丽乡村建设工作家喻户晓,引导广大村民从思想上理解支持,到行动上积极主动。

(三)保障机制

一是建立常态化监督机制。成立督查办公室,进行常态化督查,对发现的问题坚持以"零容忍"的态度督促相关部门整改。指导北京兰观吉兴科技有限公司建立问题台账,以清单列表的方式,将整改任务明确到人。督促行政部开展日常内部检查,加强自身体检,对发现的每一个问题形成检查—整治—督查的闭环管理体系,做到整改到位,坚决防止反弹。如2020年11月10日—12日,兰各庄村党支部组织开展美丽乡村建设拉练检查。党支部委员、村委会副主任韩静轩带队,村委会、北京兰观吉兴科技有限公司工作人员、党员及村民代表、物业管家等10人一起,开展拉练检查。拉练人员对村内道路、村民住宅房前屋后进行检查,发现堆物堆料立即清理;对乱晒乱挂现象进行整治;有建筑施工的,按规范摆放施工提示牌,对建筑材料进行苫盖;同时重点整治绿化带内的白色垃圾和卫生死角;等等。

二是建立资金保障机制。为确保村庄综治工作中心建设资金到位，兰各庄村引入社会资本投入。2019年12月，北京兰观置业有限公司与诚远智慧物业管理（北京）有限公司共同出资人民币1000万元成立北京兰观吉兴科技有限公司。其中，诚远智慧物业管理（北京）有限公司认缴出资510万元，持股51%。同时，在区、镇政府的支持下，兰各庄村从资金投入、重点项目保障等方面进行统筹规划。如2019年投入美丽乡村建设相关项目约12.18万元，2020年投入美丽乡村建设相关项目约306万元，2021年兰各庄村在智慧化社区建设方面投入约149万元，等等。

对于资金，社区推行民主公开，实现村级事务规范化管理。严格执行"重大事项民主决策十步法"操作规程、农村民主管理"148"制度、印章管理办法及《东小口镇"镇村共管账户"专项资金拨付、使用办法》等文件，规范村级事务办理流程，每年自觉接受审计监督，保障各项工作依法高效精准落实。

二、推进美丽乡村建设实践

（一）环境整治

一是进行改造房屋工作。2019年起，兰各庄村对年久失修的房屋进行集中改造。为了确保房屋改造工作的安全有序进行，党支部、村委会积极组织、精心筹备，成立了房屋翻建专项审核小组，具体负责村民房屋改造的组织实施，包括政策宣传、核对房屋信息、各户档案建立、土地测量、矛盾调解等工作。每天召开专项会议，随时解决村民建房过程中出现的各种问题，确保村民房屋改造工作依法安全有序开展。2019—2020年，拆除违章违法建筑340处、46500平方米，拆除外挂楼梯55处。

对于拆除违建这件事，村民一开始不理解、不愿意，通过一段时间的动员、解说、做工作，村民思想逐步发生改变。但由于村民真正接受需要过程和示范，村两委干部商量必须从自己开始带头做起才有效果，其次是党员、村代表，最后到群众，给他们10天的时间限制。首先是村党支部书记郝振汉带头拆除自家违建，他的母亲住在同村，就很不理解，大年三十那天一直难过地哭，郝书记做母亲的工作，"不管您认不认我这个儿子，我也是您儿子，但我也是这个村里的干部,我必须带头。"有了书记第一家,后面的工作就逐步开展开了。

二是开展垃圾分类工作。兰各庄街道推行党支部带头,党员联系户,村民代表联系户,党员和村民代表带头一层一层贯彻下去的机制,进行垃圾分类推行工作。党支部与物业公司合作采取了以下方法:

(1)管家式管理制度。兰各庄区域分为4个区域,建设4个管理群,专门针对垃圾分类美丽乡村建设,物业公司的服务管家在群里对垃圾分类等事务进行监督,同时听取村民的需要和意见。兰各庄村的服务管家采用了外聘加内选。内选本村的人员,对本村地图和居民情况非常了解。外聘人员相对年轻,有物业管理、语言沟通方面的经验。内外管家双管齐下,一起进行垃圾分类监督工作。区域内按户垃圾分类,按每家一个桶、一户两桶配置设施。分好类后环卫集团会统一派车挨家挨户去集中收取。随着垃圾分类工作逐渐走向正轨,服务管家业务延伸到老百姓的吃穿住行、日常出行等问题。

(2)积分制管理制度。兰各庄村积极借鉴其他社区关于垃圾分类的优秀事例,将积分制度引入治理过程中,同时加强对于村民的垃圾分类知识教育以及定期知识考核。在发现垃圾分类存在问题时,会由服务管家进行拍照记录,适时对村民的不当做法进行纠正。积分制推广进程中同样伴随着奖惩措施的深入,通过这种形式的逐步融合加强村民的垃圾分类意识。积分制规则包括环境、安全生产等多个方面。

三是进行垃圾分类宣传。在宣传方面,兰各庄村对居民进行了长期的垃圾分类宣传教育,老百姓过去生活中,没有进行过垃圾分类,前期不理解,后来通过村委会不断地劝说和现场演示,村民逐渐改变观念,使得垃圾分类成为一个常态化的事务。根据负责人介绍:现在村民都是早起睁开眼,一出了自己家门,第一眼先去垃圾桶翻看看有没有混装的现象,有就及时挑出来。村民积极地参与垃圾分类和美丽乡村建设的活动,对于乡村振兴和美丽乡村建设是一个基础。

兰各庄村产生的厨余垃圾每天在2.7~3吨之间,在进行垃圾回收时,首先由服务管家对分类情况进行检查,然后环卫集团会统一派车挨家挨户集中收取。对于不配合垃圾分类工作的村民或是租户,会通过限制用电量扩容、经营许可办理、房屋出租等作为督促整改手段。在2021年第一批北京市级垃圾分类示范小区、村名单中,东小口镇兰各庄村成功通过"党建引领作用好、分类设施规范、桶前值守到位、分类成效显著和居民满意度高"五个标准，成为目前昌平区唯一一个垃圾分类示范村。

（二）设施改造

一是实行煤改电工程。兰各庄村2019年启动煤改电工作。党支部、村委会积极推进煤改电工程建设，成立煤改电工作领导小组，统筹推进工程实施。工作人员统一思想、高度重视，对村民167宗宅基地逐一研究，分类细化，在符合"一户一宅一表一设备"原则基础上，依据《宅基地煤改电设备分户细则》，报装第二台峰谷电表和电采暖设备306台。针对村内煤改电工程有效工期短、工作点多面广等困难，建立了每天"早碰头、晚调度"例会制度，确保问题协调处理"不过夜"，采取"白加黑""五加二""多组多面多点"的工作方式，最终圆满完成了煤改电相关工作。煤改电工作的完成，让村民们在2020—2021年的取暖安全省心，家家户户用上了清洁能源取暖，杜绝了烧煤可能引起的一氧化碳中毒安全隐患。原来烧煤时，村民家因为堆放煤球、煤渣导致环境脏、乱、差，由于通风不勤存在安全隐患以及空气污染问题。煤改电后，热力源泵可以灵活地设置温度，即开即用，方便智能。用电取暖清洁环保，环境明显改善。

煤改电以来，我家告别了老旧采暖，清洁能源不但使用起来更干净，而且在今天这样寒冷的日子里，我也能踏踏实实待在温暖的屋子里，不用发愁。这是党支部造福了村民。天冷心暖，谢谢领导。

——村民的感谢信

二是推动智慧社区建设。创设智慧社区管理平台，逐步实现智能化管理。对全村的停车场出入口管理系统、门禁管理系统、人脸监控系统、视频监控系统、物业指挥调度中心系统、村委会指挥调度中心系统进行智能化改造。加强安居驿站建设，提升流动人口服务和管理水平，将流管站、警务站、平安智慧小区前台进行融合，展示、汇总出租房屋各类信息，办理北京市居住登记卡，民调员进行矛盾纠纷调解，进一步加强流动人口和出租房屋服务与管理。

三是完善硬件设施。2019年，对疏解腾退后地块进行功能改造提升，建设便民菜市场一处，满足村民及周边居民日常生活需求。2020年，按照新农村建设标准，为每户村民住宅、大院安装信息公告栏，共223块，对村内供电系统进行改造升级，完成小微公园建设4122平方米，建设电动自行车充电桩4处1118平方米，生态厕所6座、水冲式卫生厕所1座。围绕"一廊三区一中心"微提升规划，进一步推进村庄基础设施建设。植入"文化融合走廊""都市休闲区""民俗文化体验区""民居提升区""青年创客中心"，形成"文化+体育+科技"新格局、新跨越。加快体育公园、党建及村史展览馆、文体活动中心、普惠幼儿园、微型消防站、液化气站等项目建设步伐。统筹推进弱电入地、雨污分流、市政水接入、道路铺装、绿化美化。

除了改善乡村环境、完善乡村设施外，兰各庄村还注重社区的精神文化建设和健康生活建设。如以兰观管乐队为载体，整合村内各项文体资源，开展村民喜闻乐见的文体活动，不断丰富村内文化生活。提出"我快乐、我健康、我美丽"生活主题，开展丰富多彩的群众文体活动，倡导健康文明的生活方式。每年组织开展卡拉OK大家唱、"六一"文艺汇演、羽毛球及乒乓球联赛、国庆·中秋文艺汇演、春节联欢会等活动，营造浓厚的文化氛围。2019—2020年，为村民缴纳计生家庭意外保险共计268人次，两癌保险185人次；依托村党支部与东小口社区卫生服务中心党支部结对共建平台，为65岁以上老年人进行免费体检75人次，并同步更新身体健康档案，加强对老年人的关心和爱护，提升村民满意度和生活幸福指数；等等。

结语

兰各庄村在基层社会治理实践中有以下六个方面的优势（经验）。其一，兰各庄村把美丽乡村建设作为着眼点，积极推进村社治理，响应国家"美丽中国"建设的政策导向，得到了镇、区政府的政策和资金支持。其二，兰各庄村的集体经济拥有内部造血功能，在兰各庄村推进"美丽乡村"建设的过程中，由集体经济和社会资本进行结合，为兰各庄村改造改善提供了资金保障。其三，建立稳定的领导机制，在兰各庄村的治理实践中，村党支部书记及成员班子积极作为，以身作则，同时针对各个具体的事件成立党领导的各类专项领导小组，保障事事有人负责。其四，合理有效宣传，在治理实践中，兰各庄村的宣传工作十分到位，民情民意上下通达，通过微信公众号、微信群、宣传栏、党员联系群众等方式保障宣传工作落到实处。增强村民对政策的理解，为保证工作的展开建立良好基础。其五，建立常态化监督机制，不仅专门成立主管监督的督查办公室，而且采取不定期拉练式检查各项工作的落实情况。其六,建立奖惩制度,通过积分进行奖惩,调动党员干部和村民积极性。

基本信息

兰各庄村隶属昌平区东小口镇,目前常住人口约7000人,以流动人口为主。

社会组织篇

专业社会组织具有组织培育、资源链接、专业赋能等重要作用，是建设社会治理共同体的重要工具。2020年11月党的十九届五中全会审议通过的《中共中央关于制定国民经济和社会发展第十四个五年规划和二〇三五年远景目标的建议》明确提出，要发挥群团组织和社会组织在社会治理中的作用。北京市委书记蔡奇在回天地区调研时指出，要在回天地区打造社会组织创新发展示范区，探索社会组织参与超大型城市社区治理的有效途径。昌平区的多项文件中亦提出要积极引入社会组织，努力构建社会组织承接、专业社会工作团队参与的工作体系，发挥社会力量协同作用；深化三社联动机制，充分发挥社区、社会组织、专业社会工作的联动优势，广泛吸纳社会组织参与社区治理等。为深入了解回天地区社会组织发展状况，笔者对回天地区的7家社会组织进行了深入调研，其中包括2家枢纽型社会组织、2家志愿者协会、3家社工机构。从对这三种类型的社会组织参与基层社会治理情况的比较来看：

首先，枢纽型社会组织发挥孵化培育、平台联合、专业赋能等多维功能。一方面孵化培育专业化、组织化、规范化的队伍和组织，实现从0到1的突破；另一方面帮助社会组织提升参与社会治理效能，实现从1到1+的转变。在孵化培育社会组织的核心功能之外，枢纽型社会组织还起到平台联合等作用，搭建政府-社会组织-企业-居民多方合作、线上线下相结合的桥梁纽带。

其次，一般社会组织发挥链接多方资源与开展专业服务等功能。

一方面扮演着活动的开展者、策划者角色，链接多方资源，为社区提供文娱类、救助类、治理类特色服务项目，如回龙观志愿者协会联合回龙观社区网开展的歌唱、摄影、花木栽种、环境保护等特色比赛项目，润德社工的协同式互助养老、芳草社工关注早产儿家庭等；另一方面扮演着互助志愿服务的倡导者、组织者角色，通过帮助组建社区志愿者队伍、互助小组等，推动居民自助-互助、民主议事等，弘扬民主参与、互助志愿、和谐友爱的人文精神。

最后，社工机构发挥专业社会工作的专业特色和功能，利用其专业理念、方法，有效嵌入基层治理之中。

昌平区社会组织发展服务中心
——回天地区社会组织枢纽

北京市委书记蔡奇在回天地区调研时指出，要在回天地区打造社会组织创新发展的示范区，探索社会组织参与超大型城市社区治理的有效途径。在此背景下，昌平区社会组织发展服务中心注册成立。作为枢纽型社会组织，昌平区社会组织发展服务中心通过打造专业性、系统性社会组织孵化基地，搭建信息化协同平台和智能化社交平台，充分发挥了平台枢纽、专业赋能、价值引领等功能，辅以自我造血机制，日益成为回天地区最重要的社会组织枢纽。具体体现在：一是搭建政府—社会组织—企业合作平台，负责昌平区政府购买社会组织服务采购工作，联合高校、科研院所、公益基金会等多元主体，携手共治；二是通过搭建"区—镇街—社区"三级孵化，成立回天创新学院，创设多样化的课程等为社会组织系统培育提供组织基础和资源支撑，为社会组织的成立发展提供专业指导；三是服务居民，通过开发线上治理工具、承接相关社会服务项目、指导业委会成立等形式辅助社区治理，为社会治理的可持续创新发展提供更多智力支持；四是自我造血，即以购买政府服务的形式运营文化场馆，并采取"公益+商业"的运作方式保证其可持续发展，弥补了回天地区公共文化设施不足的短板，满足居民社群的精神文化需求。

一、枢纽平台——联动多方，整合资源

枢纽型社会组织具有管理和协调等多维功能，协同共治是社会组织参与社区治理最为理想的形式。昌平区社会组织发展服务中心搭建了"政府—社会组织—企业"沟通平台，依托昌发展、昌品文化等国有企业，回天社区公益基金会、昌平区回天地区社会组织服务协会等社会组织，联合高校、科研院所、其他专业社会组织等，携手多方推动形成共建共治共享的基层社会治

理格局。

张多，北京市昌平区社会组织发展服务中心主任，同时是共青团昌平区委挂职副书记、北京市回天社区公益基金会执行理事长、昌平创新创业服务者协会秘书长、北京昌品城市文化发展有限公司（属昌发展子公司）总经理。

一是搭建政府—社会组织—企业平台。一方面，搭建政府购买社会组织服务平台。政府将各级、各职能部门用于购买社会组织服务的资金统一纳入昌平区社会组织发展服务中心统筹规划，通过此平台吸引带动社会组织参与实践，昌平区社会组织发展服务中心则负责收集、发布、评审政购项目，发放中标通过书，对中标项目督导评估，形成统一完善的政府购买社会组织服务管理机制。目前在此平台上，政府统一采购登记备案的社会组织有600多家。另一方面，搭建回天地区社会企业认证申报平台。2019年，结合回天地区的实际需要，昌平区民政局与昌平区社会组织发展服务中心制定《回天地区社会企业认证工作方案》，并且在"回天有我"网站上开发设置了回天地区社会企业认证申报平台，由昌平区社会组织发展服务中心负责组织申报、评审等工作。对通过认证的回天地区社会企业，不仅进行平台赋能、资源对接、宣传推广等支持，还尝试允许其承接政府购买社会组织服务，促进社会企业在基层治理中发挥更大作用。

截至2022年1月，回天地区已累计认证33家社会企业，涉及社区文体娱教服务11家、社区健康服务2家、社区养老助残服务4家、社区青少年服务3家、社区物业服务4家、社区环境秩序3家、社区创新发展4家、智慧社区服务1家、社区党建创新1家，其中7家被认证为品牌社会企业。

二是联合高校和科研院所，引入专家智库。回天社会创新学院借助各高校、科研院所等的专业优势和人才优势，积极引入专家智库，为回天社会创新学院提供重要智力支持。智库专家成员以回天地区社会组织、社区治理工作为抓手，着力研究破解社会组织发展中的热点、难点问题，促进回天地区社会组织科学发展。例如北京社会科学院社会学所党支部书记李晓壮以党建为研究重点，联合社会组织落实党建引领社区五方共建服务项目；北京清华同衡规划设计研究院有限公司城市更新所刘巍所长重点指导"城事设计大赛"项目等，都取得了很好的社会反响。

三是联合回天社区公益基金会，扩大筹资。2019年，昌平区印发的《2019年回龙观天通苑地区社会治理工作方案》，明确提出成立区级社区基金会。为撬动社会力量多方参与，引导更多的社会资源和资本，2019年4月，北京市回天社区公益基金会成立。基金会以"让社区生活更美好"为愿景，以"推动回天社区可持续发展"为使命，主要服务于街道社区社会组织孵化、发展和公益项目运行。回天社区公益基金会向有参与意愿的国企、民企等定向筹资，畅通了社会资金参与社会治理的渠道。同时，动员街道、社区、周边商户和居民参与筹集专项基金，并建立相应的管理机制及使用细则。筹集资金主要用于扶持社会组织、挖掘优秀公益项目、打造优秀社区服务品牌项目，推动社区治理服务专业化。

回天社区公益基金会的主要特色在于：

（1）成立街道专项基金。基金会先后成立回龙观街道和天通苑北街道专项基金，分别筹资90万元、25万元。以天通苑北街道专项基金为例。该专项基金设立于2020年12月，基金会和天通苑北街道共同发起，签订了专项基金设立协议。该专项基金初始资金20万，为街道出资。此外，爱心企业北京顺天通物业管理有限公司和浙商银行天通苑支行对该专项基金进行了捐赠。该专项基金的使用方向为七类：文化社区（社区学院项目）；活力社区——社区社会组织发展项目、百姓春晚项目、社区体育赛事项目；宜居社区——垃圾分类项目、物业环境提升；暖心社区——社区互助项目、老年餐项目；和谐社区——社区伙伴居民提案项目、社区议事协商项目；其他项目。通过设立此类专项基金，能撬动社会力量，促进多方参与。

（2）成立社区专项基金。以社区环保专项基金为例，2021年为促进回天地区垃圾分类工作开展，回天社区公益基金会选择5个试点社区分别成立社区环保专项基金，基金来源于社区可回收物变卖资金、商户融资资金、企业政府配捐资金等。为促进社区居民共同参与垃圾分类，所得资金用于各相关社区垃圾分类源头减量宣传教育、分类活动、积分兑换商品等。

（3）探索与其他基金会联合开展居民参与类活动。如回天社区公益基金会联合中华全国体育基金会在回天地区试点开展"众健社区"社区体育项目，探索健康体验产业创新及可持续发展的模式。

（4）探索为弱势群体进行公益众筹。搭建线上公众便捷参与、捐款渠道，推动居民参与到公益众筹中。例如回天社区公益基金会成立回天地区助医助困民生保障类专项基金，筹款近280万元，主要用于社区居民的大病救助、青少年助学、社区特殊人群关爱等。参加腾讯99公益日，开展回天爱心公益市集，现场活动人流量2000多人次，线上参与捐赠人数近万人，3天筹款额

36万元，之后开启回天爱心公益市集进社区的系列活动，将公益理念与服务带到社区居民身边。

（5）开展多种类型公益志愿服务活动。如回天社区公益基金会发起"志愿3小时"活动，号召区域内社区居民、企事业单位员工等参与志愿公益活动贡献3小时时间。发起社区养老餐助餐项目"回天为老爱心餐桌"，为不方便上门就餐的社区老年人提供志愿服务。成立回天静职工作室，搭建残健融合就业创业平台，打造残疾人职业康复新模式，招募社区内各领域专业志愿者为工作室的听障人士提供陪跑导师服务。举办"为爱默守，益骑回天"公益骑行活动，面向全市招募300余名为公益一起骑行的"益骑人"在北京第一条自行车高速路上展开公益骑行，通过骑行的方式号召更多人来关注与支持听障人群。

二、专业培育——对接供需，科学施教

孵化培育是昌平区社会组织发展服务中心的重要功能，其根据社会治理需要，选择孵化重点；搭建"地区—镇街—社区"三级孵化体系，成立回天创新学院，创设多样化的课程，以提供专业指导；同时采取分级分类等方法，科学赋能于社会组织或个人，进而赋能于基层，推动基层社会形成多维均衡态势，构建以人民为核心而向外舒展开来的富有张力和韧性的共同体。目前，昌平区社会组织发展服务中心社会组织孵化基地已通过积极引导、典型示范、政策支持等方式，孵化培育了一批有影响力、有一定规模的具有自我造血能力的社会组织，服务民生、服务社会。

一是研判社会需要，确定孵化重点。孵化基地以回天地区实际需求为导向，在招募前，分析判断每一个阶段回天地区治理问题的侧重点和方向，由此选择重点孵化对象，对申请加入回天社会创新学院的社会组织、社会企业、社会创业团队和志愿者个人进行充分调查和筛选。同时孵化基地也会组建专项训练营，把相关的社会组织集中到特训营里进行有针对性的孵化和培育。根据2019年7月数据，基地自2018年4月正式开放以来，已入驻各类社会组织、社会企业共85家，其中社会组织43家、社会企业25家以及暂未注册的社会创业团队17家。孵化基地社会组织服务范围覆盖至社区文化服务16家、社区青少年服务12家、社区心理服务8家、社区环境秩序服务6家、社区公共安全服务3家、社区健康服务5家、社区治理7家、社区养老服务4家、社

区体育服务3家、社区特殊群体服务13家、社区支持性服务8家等。

这两年物业管理和垃圾分类是治理的重点，昌平区社会组织发展服务中心的孵化基地在社会组织进驻孵化的时候就会侧重或者优先考虑能够做物业管理创新的和能够做垃圾分类相关服务的社会组织。

二是搭建"地区—镇街—社区"三级孵化体系。地区级社会组织孵化基地是承担社区社会组织孵化培育工作的重要力量，其主要职责在于为镇街社会组织孵化基地建设与日常运营提供针对性指导和支持性服务。区级孵化平台目前已梳理完成了镇街平台、社区平台的建设标准，制定了《镇街级平台运营管理手册》《社区社会工作室运营管理手册》等，形成五星级的建设评价指标。镇街社会组织孵化基地主要职责是为社区社会组织提供孵化培育、能力建设、资源对接、业务咨询、交流合作、活动场地等支持性服务。目前回天地区一镇六街都已建成社区社会组织联合会，对备案的社区社会组织实施统筹管理与服务，同时依托社区社会组织孵化基地管理力量和资源优势，指导各镇街建立社会组织孵化基地。社区社会组织孵化培育工作主要在社区（村）两委指导下，依托社区社会工作室或者专业社工人才开展，旨在激发居民参与积极性，提升社区黏性和活力。

三是成立回天社会创新学院。2019年4月，为进一步孵化社会组织，昌平区社会组织发展服务中心、孵化基地成立回天社会创新学院。创新学院以社会组织、社会企业、专业志愿者、社区社工、社区营造师等为孵化和培养对象，通过公共课、专业课、工作坊等专业课程的专业指导，为参与回天社会治理的社会力量进行培训赋能，从而输出更多优质的社会服务项目。创新学院根据其服务主体，分为社会组织加速营、社会企业研学坊、专业志愿者发展中心、社区社工发展计划、社区营造实验室五大版块。其中，在回天社会创新学院社区营造实验室，首先入驻的"李晓壮社区营造实验室"已率先在社会建设、社会结构、城市基层社会治理等领域开展项目研究。

四是打造多样化课程。课程以问题和需求为导向，将专业理论与在地实践相结合，聚焦回天地区社区治理创新难点，围绕城市社区治理能力和服务能力提升定制每月一次的培训内容，以重点主题的专题式教学为主，辅以现场考察学习，包括公共课程、专业课程及项目实践三部分。公共课以线上学习为主，通过"回天有我"小程序学习板块，学习公益科普、设计思维入门、社区服务、项目管理等基础类课程。目前学院已经设计完成学习管理手册，并上线130余门"回天有我"线上课程，对镇街、社区的社工开展培训。专业课以"线上课程+线下研学交流+专家咨询"的形式面向社会组织、社会企业、社工、社区营造专家,针对社区党建创新服务、社区养老服务、青少年教育、社区环境与秩序、物业服务提升5大领域,提供专业课程服务。线下课程形式不拘泥于培训授课,倾向于通过工作坊、参与式设计、行动研究、专家咨询、实地探访等方式更有针对性地满足培养对象需求。此外,还有项目辅导工作坊、专门服务于社会组织的4Z孵化服务产品手册,为入驻的社会组织提供全方位的日常化咨询指导。

五是分级分类孵化培育。在培育社会组织方面,孵化基地完成社会组织招募后,回天社会创新学院会针对所孵化组织的不同发展程度,提供三类不同的服务来满足其需求。其一是针对刚刚成立的草根型社会组织,提供基础的答疑服务和课程服务。其二是针对中间型的社会组织,提供公益创投,开展主题月活动。公益创投是通过给予社会组织一定的项目资金扶持,推动社区治理服务的专业化。主题月则是开展培育项目,在过程中进行评估与指导,提升其项目运行能力。例如在2019年的"回天有我"主题月中,社会服务活动通过主题化、体系化的形式开展,所有社区及社会力量每月集中解决一项问题,进一步提升问题解决的效率及强化社会影响。其三,针对成熟的社会组织,创新学院帮助其实现资源对接。回天社会创新学院列出优秀投资组织的白名单,看能否有合作或购买、投资项目机会。

三、价值引领——承接项目,服务居民

枢纽型社会组织在实践中的作用不仅体现在对行为选择的引领,还体现在对志愿精神等公共性价值的培育(沈荣华等,2014),其应在社区、社会组织和居民中发挥价值引领作用,弘扬公益精神。昌平区社会组织发展服务中心通过为社区搭建"实体化"线上平台、推动社区物业管理创新、构建垃圾分类良性生态圈、创新活动形式推动居民共治等,以专业能力服务居民,彰显其价值导向,同时引领带动其他社会组织发展。

一是为社区搭建"实体化"线上平台。为推动基层智治,搭建社区智能社群,昌平区社会组织发展服务中心引入"回天有我"小程序,并充分挖掘"社区圈子""友邻里""天北小机器人"三个板块治理效能。"社区圈子"中共有公告、议事厅和社区信箱三个部分。"公告"主要为社区医务室、居委会的通知公告;"议事厅"由社区居委发起议事后,居民在其中发表意见并进行

投票；而"社区信箱"则分为投诉建议、留言选登两个部分，居民可以在投诉建议中提出对社区的投诉，也能在留言选登中看见其他居民的投诉和社区的回复反馈。议事厅模块一方面能够更好地帮助社区居委解决居民问题，减少投诉；另一方面能促进居民之间的相互沟通理解；为促进社区智能治理的开展，昌平区社会组织发展服务中心后期将"回天有我"小程序中的"社区圈子"发展成了"回天邻里"小程序并丰富了更多功能，包括"社区党建、社区信箱、社区议事、社区环保、社区物业"等应用场景和工具模块，居民在社区生活中可以方便使用，比如社区一键开门、物业报修、社区投诉、参与社区议事、践行垃圾分类、寻找周边的运动场地等，同时街道可以在后台统计社区的各类活动和消费信息。"天小北机器人"是用市场化手段采购的社群机器人，采购后通过"微友助手"平台对该机器人进行管理和具体设置，如"机器人助理"推动楼门文化智能社群建设，该机器人在社区原有的微信群中成为"机器人助理"，具有群发公告通知、自动回复和聊天功能。

二是推进社区物业管理创新。昌平区社会组织服务中心承接"安居回天"物业服务创新示范项目，通过组建地区物业联盟、搭建线上线下管理平台、成立业委会指导中心、加大宣传教育力度等多个维度促进回天地区物业管理创新，横向提升综合能力、纵向提高服务效率，实现物业管理方式创新、思路创新，助推社区治理创新，建立良性社区发展生态。具体体现在以下几方面。

助推成立物业联盟。2020年10月，在北京市昌平区住建委和北京市昌平区龙泽园街道办事处的指导和支持下，昌平区社会组织发展服务中心组织推动龙泽园街道辖区内物业服务企业和物业管理人员结成物业联盟。联盟旨在搭建龙泽园街道、辖区物业服务企业、社区之间沟通联动的桥梁，维护物业服务企业、业主合法权益，统筹辖区物业服务水平，制定统一行业规范，提升辖区物业管理精细化水平，提高物业服务品质。物业联盟第一届理事单位共包括45个小区物业管理项目、19个物业公司，联盟自成立以来，从建立完善文件管理制度、信息披露制度等方面促进联盟规范化发展，从持续开展沙龙研讨会、法律专题知识培训、物业管理难题及破解之道专题培训、职业技能大比拼等方面促进联盟专业化发展。

搭建线上线下管理平台。线上借助"回天有我"平台，建立物业管理创新实验室圈子，实现物业信息推送、物业活动发布、物业话题交流功能。线下，则以物业联盟为抓手，面向物业服务企业开展不同主题培训、沙龙座谈会等系列提升赋能工作,拓宽行业从业人员视野、创新思维,助力安居社区建设。同时,面向社区两委成员、业委会成员开展指导培训,促进业委会成立工作顺利开展。

成立业委会指导中心。面对基层物业管理的需求,昌平区社会组织发展服务中心整合不同行业、不同方向专家资源,成立业委会指导中心,为辖区内业委会(物管会)提供工作指导服务,包括指导业委会筹备、成立和规范化发展,以及协助业委会与物业公司进行协调沟通。在承接项目期间,昌平区社会组织发展服务中心指导成立业委会14个、物管会18个,开展线上线下咨询指导服务60余次,输出《业委会成立工作指导手册》1本。同时持续协助业委会与物业公司进行协调沟通,例如参与推动龙跃苑四区业主委员会与天鸿宝地物业公司之间的协调会等。

加大宣传教育力度。为引导行业从业人员学法、用法,引导业主正确认识物业服务,促进物业与业主的互信相知,昌平区社会组织发展服务中心通过海报宣传、活动宣传、软文宣传等方式,深入宣传相关法律法规以及物业管理相关常识,让广大业主了解并正确认识物业管理,积极引导居民转变观念、更新理念。例如在以《北京市物业管理条例》与《中华人民共和国民法典》物业相关法律知识为主开展宣传教育的项目期间,昌平区社会组织发展服务中心以"回天有我"线上平台为依托,开展7次线上物业百问百答服务活动,线下则以7个镇街为单位开展7次物业管理服务百问百答活动,主要针对《北京市物业管理条例》中涉及业主权益的相关规定以及涉及其他业主关心的问题进行宣传普及,并组织相关专家进行答疑回复,为有需要的业主提供法律咨询服务。

三是推动构建垃圾分类良性生态圈。昌平区社会组织发展服务中心在充分了解回天地区垃圾分类需求的基础上,通过开展垃圾分类宣传教育、推动垃圾源头减量并正确投放、建立回天环保联盟、成立社区环保专项基金等方式,广泛动员辖区内的居委会、物业公司、社会组织、社区商户、志愿者、社工、社区居民等社会力量积极参与生活垃圾分类工作,形成区域化全链条模式,创新回天地区垃圾分类模式,构建"政府+社区+志愿者+公益组织"的垃圾分类社会动员体系,整合调度资源,激发规模效应。具体体现在以下几方面。

进行垃圾分类宣传教育。一方面,借助线上宣传手段,构建覆盖面广、精准触达、低成本的线上宣传体系。通过开展"回天环保答题赛""垃圾分类标语评选赛"以及转发垃圾分类的相关政策法规和相关知识,用创新有趣的活动形式制造话题点,发送震撼性的引导居民主动分类的视频,增强回天居民的垃圾分类意识,主动学习分类知识。另一方面,依托环保学院开设环保课程,增强居民垃圾分类意识和分类正确性。通过开设垃圾分类常见问题、垃圾分类趣味宣传片、垃圾分类串烧歌曲等20门在线课程,充分整合各类资源。在课程机制上,所有课程资源免费开放使用及分享,通过学习签到+答题+积分(奖品)的形式,激励督促居民学习。

推动垃圾从源头减量并正确投放。设置环保机器人,引导个人、家庭等从学习、办公、就餐、购物等日常生活层面开展垃圾减量工作。如在天北街道10个社区设置环保机器人10个,为居民提供24小时的分类咨询服务。同时为促进社区居民养成垃圾分类的良好习惯开展"垃圾分类打卡"活动,动员社区居民坚持厨余垃圾分类并拍照打卡。

成立回天环保联盟,提高垃圾分类组织化、规范化水平。昌平区社会组织发展服务中心联合"回天地区"7个镇街成立了"回天环保联盟",联盟成员单位包括北京市昌平区仁爱社会工作事务所、北京市昌平区芳草社会工作服务中心、北京睿汐社会工作发展中心、回龙观社区网、北京市昌平区手拉手社会工作服务中心、北京市昌平区润德社会工作事务所、北京市昌平区善行启梦社会工作服务中心、北京昌平温心社工师事务所、北京仰慈家文化促进中心、北京市昌平区耀坤社会工作事务所等10家。2020年联盟已经联合了20余家垃圾分类上下游企业,举办了10余场线上线下活动,成为社区、街道推进垃圾分类的重要补充力量。此外,联盟还注意整合各类专家资源和先进做法,例如邀请辛庄垃圾分类专家杨婧、上海爱芬环保机构负责人郝利琼等,结合各地工作实际,提供先行一步的经验。同时还在龙锦苑二区试点垃圾分类奖励机制,对分类正确的居民给予周边商铺消费券优惠,鼓励倡导更多居民和商户参与到垃圾分类当中。

帮助社区建立环保专项基金,推动社区环保公益可持续发展。依托项目资金,昌平区社会组织发展服务中心联合北京市回天社区公益基金会共同在4个镇街的4个社区成立了4个社区级的环保专项基金,开展了10余场回天一袋——绿色星期日活动。如与龙泽苑社区合作,在北京市回天社区公益基金会下成立"龙泽苑社区环保专项基金"(昌平区首个社区级环保专项基金),专项基金资金来源主要包括:社区内智能垃圾箱内可回收物变卖资金、绿色星期日可回收物变卖资金、商户融资资金、企业政府配捐资金等；专项基金用途主要包括：龙泽苑西区垃圾分类源头减量宣传教育、分类活动、居民垃圾分类积分兑换商品等。截至2020年年末，已开展4场回天一袋——绿色星期日活动，为龙泽苑社区环保专项基金筹资1000余元，帮助龙泽苑社区逐步建立起"政府倡导推动、社会力量支持、居民参与共建"的社区环保公益可持续模式。

四是创新活动形式，推动居民共治。昌平区社会组织发展服务中心根据回天地区的现实需要，创新组织线上线下的各类相关活动，征求居民意见，创新社会治理形式。例如昌平区社会组织发展服务中心2019年发起并承办的"城事设计大赛"①，针对回天地区的废弃锅炉房、地下室、社区口袋公园、居民活动中心、小型空置房间、社区户外运动场地等6类10个公共空间的激活使用问题，以定向任务包的形式向社会公开招募设计解决方案，旨在缓解社区治理问题，提升社区品质，构建人与城市的共生关系，实现美好社区营造。大赛经过线上作品初筛和线下路演汇报的层层筛选，8个专家评审为设计方案"把脉问诊"，近30个街道和社区代表积极发表自己的建议和意见，超1万名社区居民通过"回天有我"微信公众平台和小程序等新媒体平台积极进行互动传播。为加快构建全民阅读推广服务体系，提高回天地区居民参与阅读的积极性，昌平区社会组织发展服务中心发起"幸福回+"图书馆计划，选择具有一定社区服务基础的回天地区图书馆，指导其各推出一款特色产品，面对居民免费开放。共包括成人读书会、亲子影视、偶戏故事、自然教育、社区画展、全民共读一本书、英语阅读、素质教育、传统文化、周末文化集市十个个性化主题，以居民参与带动整体地区公共文化建设氛围，助推阅读推广工作常态化发展。

四、自我造血——"公益+商业"新模式

为了给予回天地区居民更好的公共文化服务，昌平区社会组织发展服务中心主动承接公共文体场馆运营项目，采取"公益+商业"的运作模式来保证可持续发展。尤其其承接的天通苑文化艺术中心运营管理项目，通过明确并

---

① 由北京市昌平团区委、北京市昌平区民政局（区委社工工委）主办，昌平区发改委、中关村科技园区昌平园管理委员会等单位给予支持。

坚守功能定位、政社协同合作、创新运营模式，获得了媒体、政府和大众的三方价值认可，成为城市公共文化服务新标杆。在此过程中，昌平区社会组织发展服务中心的自主性亦得到进一步提升。

除了天通苑文化艺术中心外，昌平区社会组织服务中心还运营天通苑体育馆等。采取的运营方式为：在一定期限内以低于市场价格的标准面向消费者收费，同时承接HTBA回天地区篮球赛等体育赛事，一方面，保证场馆的可持续运转；另一方面，推动地区运动社交社群的形成。

一是注重顶层设计，明确"回天文化心脏"这一功能定位。在该中心还未装修时，昌平区社会组织服务中心就通过自身机构中的相关专业人员，对天通苑文化艺术中心进行了功能定位和规划，注重发挥天通苑文化艺术中心的文化功能。横向层面，一方面，引进整合名院名团、精品剧目、文化精英、品牌活动，为"回天"居民打造集文化、艺术、休闲、娱乐、交友于一体的家门口高品质文化生活空间；另一方面，通过开展丰富多彩的文化活动、提供高品质的文化服务，例如咖啡沙龙活动、全民阅读服务、传统文化服务、红色党建服务等，增强人与人之间的交流和情感联系，加强现代社会信任资本建设，拓展基层治理的群众基础。纵向层面，天通苑文化艺术中心充分发挥自身的辐射带动作用，通过机制输出、服务输出、技艺输出辐射联动镇街、社区、村文化设施，形成公共文化服务体系"回天模式"。其将文化服务内容分为三类三级，三类即演出类、练习类等服务种类，三级即社区级、镇街级与地区级，以该文化中心为起点和窗口，辐射至周边的N个社区中，形成"1+3+N"的文化体系。该文化中心的负责人表示，"文化艺术中心最重要的一个逻辑起点就是首先能够形成互联，在一起活动，通过喜闻乐见的这种方式去达成共性。我们再引导它，往社会治理上去。这样的三级的公共文化体系，它天然就是一个入口，可以导向三级的基层社会治理。"

昌平区社会组织服务中心负责人张多表示，"在场馆还没有装修的时候，你就应该首先对它的内容进行定位和功能规划。而不是说我管你三七二十一，先干完再说，我先装修完，是什么样就什么样，这样实际上是极大的浪费和降低了财政资金使用的效率。"

二是与政府建立良好的合作关系。昌平区社会组织服务中心运营天通苑文化艺术中心的资金，除自身运营收益外，主要来自政府购买服务。该项目的总体运营经费经过测算，一年四千万至五千万元。其中硬运维约两千万，包含物业、水电、能耗、维修、保险，该部分为政府提供。而软运营部分约两千万，根据其5年规划，通过政府购买服务的方式，从第一年政府补贴30%，到第5年补贴0%。而昌平区社会组织服务中心中标该项目，离不开政府的信任。

由于该文化艺术中心的运营是一个长期的项目，与政府之间的持续沟通协调便不可或缺。昌平区社会组织服务中心负责人张多谈道，"我们具备跟政府高密度、持续协同创新的优势。我们可以天天在一起研究，而且是高度地持续地去创新。一定是协同，光有我们不行，光有政府也不行，这三个关键词必须捆绑在一起，才能够实现这样一个创新模式。我们一起在探索，那出了问题就是我们随时来沟通。"

三是探索"公益+商业"的运营体系。为了向居民提供更好的公共文化服务，同时确保该文化艺术中心的可持续运营，昌平区社会组织服务中心在运营该场馆时，采取了"公益+商业"的经营方式。如在公益方面，该文化艺术中心的图书馆在下午五点前向公众免费开放，同时中心的剧场公益使用若干个场次，此外排练厅为1万多个团次公益免费使用等。而在商业方面，中心探索了多种盈利方式，开展活动场地租赁、广告宣传、演出项目合作、剧场商务活动、电影包场及影券团购等商务合作，如地下一层的创美空间对外租赁收取费用，单价从4元/天/平方米起步；图书馆分为白天和夜间两种时间模式，在下午五点后变为付费自习室；一楼的书店销售图书和相关文创用品等。

结语

昌平区社会组织发展服务中心是社会组织在回天治理中大有可为的建设平台，为引入更多优秀人才参与回天地区社会治理打通渠道，也为政府、企业、街道、社区、社会组织、居民等不同主体搭建了互动桥梁，在拓展社会组织自我造血能力方面寻求创新探索。可以看到，无论是过去几年回天地区的社会治理成果，还是未来回天地区社会治理的继续提升，昌平区社会组织发展服务中心在其中都将起着承上启下、左右逢源的关键作用，既协助政府对社会组织进行管理与服务，又整合资源形成合力，探索创新新型治理模式，有效激发基层活力。

基本信息

北京市昌平区社会组织发展服务中心成立于2018年5月,是由昌平区委社会工委指导成立的昌平区枢纽型社会组织,是促进社会组织发展服务、学习交流、互动参与的载体,是社会组织孵化培育的平台,也是引领社会组织创新发展与对外交流合作的枢纽。由中心运营管理的昌平区社会组织孵化基地是由昌平区委区政府主导,由昌平区社会工委民政局、团区委联合打造的社会组织培育孵化基地。基地位于回龙观东大街318号,建筑面积2000平方米。该基地旨在搭建一个社会组织发展的优质平台,服务民生、服务社会。

回龙观街道社区社会组织联合会
——社区资源的赋能联合

为联动多方资源助力基层社会治理，建设美好美丽新回天，回龙观街道抓住"回天地区三年行动计划"这一契机，成立了回龙观街道社区社会组织联合会（简称"回社联"）。回社联以赋能转化为核心，构建了"一学院、三组织、五队伍"中枢系统，即以"社区学院"初步赋能，吸纳新生力量，打造三大专业团队，提供技术支持和专业指导，助推社会组织朝环境治理、便民服务、心理疏导、矛盾调解、安全防控五大治理方向孵化转变。进一步地，回社联深扎社区联动赋能，利用"合创家"小程序，通过积分体系、便民服务、任务发布及社区社会组织接取等模块，串联起政府、居民、社区商业等多方主体，为社区治理和社区经济平台的搭建提供重要载体，形成对居民和社会组织"吸纳—培育—赋能—服务—激励"的治理长效循环，最终实现分层提质，精准赋能，长效治理。

一、组织中枢："一学院、三组织、五队伍"

回社联通过前期调研，对社区内外部可利用资源进行整体规划，发展并培育出各类组织，已完成389支社区社会组织的线上线下登记备案工作，在完善社区组织体系、调动居民积极性等方面发挥了巨大作用。回社联以问题需求为切入点，以"一学院""三组织""五队伍"为载体，搭建完善的引入系统和输出系统，推动社区组织逐步实现赋能转化。

一是利用"一学院"引流。"一学院"即社区学院，通过以兴趣为引流入口，体验课、系列课并行的方式，邀请专业人员为社区居民免费提供涵盖智能类、家居类、心理类等方面的课程，引流居民参与社区活动。2019年12月10日第一期社区学院及老年大学正式开课，分别为兴趣体验类和专项系列类课程两种形式。其服务人群广泛，覆盖青年、中青年、老年等群体；学院课程体系包括线上和线下两个部分,课程清单则根据学员需求不断新增调整;其线上课程也为组织积分消纳提供了途径。到2021年,社区学院发展初具规模,平均每周开设各类课程10节,服务学员600余人,已完成各类线上课程录制80余节,面向居民提供总计109项300余节线上线下课程,初步形成了具有回龙观街道特色的区块链,为街道、社区精细化治理提供重要支撑。

二是利用"三组织"专业化运作。即深入发掘社区人才所成立的社区信息化普及服务队、社区心理健康服务队、龙域东一路商户自治协会三家具备专业能力的组织。信息化普及服务队主要聚合科技型人才,据社区发展需要开发程序,并维护"合创家"的正常运营。如新冠肺炎疫情发生时,面对社区的求助,在回社联的推动下,信息化普及服务队开发了一款回龙观街道返京人员信息登记表小程序,对返京人员的信息进行登记;心理健康服务队主要为社区层面的心理疏导先锋队做技术支持和专业化的帮助指导,具有较强的专业性。该组织已参与政府购买社会组织服务的环节,并派出一个团队为昌平区的各社区开展心理服务电话热线活动,目前组织已开设十五条热线,在合创家、北京日报、社区微信群等多方平台广泛宣传,对解决当地居民疫情封闭期间心理难题及处理居民家庭矛盾等多方面产生积极影响;商会自治协会主要由街道150多家商户联合而成,该组织围绕社区商户的两大核心诉求,将商户引入社区,进行日常的政策宣传、社区设施维护、自查自纠等,为社区解决了诸多小但无法定责的事情。

心理健康服务队在热线运营方式上,采用一线接线员服务与专家回拨相结合的方式。一线接线员主要解决较为简单的问题,当来电者问题较为复杂时,接线员则将问题回馈到社区心理健康服务队专家手中,采用专家回拨的方式进行更加专业的服务与帮助。该模式有助于提升服务的效率与质量。

社区商户的两大核心诉求为:一是希望与城管等市场监管部门建立良性互动关系。二是希望增加社区居民进店量,扩大自身影响力。商户自治协会在自查自纠环节中设计评价表,商户间轮流监督,并定期将自查表上报给有关部门,减少有关部门工作量。同时,商户自治协会将部分商户的产品信息及服务放入平台,居民可通过积分兑换商品的方式增加进店量,拉动店铺消费。在此过程中,平台也会考虑商户与社区的配合度以及贡献度,从商户为社区解决问题的能力、资金捐助、社区活动参与度等多方面进行综合考量,将表现优秀的商户产品放于平台中更加显著的位置,以达到更好的宣传效果,形成商户与社区的双赢。在第一批投放的商品及服务中,共有60到70家商户参与,从2020年程序上线到2021年年初,商品服务累计兑换次数已达17000次,兑换商品价值已达三到四万元,该模式已具有一定的规模。

三是利用"五队伍"培育。即以三家组织为推手,促进现有社区社会组织发展转型,培育孵化环境治理、便民服务、心理疏导、矛盾调解、安全防控五个治理方向的社区共建先锋队。组织通过孵化培育出上述五类具有社区治理意义的共建先锋共计12支。其中环境治理主要针对垃圾分类和社区环境整治;便民服务主要提供诸如上门理发、疫情防控期间为隔离人员送饭、取快递等上门服务;矛盾调解主要在矛盾的初级阶段及时进行简单的调解,防止矛盾恶化,若调解不了,则依托司法组、公证处及矛盾调解中心等做更专业的调解。心理疏导主要通过吸纳社区居民和社会心理咨询专业力量组成多种形式的服务队伍,为有需要的人群开展简易心理聊天和情绪疏导工作,及时发现需要专业心理咨询和干预帮扶的重点人群。目前社区正在申报心理测评机制的方案,希望给街道23个社区的两委建立心理测评机制,对居民做匿名的调查,分析社区居民的心理状况,作为日后社区开展工作、活动的依据。安全防控先锋队主要是对社区内楼道堆积物、车棚杂物、电动车上楼及消防等安全隐患进行排查,帮助居民树立消防主体意识和治安责任意识,提升社区安全指数。

物业企业联合会也是挂靠在回龙观街道社区社会组织联合会的专业社会组织,是在昌平区民政局注册的与回龙观街道社区社会组织联合会同类型的组织,但由于其成立时间较晚,相关管理经验不足,现由回社联进行代管。物业企业联合会所辖范围基本涵盖回龙观地区的所有物业,该组织就各物业的工作情况,利用合创家小程序进行打分评级,最终由街道、居委会、社区居民三方评分综合计算得出。在评分环节,结合社区人数确定最低打分人数标准,以提高评分的客观性与民主性。根据评估结果,将评级中得分高的物业与评级中得分较低的物业结对,进行一对一帮扶与交流,当其中服务水平较差的物业出现人员不足或所提供服务不能满足需求时,则使评分高的物业派出人员或提供资源进行帮扶。通过以互帮互助的形式实现物业联盟间资源服务的转移链接,解决社区内物业现存问题,最终提高物业为社区服务的质量与水平。而针对在一对一帮扶后仍存在较大问题且自身改进意愿不强的物业,街道设置了红黄牌提示机制,在提示后未有明显改进,经街道书记约谈后,若服务仍长期引发街道不满,可召开业主大会将该物业替换。在物业联盟内还设有会费机制,每个物业以所辖社区为单位上交会费,会费主要用于奖励评比中的最佳物业与进步物业，形成激励机制以促进各物业积极改进自身工作。

二、治理循环：赋能转化、拓展服务

立足于政府部门、社区居民、社区商业的不同需求，回社联不仅通过拓展队伍属性、等级评定、分级分类培育等形式扶持、孵化社会组织和社会队伍，壮大社会自治力量，实现服务的间接提供，而且深扎基层社区，提供实体化、直接性的服务。在两者并行而串联起来的治理体系下，零散的人力、物力和财力以及互联网等要素实现有效协同，社区形成治理微循环，整个社区共同体有序、稳定、均衡运转。

一是拓展队伍治理属性。回社联将社区内已有的组织，如广场舞队、合唱队、书法队等进行培育，在保留其队伍固有属性的同时，扩展队伍功能及活动范围，赋予其治理性能。当社区有需要时，回社联以项目的形式在社区平台发布志愿活动，征集志愿者，有意愿的群体或队伍可以进行申请，据此得到积分或者获得资金对队伍反哺，实现社区资源利用最大化。在整个组织培育孵化的过程中，回社联以枢纽性的社会组织定位，对社区内的社会组织进行备案、管理，社区社会组织根据需要自主承接、申请项目。此外，回社联还引入第三方组织承接项目，建立包含联合会自主接取任务、辅助社区自组织接取任务、引入第三方社会组织落地服务三类服务形式，最大限度发挥政府购买服务资金作用。

二是分级评定队伍，有效匹配任务。在逐步发展过程中，回社联推出等级评定，对社区的需求以及队伍经验值进行分级，根据项目难度及社区社会组织能力评级进行任务匹配、发布及执行评审。三级队伍主要进行较为简单的工作，其内容多为体力劳动，当参与的活动较多，队伍积累一定经验后，可以进行升级；二级队伍则能够参与社区活动的策划，如撰写活动策划书等工作；一级队伍可以参与更加专业的工作与活动，如参与政府购买社会组织服务，其中涉及立项书撰写、答辩等要求较高的活动。在升级的过程中，社区社会组织服务社区的能力与水平也不断提高，部分社区社会组织则进行了组织性质的转化。通过转化，文娱类志愿团体由之前的64%降为53%，其差值11%主要转化为知识类或者治理类队伍。该模式充分发挥了社区内组织与社区联系密切、能够及时发现社区中存在的问题、服务持续性强且各组织间配合性较外部组织更高等优势，对于社区的发展起到重要作用。2021年，在回社联备案的社区队伍已经达到389支，一级队伍约20支，均能够参与区级政购服务项目。

三是深扎基层助力社区发展。回社联在培育组织为社区撬动资源的同时，也深入社区内部，不断完善社区服务，在社区需要时施以援手，助力社区发展。其主要表现在以下三个方面：一是助力疫情防控，在新冠肺炎疫情发生时，开发信息登记表小程序，每天在后台刷新筛选途经中高风险地区的人员，同时开设多个核酸检测点助力疫情防控。二是解决特定群体需求。回社联从不同群体角度出发，瞄准群体需求，构建社区服务网，切实解决了居民难题。如在社区走访中发现商业性的理发机构收费较高，尽管有政策补贴，但仍超出了老年人的消费预期，了解到老年人的理发需求后，回社联发动社区服务队进行资源对接，免费为老人提供理发服务，解决了老年人理发难题；对于社区中的上班族来说，由于闲暇时间与社区物业、居委会的办公时间有冲突，交水费、停车费、物业费是一个难题，回社联从上班族的立场出发，在"合创家"这一平台增设缴费功能，通过输入楼层房号或车牌号即可缴纳费用，为上班族提供了便利。三是开展社区特色活动。回社联每年结合中国传统节日及重要时间节点策划设计特色主题活动，并根据社区需求策划心理、法律、科普、手工等多项主题活动。自2019年起到2020年年底，回社联已帮助社区策划并协助举办260多场活动，丰富了社区居民的生活，增强了社区凝聚力。

三、线上聚能："合创家"

为推动社区治理的现代化、数字化、智能化，回社联联合街道、社区、商户等主体逐步推出"合创家"小程序，2020年5月1日小程序正式上线运营，运行至今，平台注册用户102738人，社区使用率100%，除了老年群体，基本上实现了社区居民全覆盖。目前小程序设计有三大类十个版块，通过积分体系、便民服务、任务发布及社区社会组织接取等模块，串联起政府、居民、社区商业等多方主体，为社区治理和社区经济平台的搭建提供重要载体。

一是综合便民服务平台。"合创家"小程序集缴费、评分、门禁等功能为一体，其便民服务具体体现在：该程序为商会自治协会提供商品服务推广兑换平台；为物业企业联盟提供考评打分程序；开发线上缴纳水电费等服务，使得物业服务更加便民利民。该平台同时推出了智慧门禁功能,用户在小程序上进行注册,平台将居民信息上传到政务云系统,社区门禁系统通过比对进出居民信息与系统内收集的信息即可提供智慧门禁服务。目前该服务已在回龙观社区内普遍推行。根据负责人琚鑫介绍:回社联在日后的发展中还将推出中央服务机模式,在平台上推出家政服务、养老服务等多种服务类型供社区居民进行选择。该系统在保障社区安全方面也将发挥更大的作用,在后期智慧社区的建设中,该平台将对小区内摄像数据进行分析,从而实现对可疑人员的排查与追踪,提升社区的安全系数。

二是资源整合平台。该程序充分整合并动态更新街道、社区各类学习、服务和活动资源,形成可吸引居民参与的知识讲堂、垃圾分类、志愿服务等活动,并可兑换日常生活用品、线上课程、商家优惠券等积分奖励。以平台的积分系统为例,居民通过参与志愿活动,获得相应的积分,当积分积累到一定程度可以兑换相应的福利,如社区学院的课程、到会员单位商户兑换商品等。此外,积分兑换也有相应的等级,不同的等级享受的折扣和福利不同。

在积分体系的运行中,积分主要由政府提供资金补贴、社区商户提供服务或产品、居委会利用社区公益金等方式进行消纳,社区学院的线上课程兑换也能在一定程度上起到消纳积分的作用。在街道购买社会组织服务的经费中,有较为固定比例的经费专用于积分的消纳,以保证积分体系的正常运转。

结语

目前,回龙观街道社区社会组织联合会基本形成了以社会组织赋能转化为核心,以"合创家"线上平台为聚能手段,以专业化、本土化治理实践为发展方向,覆盖环境治理、便民服务、心理疏导、矛盾调解、安全防控五大领域的工作体系,已成长为"回天有我"不可或缺的生力军,是弥合政社中空区域、形成紧密共同体的街镇级社会治理枢纽平台。它是回龙观街道政府、社会、市场等多方合作治理的典型代表,一方面这类"土生土长"的社会组织成长于居民之中,能够参与具体的、实体化的社区服务;另一方面在发展中逐渐辐射影响力,利用自身的资源进一步孵化专业、规范的队伍来为社区增能,实现社会组织"滚雪球"式发展。同时,其使用的"合创家"线上平台探索线上搭载辖区医疗、教育、商超、休闲等社区互助、商业服务,建立社区货币系统,可以助推以智治支撑社区物联,社区党务、政务、居务资源互联以及福利经济和社区经济发展,亦是未来基层社会治理的重要创新方向。

基本信息

创办时间：2019年7月25日

组织地址：昌平区回龙观街道龙域北街10号院1号楼创集合5层，空间面积500平方米。

组织规模：运营团队5人，开放式工位32个，有大、中型会议室各1个，多功能活动室1个。

业务范围：开展法规宣传和各种社会宣传；开展社会调研；参与政府组织的各项文体娱乐活动；组织承揽便民、利民等低偿服务；为居（村）民提供助残、助困、助老等无偿公益服务；协调医疗、卫生、健康保健等公益事业服务项目。为社区社会组织提供管理、指导、培训、服务等方面的专业支持，发挥社区社会组织孵化基地的作用。

回龙观志愿者协会——内修外展、多样供给

回龙观志愿者协会对内推动规范化管理，筑牢发展基础；对外与多元主体协同合作，挖掘发展潜力；内外兼修不断拓展协会发展空间。同时，其文化娱乐活动和治理类项目开展并重，满足周边社区多样化、多层次、个性化、特殊化需求，提升了周边地区的公共服务供给能力、人居环境品质、社区发展活力和基层社会治理水平。具体来说其特色主要体现在：一是规范协会内部建设，编写志愿者工作手册，并对各类专业志愿者进行岗前培训，打造专业化的志愿队伍；二是与回龙观社区网密切合作，扎根社区，同时链接社会组织、社会企业等多方资源，线上线下相结合助力基层社会治理；三是开展多样活动，发展特色服务，建设品牌化和特色化项目。

一、规范协会内部建设

为推动协会可持续发展，同时提升活动开展效率，回龙观志愿者协会制定了较为完整的管理标准和培训体系，通过编写标准化、流程化、体系化的志愿者工作手册，开展岗前培训，规范志愿服务发展，建设专业化的志愿者队伍。

一是编写志愿者工作手册，进行岗前流程培训。一方面，回龙观志愿者协会编写系统规范的工作手册来指导志愿者工作。由于各种原因，回龙观志愿者协会在发展初期并未形成可持续性的志愿者队伍，在一个系列的活动中，参与这次活动与下次活动的人群可能完全不同，这不利于志愿服务的高效开展，因此回龙观志愿者协会通过制定规范化的工作手册来具体指导志愿者，有了这个手册，哪怕是个"小白"，也可以按照手册上的流程来一步步操作。另一方面，在每一次项目开展前，回龙观志愿者协会都会举行岗前流程培训，指导志愿者在服务过程中如何填写问卷。在项目结束后，会对相关活动进行总结并在志愿北京上记录工时，针对项目前—中—后三个环节形成闭环、完整、系统的管理体系，保证志愿活动长效、平稳有序进行。

如针对"井上添花"①项目，回龙观志愿者协会形成了"井上添花"操作手册，详细介绍了项目内容、执行过程以及所需的工具等信息，将这一项目进一步标准化、流程化、体系化，便于后续活动的展开。

二是培育专业志愿队伍。志愿者可以分为普通志愿者和专业志愿者。普通志愿者的要求较低，基本上只要沟通能力没问题，就可以胜任基本的志愿服务。专业志愿者主要分为公益理发志愿者、地铁志愿者、公益讲堂志愿者三类。②在公益理发方面，共分为两个小分队，一个是和社区内的一个理发店合作，理发店虽是商业的，但是店主有做公益的需求，因此回龙观志愿者协会就负责对接整合相关资源；另一个分队是"蓝天嘉园"志愿者服务队，由热心的社区居民于建华、付淑文发起并组织，基本上由退伍军人组成，由于年轻时在部队都做过类似的事情，或者是相关经验比较丰富，回龙观志愿者协会就引导他们"走出来"，让更多的人享受到退伍军人的志愿服务。在地铁志愿者方面，2019年9月回龙观志愿者协会欢乐颂地铁志愿服务分队成立，截至2021年11月，正式队员265人，年龄最小的志愿者12岁，年龄最大的志愿者74岁。志愿服务区域主要为北京地铁13号线龙泽站、回龙观站、霍营站等7个站点。在公益讲堂方面，志愿者分为心肺复苏应急救援、亲子讲堂以及健步走三个方向，讲师会在现场教授大家一些基本的常识并做示范，课堂不收取居民任何费用。

"蓝天嘉园"志愿者服务队由开始的几个人，发展到现在的20余人，每次理发2个小时，一般理发40人次，最多时达到80人次。每次理发分工明确，指导组、登记组、勤务组、理发组各负其责，逐步形成一套组织正规、制度健全的志愿者群体。

欢乐颂地铁志愿服务分队虽然以中老年人居多，但在志愿服务上却热情如火，积极性高，责任心强，敢于担当，逆势而上。2020年队伍由2019年的132人增加到210人，志愿服务总时长7459小时，当年服务时长2700小时。志愿者们始终以奉献、团结、友爱、进步精神激励鞭策自己，在地铁13号线霍营站区的专业指导下，坚持为南来北往的乘客服务，引导乘客在自助机上购票充值；协助有需要的乘客进出站；有效解决乘客的充值、购票、问路等问题，尤其在疫情防控期间，依然坚守在地铁站服务一线，成为地铁站上一

---

① 它以绿色环境为主旨，通过在井盖上画一些与环保相关的图案来向居民传递绿色信息。
② 这三类也是回龙观志愿者协会一直延续的品牌服务项目。

道靓丽的风景。"让我们退休的老同志,能够有机会为国家、为社会再做些贡献,帮助别人,快乐自己!在疫情期间我能够去值班,就是一个信念,尽自己的能力去帮助他人,不忘初心,牢记使命!在这个集体里学到了很多知识,感谢平安地铁,我会努力,尽志愿者的职责!"成员李俊英说道。

在公益讲堂方面,2019年9月,在与回龙观志愿者协会、回龙观社区网、京博苑龙冠儿童之家的合作下,"卓有成效的亲子沟通——做真实的父母,培养自信的孩子"线下公益课程在首开广场四层亲子图书馆成功开启。此次课程特邀博苑家长学校高级讲师、中科院儿童发展心理学硕士、ACI国际心理咨询师、中国家庭教育指导师陈剑老师担任主讲嘉宾。

二、依托回龙观社区网,扎根社区,联合多方

回龙观志愿者协会依托回龙观社区网积极向外拓展,同社区、社会企业、社会组织等多元主体展开合作,借助外界力量不断壮大自身,打破供求不平衡、活动单一、资源匮乏等桎梏。

一是依托回龙观社区网开展活动。回龙观志愿者协会主要依托回龙观社区网的影响力,通过网站集合网友志愿者及回龙观社区居民,为社会建设贡献自己的力量。例如救助回龙观地区4名患有白血病的小朋友,先是在回龙观社区网上发起募捐活动,资金存入回龙观志愿者协会的账户之后一一转给受捐人;2008年汶川地震,回龙观志愿者协会依托回龙观社区网发起募捐,一个星期之内就完成了1000大包救援物资的捐助;回龙观志愿者协会每年会定期募集资金来帮助回龙观社区网上的困难网友和居民,或者利用这些资金不定期地慰问敬老院,召集一些热心的小朋友前往进行节目表演;2020年度政府采购社会组织服务项目——"回天映像"志愿活动,由回龙观志愿者协会承接,联合回龙观社区网进行宣传等。

二是与社区签订协议开展孵化项目。2019年,回龙观志愿者协会与龙城花园、龙泽苑东区、融泽家园一区、融泽家园二区、金域华府五个社区签订了项目孵化合作协议书,培育社区志愿者并协助社区完成孵化目标。在这一过程中,回龙观志愿者协会主要提供相关的工具与技术支持,具体活动由社区自己完成,如健步走活动,由社区来发布活动通知,然后由回龙观志愿者协会找赞助商为参赛者提供统一的服装,也可以提供指导老师来带领队伍进

行健步走；再如2017年举办的"随手拍"活动，与金榜园社区、天龙苑社区等社区合作开展。

三是与专业社会组织合作。回天区域内的社会企业、社会组织具有数量多、资源丰富、社会责任感强等特性，是主要的资源拓展对象，也是回龙观志愿者协会的战略合作伙伴。如回龙观志愿者协会在举办"跳蚤市场"活动时，对接了"同心互惠"公益商店协作开展；2020年年初，为在非常时期倡导大家少出门、多居家、做好家庭防护和自我隔离，同时第一时间发布疫情实时数据、应急措施、身边正能量信息以及社区居民所关注的疫情信息等，回龙观志愿者协会协同回龙观社区网、回龙观企业信用建设促进会以及天通苑志愿者协会，发起战"疫"网者（网络志愿者）行动。

战"疫"网者行动从2020年1月31日正式开始，至2月25日，在志愿北京共招募310名志愿者，累计录入志愿工时3174小时，累计推送官方疫情相关新闻83条，每天信息传播覆盖达15万人次，并根据居民需要开设微信公益课堂——战"疫"网者健身群、微信公益课堂——亲子关系课堂等。

三、打造品牌化、特色化项目

回龙观志愿者协会在发展常规志愿活动的同时，也注重发展特色服务，致力于打造品牌项目。目前，回龙观志愿者协会发展的特色服务包括但不限于：

一是亲子小屋公益图书馆。亲子小屋公益图书馆始建于2006年，最早是由回龙观社区的一个网友提出来的，他说家里小朋友长大以后没有用的书很多，但是也不想扔掉，这一部分书闲置在家里就成了问题。于是就建议大家把不用的图书都汇集在一起，相互补取。亲子小屋公益图书馆的藏书规模在顶峰时曾达到3万册，日常的义工团队达到20多人，有关志愿者主要来源于周围的华北电力大学、北京邮电大学、中央财经大学等高校的大学生以及回龙观地区的全职妈妈。目前亲子小屋公益图书馆位于首开广场4层的孵化基地，借书完全免费，只需要交付一定的押金即可带回家阅读，一年之内将借阅书籍归还即可退回押金。

二是"G+"绿色社区。"G+"绿色社区公益活动属于政府采购项目，它针对绿色人文、绿色出行、绿色环境、绿色消费四个项目培育，设计制作符合绿色社区理念的项目操作流程，为社区志愿者们提供专业、实用的项目操作指导，通过辅导式的培训和标准化的操作流程，实现社区居民自发组织、开展"G+"绿色社区项目系列活动，促使居民重视环境保护、节约能源等社会问题，激发社区居民自治原动力，营造社区居民共建、共治、共享的社区文化氛围。截至目前，"G+"绿色社区项目在回龙观地区的龙城花园、龙泽苑东区、北店嘉园、融泽家园一区、融泽家园二区、金域华府、金域国际、龙腾苑五区、龙腾苑六区等9个社区实施，得到了广大社区居民的积极响应，获得了参与者的高度认可和欢迎，并在回龙观社区网、志愿昌平、回龙观志愿者协会公众号等多家媒体上进行了详细的图文报道。2019年12月，"G+"绿色社区项目荣获2019年北京市社会组织孵化中心创新加速项目优秀案例奖。2020年，荣获昌平区优秀公益奖。①

"随手拍"活动是"G+"绿色社区的一种活动形式。该项目主要是鼓励社区居民拍一些社区内的照片，讲述大家对社区的期待，让居民对社区提意见、建议，并将对社区不满意的地方、社区不文明行为等进行拍照留存或文字记录，同时组织志愿者收集整理居民的意见、建议，将之分类。对于无法由居民自己动手解决的问题，提交相关部门处理；对于居民可以解决的问题如小广告、公交秩序、小区环境等，归类后制定解决方案，然后以社区为单位，发动社区志愿者进行力所能及的互助、清理，并拍摄图片进行保留。最后对同一个地区清理环境前后的照片进行对比，发布至网上，希望借此引起居民对于保护环境的关注。

跳蚤市场是"G+"绿色社区系列活动中的又一活动形式。社区大部分居民都面临这样一个问题：即自己家中有一些很好的东西，但是自己又不经常用，扔在垃圾桶里会觉得可惜，因此很多物品闲置了。为了解决这个问题，回龙观志愿者协会对接了"同心互惠"② 社会企业。回龙观志愿者协会将居民闲置的衣物、书籍、文具、玩具、小家具、小电器以及可以再次使用的生活用具全都对接到"同心互惠"，由它来做统一的收集，再对接到需要的目标人群中去，"同心互惠"会开具相关的捐助证明，对东西送到了什么地方、做什么使用进行图片、文字的跟进报道。通过定期举办"G+"跳蚤市场公益活

---

① 回龙观志愿者协会通过努力打造公益品牌，扩大公益活动的社会影响力，争取多方企业的赞助，拓宽资金的来源，以改变目前自己补贴部分活动资金的状态。目前，政府采购、专项资金支持是回龙观志愿者协会的主要资金来源。

② 同心互惠是2006年创办的一家社会企业，成立初衷是支持流动儿童教育，关注打工者生存现状，倡导有尊严的捐助，2018年荣获中国慈善展会金牌社会企业认证。

动，以"互取所需"的方式，鼓励社区居民养成环保节约的意识，倡导二手物品再利用的绿色消费理念，增进邻里关系、亲子关系。

三是"回天映像"项目。该项目分为回天映像摄影大赛、回天映像诗歌大赛、回天映像短视频大赛三个栏目，旨在通过文字、图片、影像，记录在回天三年行动计划期间居民身边的惊喜变化和美好发现，生动展现回天三年行动计划的优秀成果，促进回天居民积极参与回天社会，建设社区居民共治、共享、共建美好家园。"回天映像"从2019年8月开始举办，连续三年，累计收到2000多份投稿作品，参与人群包括社区居民、学生，以及社区各文艺社团组织等，每年从参赛作品中评选出54个优秀作品①，在首开广场、北京华联同成街购物中心、永旺梦乐城北京国际商城、天通苑文化交流中心进行巡展。在这期间，已举办了线上和线下13场专题沙龙活动，并同时在线直播，累计在线观看人数上千人次，受到了广大网友的喜爱和认可。在"回天映像"开展过程中，回龙观志愿者协会也培育了一支热爱生活、热爱公益的摄影志愿者队伍，这支队伍由28位回天地区的社区居民组成，在主办方推荐下参加各类社区活动70多场次，在志愿北京累计志愿工时182小时。

结语

回龙观志愿者协会一方面通过编写志愿者工作手册、开展志愿服务培训、打造专业志愿者团队推动协会内部规范化管理，另一方面向外拓展资源和服务，加强同街道、社区、社会组织、社会企业等多元主体合作，依托回龙观社区网开展救助性、治理性活动，同时打造品牌项目，探索出一条内修外展、多元供给的特色发展路径。在为群众提供喜闻乐见高质量活动的同时，充分发挥扶贫救困、帮老助残的社会价值，为回龙观地区志愿队伍培育和志愿氛围营造贡献力量。

基本信息

北京市昌平区回龙观志愿者协会成立于2009年3月，是在昌平团区委、回龙观地区办事处、回龙观镇团委支持下成立，并经昌平民政局注册的社会团体，主管单位为昌平团区委。

---

① 参赛成员可通过"邻友圈"App进行拉票，最终结果由网上投票和专业评委两部分成绩综合评定。

天通苑志愿者协会——由内生发育走向规范建设

天通苑志愿者协会倡导"温馨天通苑,快乐志愿者"的理念,以自愿参加、民主群策、公开透明、讲求实效为原则,整合社区资源、凝聚内生力量、解决内部矛盾、改善社区风貌,实现了自我孵化。天通苑志愿者协会在发展过程中,呈现出明显的阶段性特征,在早期,主要依靠组织本身主动参与、积极作为,也即自致机会寻求发展,因此这一过程也呈现出明显的自发、互助、自治性。随着协会的深入发展和政府积极的政策环境导向,天通苑志愿者协会也在政府的干预下,逐步向更加规范化、专业化的方向发展,通过他赋机会完成了由自然自发到规范专业的转型升级,其转变表现在:组织发展更加规范;志愿团队日益专业;活动开展更重视品牌打造;治理效能不断增强。

一、自致机会:居民自治,内生型发育

天通苑片区居民入住之初,一方面还没成立社区居委会和街道办事处,另一方面在经济适用房物业费较低的(5毛/平)情况下,物业服务水平不高,保洁、绿化、保安人员不足,社区管理存在很多的漏洞。而作为最早一批入住的天通苑居民,以年轻人居多,愿意一起做活动,故2001年,业主首先自发创建了线上网站——家住天通苑,在这一平台上,居民可以创建论坛、集体谈判、社区采购、联谊团建、邻里互助……天通苑志愿者协会崭露头角,并呈现出极强的自发性、互助性和自治性。

一是居民自治属性强。社区居民在无上级政府政策支持、无资金报酬的情况下,以共同诉求和热情为支撑,自发形成组织,规范社区管理。一方面表现在社区活动由居民根据需要自主设定,在网站上自发招募,如开展文明养犬和奥运知识的宣传类活动;建设"社区爱心互助图书室"捐赠图书的捐赠类活动;为天通苑邻居们提供免费医疗和健康咨询的医疗咨询类活动;为

邻居提供电脑维修咨询等。另一方面表现在通过团体力量积极维护和争取权益,如面对天通苑水质差的问题,居民自发组织去验水;面对垃圾焚烧,居民自发组队加以制止;面对社区附近缺少地铁站影响出行的难题,居民们出谋划策、集思广益,以写信、打电话的方式向政府表达诉求,在居民的推动下,天通苑北站建成,极大地方便了居民出行;同时,天通苑片区成立初期,尚未建立派出所,为保障社区治安,社区中有相同兴趣特长的居民、无线电"发烧友"们组成天通苑应急通讯队①,负责社区夜间巡逻,极大地震慑了犯罪分子,社区内犯罪率大幅度降低。后期在政府推动下,社区建立派出所,天通苑应急通讯队辅助派出所巡逻工作。

二是开展丰富的文娱活动。天通苑志愿者协会举办丰富的文娱活动增强邻里互识互通互信,其主题涵盖厨艺大赛、歌唱比赛、春节晚会等多个领域,如 2007 年 1 月召开天通苑志愿者协会成立大会并开展了"争当社区志愿者,共建和谐新社区"的主题服务月活动;2007 年 5 月,天通苑志愿者协会组织会员观看世界跆拳道锦标赛;通过社区居民众筹,租借了音响设备和演出服装,在蜀国演义酒店举办一年一度的天通苑春晚,提供展示舞台供居民自娱自乐,丰富居民的文娱生活;2007 年年初到 6 月组织"超级邻声"歌唱比赛,为有才艺的人提供施展才华的空间,共 300 多名选手参加,目前该活动已持续举办十几年,成为北京市有影响力的社区文化活动之一,为社区文化发展贡献了力量;2007 年 9 月,天通苑志愿者协会协助中央电视台联系社区开展了第一届"天天饮食"社区厨艺大赛;2007 年 10 月根据上级统一部署,天通苑志愿者协会成立奥运城市志愿者服务站,在国庆期间宣传奥运,会员近百人放弃节假日参与志愿服务;2007 年 12 月底,天通苑志愿者协会联合北京电视台以及社区,组织开展了"红绿灯进社区"安全驾驶活动,这是此类节目第一次进社区;2008 年,通过购买政府服务,启动天通苑大讲堂,邀请知名人士如主持人阿义等到社区做讲座,其中关于南极考察的讲座至今已经做了 100 多期。

三是居民参与度高。天通苑志愿者协会发展早期,由于同类的社会组织没有完全发展起来,同质化程度低,居民对社区活动抱有较高的热情,参与度高。随着社区规模的逐渐扩大,社区成员增至 10 万人,其中天通苑志愿

---

① 天通苑应急通讯队,又名通讯局应急三分队,该队伍由专业组织与志愿组织相结合而成,在有地震、雪灾等自然灾害时,可通过队伍的无线电进行通讯,经费由民防不定期进行赞助,目前正在尝试将政府购买作为经费来源。

协会积极分子2000~3000人。根据天通苑志愿者协会负责人介绍：协会志愿活动发布主要依靠两个平台，一个是协会公众号，一个是志愿北京，当有活动通过平台发布时，立刻会有很多人报名参与，有的时候能塞满整个广场，居民参与度很高。

二、他赋机会：行政介入，规范化建设

后来，由于网站以线上虚拟空间为主，公信力相对不足，志愿服务的长期性、时效性无法保证，网上群体和网下群体出现脱节等原因，业主向昌平团区委、区志愿者协会反映，希望建立一个能够把有相同服务意向和志趣爱好的志愿者稳定、有效组织起来的志愿者组织。在昌平团区委、昌平区志愿者协会、东小口镇政府的指导和支持下，昌平区志愿者协会天通苑分会于2006年12月正式成立，并在昌平区民政局登记注册，第一届秘书长由东小口镇团委书记兼任。尤其在2008年以后，不少社区居委会成立，其他专业社会组织亦开始不断发展，天通苑志愿者协会开始向规范化、品牌化方向发展。

一是治理性能增强。随着街道力量增强、社区两委工作的逐步开展，天通苑志愿者协会从居民自娱转向协助政府治理和社区治理，特别是在"回天有我"社会服务启动以后，以政府购买公共服务、自发组织等方式，策划开展了公益助老、超级邻声等文娱、志愿服务活动。在发展中，天通苑志愿者协会逐渐意识到梯队建设的重要性，着意为回天行动培养后备社区志愿力量，动员社区骨干以家庭为单位，由年轻的爸爸妈妈们带领着孩子，成立了追风少年志愿服务队，他们以保护环境建设绿色家园为理念，配合"回天有我"社会服务活动，定期组织开展户外捡拾垃圾、清理小广告等志愿服务活动。再如2020年，为协助政府进行新冠肺炎疫情防控，在昌平区志愿服务指导中心的大力支持下，联合回龙观志愿者协会等诸多单位，开通了战"疫"网络志愿者平台，一方面利用网络平台组织号召广大志愿者们"众志成城战疫情"，另一方面在第一时间发布疫情实时数据，引导居民居家隔离，为基层的疫情防控作出了重要贡献。

二是组织发展更加规范。组织的规范性主要体现在领导班子及其志愿服务认证两方面。2016年12月，天通苑志愿者协会对第三届理事会的成员进行改选，成员涵盖了昌平区志愿者协会干部（兼任）、社区志愿者骨干、东小口地区、天通苑南街道、天通苑北街道办事处等有关人员以及社区居委会负责

人和物业公司负责人，为协调各方力量共同推动社区志愿服务奠定了良好基础。从理事人数来看，社区居民占多数，从而很好地保证了民间草根性质。为了保证运转的稳定性，天通苑志愿者协会建立了项目三方协商机制，即天通苑志愿者协会的项目上报区协会、办事处，接受区协会以及办事处的监督指导。2011年，天通苑志愿者协会开始使用昌平区志愿者联合会会员管理系统，志愿者会员信息和资料实现电子化，同时建立了志愿服务计时认证系统，对志愿者进行服务认证管理，目前已发展了九个志愿者团体会员，参与服务的居民超过几万人次，服务时间达到33万多小时。

三是志愿团队专业化。2011年后天通苑志愿者协会分别建立天通苑公益心学雷锋团队、天通苑夕阳红西一社区团队、爱心衣橱团队、祥和志愿服务团队、暖暖爱心公社团队、天通苑物业公司志愿服务团队、社区儿童科学教育志愿团队、金色年华团队、和熙元助老服务总队等9个团队，每支团队有自己的主题，例如养老、孩童、兴趣等。截至目前，志愿团队已扩充至18支，并获得了诸多奖项，如在北京市2018年首都学雷锋志愿服务"五个100"先进典型活动中被评为"最佳志愿服务组织"奖，等等。

针对老年群体的有金色年华团队、和熙元助老服务总队，金色年华团队主要为老年群体服务，成员有60~70人，平均年龄在60岁以上，成员有一定的才艺，每月定期到养老院为老人送温暖、进行演出；和熙元助老服务总队于2016年成立，主要是做助老项目的专业团队，自成立以来每月都有助老志愿服务项目活动。

针对孩童教育，2012年5月天通苑西一区英语学习班成立，由奥运会志愿者杨景琇、贾连义两位80岁高龄老先生发起，得到了天通苑志愿者协会和天通西苑第一社区的大力支持，先后有中、外教师志愿者义务授课，至2016年，已举办了117期。

四是打造品牌活动。天通苑志愿者协会对成立初期的活动进行延续，不断规范发展，逐渐形成自己的品牌项目，如厨艺大赛、超级邻声等。此外，为丰富社区活动、传承传统文化，天通苑志愿者协会在商场举办非遗庙会，邀请许崇有、顾小玲等民间艺术协会的会员来教授居民手工艺术，其民俗项目涵盖毛猴、脸谱、衍纸画等各个方面。同时比较出名的还有北京清华长庚医院志愿服务队，该志愿服务队在天通苑志愿者协会的帮助下发展成立，其成员由天通苑志愿者协会推荐，目前已有700多名成员，仍有很强的发展潜力和扩充空间。

以延续至今的厨艺大赛为例，为提高居民参与度，传承民间风味美食文化，天通苑志愿者协会通过向企业拉赞助的方式，筹集食材和奖品，为举办厨艺大赛提供保障。赛前通过发传单、到居民家里宣传等方式，号召居民拿出特色菜展示厨艺，一方面推动居民厨艺切磋，增加居民之间的沟通；另一方面推动社区信任体系建设，为居民参与社区治理奠基。参加比赛的居民反馈道："你们这活动真好，希望协会下次把我们家老头子也拽出来多多参与"。

结语

天通苑志愿者协会于天通苑"睡城"之中孕育，应社区需要而生，随外界变化不断调整自身定位，根据居民需求拓展自身功能，借势打通上下资源，实现了由内生发育向规范建设的转变。天通苑志愿者协会的发展实则是"土生土长"的草根型组织的代表，其发展路径对其他组织的发展具有一定的启示意义。首先，在社会组织日趋同质化的当下，应不断做实做专特色服务，推动项目活动专业化、特色化、品牌化，形成"人无我有，人有我优"的独特竞争力。其次，发展方向、目标、重心应审时度势，根据国家、社会的需要不断调整，如此这般才不会被时代的洪流裹挟着走。

基本信息

在昌平团区委、昌平区志愿者协会、东小口镇政府的指导和支持下，昌平区志愿者协会天通苑分会于2006年12月正式成立，并在昌平区民政局登记注册。

润德社会工作事务所——挖掘资源、精准救助

北京市昌平区润德社会工作事务所（下文简称"润德社工"）于2016年在北京市昌平区民政局注册，秉承社工理念，以促进社会和谐为宗旨，以社区弱势群体为主要服务对象，开展各类社会工作服务，提供社会工作咨询、辅导。具体来说主要体现在两个方面：一是开展协同式服务挖掘社区内生力量培育志愿队伍；二是开展嵌入式服务对弱势群体进行困难帮扶。

一、协同式服务：挖掘社区内生力量

润德社工强调运用体验式的方法解决问题，动员更多服务对象参与意见表达，开展实际行动，并努力实现相关利益方的有效沟通。其结合专业技巧，以社区的公共空间为切入点，通过挖掘、激活社区潜在资源，凝聚居民，以组织培育引导更多主体志愿参与社区建设。

一是培育社区社会组织/志愿者团队。2019年润德社工承接昌平区三社联动项目——天通苑北街道社区社会工作室建设项目，帮助社区培育社区社会组织。润德社工通过提案大赛和专业培训相结合的方法，成功培育出北一社区扶危济困志愿服务队、北二社区和睦家庭互助交流服务队、北三社区文体志愿服务队、东三社区传统文化学习交流小组五支队伍、西四社区慧心巧手志愿者团队。

北一社区扶危济困志愿服务队主要由热心居民、志愿者和退休党员组成，通过志愿者入户邀请困难家庭成员参与社区活动的方式，帮助困难个人及家庭缓解心理压力，增强其生活信心和能力。截至目前共开展活动6次，直接受益人数82人，间接受益人数180人。

北二社区和睦家庭互助交流服务队主要由社区内的妇女组成，通过开展家庭关系讲座，进行创意盆栽、美食制作等培训，让社区妇女同志减轻工作和生活压力，点燃大家发现美、欣赏美、创造美的激情，并将制作好的成品

分享给家中的长辈或者邻里中的老人，弘扬团结、进步、和谐与创新的良好风尚，更好地促进家庭和睦、邻里团结，构建和谐温暖社区。目前该活动已开展6次，直接受益人数73人，间接受益人数225人。

北三社区文体志愿服务队主要针对不同的年龄段开展趣味活动，定期组织居民参加文体类活动，如歌唱、舞蹈、编织、棋牌、手工、阅读、文艺表演等等。通过整合社区公共文化资源，不断壮大社区志愿服务队伍，培育服务品牌，弘扬志愿服务精神，丰富各个年龄段的社区生活，实现了公共文化长期有效服务社区居民群众。目前共开展活动3次，直接受益人数82人，间接受益人数220人。

东三社区传统文化学习交流小组由社区工作人员和社区居民组成，核心成员10人左右。此组织致力于通过普及传统文化知识让社区居民加深对传统文化的了解和认同，增强社区居民的民族自豪感。目前共开展活动3次，直接受益人数56人，间接受益人数165人。

西四社区慧心巧手志愿者团队主要由社区党员和社区志愿者组成，通过开展花瓶制作、苹果制作和精美手工作品展，满足社区手工爱好者的需要，丰富和充实广大居民群众的精神文化生活，同时为社区居民搭建学习、交流平台，增进邻里感情，构建社区特色志愿文化。目前共开展活动8次，直接受益人数300余人，间接受益人数1000余人，短短两个月时间，西四慧心巧手骨干志愿者就达30名。

二是推进协同式互助养老。在东城区和昌平区香屯村，润德社工主要探索了协同式互助养老模式来破解空巢老人无人照护的难题：通过建立属地化互助志愿团队如银龄资源库和老老互助组陪伴社区孤寡老人，以邻里守望相助的方式提供养老服务。一般是由两个社会工作者组织社区的低龄老人志愿者，与高龄失能或老龄独居的老人结对子，每月一次，定期上门探望，通过30~40分钟的聊天给予老人精神慰藉，同时督促老人子女给老人更好的照顾。在结对过程中，低龄老人也会通过观察高龄老人的生活细节来了解其状况，如结对老人之间会定下一个约定，若高龄老人某天没有拉开窗帘，那他有可能是生病了，与他结对的低龄老人便会上门询问；低龄老人也会通过观察高龄老人每天是否取牛奶等细节来了解高龄老人情况。在上岗前，机构也会对志愿者进行技能培训，如进老人家要观察其生活环境是否舒适，与老人沟通过程中要观察其是否具有逻辑思维能力，了解其是否存在患病的危险，询问其情绪状况，与子女和邻里的关系等。

润德社工在昌平区香屯村依托村内资源和村民一起探索"小"老人帮"老"老人的协同式互助养老模式。润德社工指导并协助村里建立慰老志愿服务队,队长刘学芝经常同机构工作人员进行交流,分享互助过程中的见闻和感受,并针对互助养老过程中出现的问题进行探讨,以增强志愿者的自我保护意识,提高陪同看护能力。机构副主任白艳婷表示,"我们在关注农村空巢、高龄老年群体的生活现状外,为他们持续提供养老服务,从个人自助、朋辈互助、代际共助的角度出发,打造以村委会为平台、专业社工和志愿者为主体,社区多种资源共同参与的协同式互助式养老模式。"平日,"小"老人们经常走进行动不便的"老"老人家中,陪伴这些"老"老人,和他们聊聊家常事,帮他们做做家务。同时,志愿者还到村中定点超市,为他们代买、代送生活必需品,满足"老"老人们的日常生活需求。在社工和志愿者们的共同努力下,结合远郊农村的地域特点和文化特色,通过举办大大小小的宣传活动,在香屯村营造了敬老爱老的文化氛围,并通过搭建朋辈的支持交流平台,带动起邻里、朋辈和代际间的互相帮助与支持。

二、嵌入式服务:追根溯源,聚焦施策

困难群体是社工服务重点和难点,面对特殊群体时,润德社工采取个体和群体分别施策的工作方法。对困难个体开展调查走访、掌握困难情况、全面评估,深入了解服务对象的行动处境,找到专业介入焦点,从而在具体的现实处境中帮助服务对象解决问题。对于弱势群体,则通过集中帮扶、规模宣传等形式,开展有效救助。

一是持续、有效开展个案服务。2019 年,润德社工承接了东城区前门街道困难群众救助服务所的运营工作,也因此结识了社区居民大林(化名)。时年 37 岁的大林,曾因盗窃被判入狱,出狱后由于被贴上劳改犯"标签",就业之路一直很艰难。2015 年大林夫妻二人离婚,他的生活更加艰辛。大林与前妻育有一子,正上小学五年级,大林经常因为学习问题责怪、打骂孩子,加剧了他与孩子的矛盾;大林所住房屋也一直存在纠纷。在这个个案服务的过程中,如何破冰,如何让沉默的大林接受社工进而建立联系是最大的问题。在接触的过程中,社工发现虽然大林时常打骂孩子但出发点还是对孩子的关心,社工将此作为切入点,给孩子辅导课业,带孩子一同参与社区公益活动,陪伴孩子温习功课,倾听孩子的烦恼心事……慢慢地,大林看到在社工的帮

助下,孩子的成绩有了进步,性格也变得开朗活泼。"这时,大林才开始相信我们是真心来帮他解决问题的,他开始接纳并信任我们,主动向社工寻求帮助。"在这个过程中,大林逐步学会了如何与孩子相处。为了进一步解决大林家的房屋纠纷问题,润德社工向大林介绍了公租房政策,帮助大林准备好公租房申请材料,并在街道办事处民生保障办主任和社区居委会主任的帮助下协助大林申请了公租房。在多方的努力下,大林的生活开始走向正轨。

由于过往生活经历等原因,困难群众很难在短时间内与社工建立信任关系,想要倾听他们内心的真实声音,在运用专业技巧的同时,也需要社工善用慧眼发现帮扶对象欲言又止的困难。在帮扶过程中,要注重发掘困难人群生活环境中活跃的、可塑性强的因素,并给予快速介入和服务,激发服务对象自我改变的内在动力。

二是建设"儿童之家"关怀留守儿童群体。在香屯村内有一个130多平方米的"儿童之家",在这里有写作区、阅读区、亲子课堂、感统运动区、手工制作区等多个功能区域。每周三至周日的上午8:30-10:30、下午2:00-7:30,村里的留守娃儿们都会到这里写作业、看绘本、玩游戏,小屋里充满了欢声笑语。除此之外,润德社工还积极引进北京市保全文化公益群等社会资源,并与中国石油大学合作开展大学生志愿服务活动。每逢双休日,中国石油大学的大学生志愿者们就会来到"儿童之家",和孩子们一起聊天、做游戏,给孩子们辅导作业,开展英语沙龙等。此外,在刘村,润德社工针对山区孩子开展了"艺术之冬"项目来弥补山区孩子艺术启蒙教育空白,唤醒山区孩子想象力,助力山区孩子的艺术梦;承接浙江妇女联合会项目,帮助改造儿童居住环境,粉刷房屋,等等。

香屯村的"儿童之家"是润德社会工作事务所于2017年9月创建的,也是昌平区首家由社会组织成立的"儿童之家"。机构负责人尹庆艳针对香屯村情况说:香屯村留守儿童较多,大部分孩子都由老人看护,他们能保证孩子吃饱穿暖,但在教育指导等方面力不从心。之所以成立"儿童之家",就是想为这些留守儿童提供免费的专业社工服务,包括课业辅导、心理疏导、安全知识培训、亲子关系建设、生活技能和品德行为指导等。

三是开展"黄手环行动"科普活动预防阿尔茨海默。目前,有阿尔茨海默病患者1000万人,到2050年,患者数将达到3000万。我国阿尔茨海默病的患病率随着年龄的升高呈显著增长趋势:75岁以上达8.3%,80岁以上高达11.4%。及早发现、及早干预,对于这种疾病的治疗极为重要,这类老人更需要家庭乃至社会的帮助。2019年润德社会工作事务所承办了由中国人口福利基金会主办、国家开发银行支持的"黄手环行动"线下科普活动。黄手环作为工具可以为有走失风险的老人提供一个回家的机会,而作为社工最重要的是将预防的理念传播,引起各方的关注,让更多人参与其中,有意识地帮助这些老人。在活动开展中,社工们以通俗易懂的语言和大量图片视频,讲授阿尔茨海默病的起因、先兆、预防和治疗等,并带领老人们一起做手指操①。

四是申请"安心小屋"为居民心理辅导提供组织载体。以新冠肺炎疫情之下全国的心理援助为起点,2020年,中国社会工作联合会开启了全国第二批30家"安心小屋"的落地申请,润德社会工作事务所报名并成功入选。在此背景之下,北京市第一家"安心小屋"正式落地天通苑北街道第一社区。"安心小屋"旨在以社区社会工作室为依托,立足社区、辐射街道,将社会工作与心理专业相结合,做好新冠肺炎疫情之下的心理支持及援助工作,并促进基层社会心理服务体系建设,为社区居民提供心理减压、情绪支持、心理疏导等一站式心理服务。"安心小屋"有AI小程序,可以通过扫码做心理测评量表,AI机器人也可以帮助进行情绪疏导。依托"安心小屋",润德社工探索将心理支持服务覆盖至天通苑北街道13个社区,通过亲子沙盘、音乐疗法、服务疗法等形式进行身心放松,提高服务对象的体验感,助力社会心理支持。此外,鉴于社区老年人普遍较多的现状,润德社会工作事务所开展辅助性的治疗方法(职能治疗、代替医疗)——园艺疗法,借由实际接触和运用园艺材料,维护美化植物和庭院,通过接触自然环境纾解压力、复健心灵、消除不安心理与急躁情绪、增加活力、培养创作激情、提高社交能力等。

结语

在公共服务"大批量"供给的情况下,小部分群体的需求难以被精准识别,而社工则将视角聚焦于这部分群体。润德社会工作事务所以困难群众、困境人群为主要服务对象,坚持协同式服务、嵌入式服务、专业性服务,培育社区社会组织/志愿团队,探索互助养老模式,开展一站式心理服务等,精准把握需求,调动各方共同努力,帮助解决服务对象与环境关系失调等问题,

---

① 该训练既简单易学,又可以刺激大脑皮质神经,促进血液循环,增进脑力灵活性,延缓脑神经细胞老化,预防老年痴呆。

通过促进服务对象与环境的共同改变使得社区难点重点问题变得"可化解""可治理"。

基本信息

润德社会工作事务所成立于2016年1月,属于北京市4A级社会组织。

仁爱社会工作事务所——求真务实、助人自助

仁爱社会工作事务所（下文简称"仁爱社工"）在规范组织运作、汲取外部资源、扩展社会影响力的基础上，一方面，利用专业技能帮助老年人、残疾人、儿童等弱势群体；另一方面，积极承接社区治理类项目，为社区发展助力。由于其求真务实、扎实认真的工作态度，机构知名度和美誉度也不断上升，所承接的项目多次被媒体报道，获得多项荣誉。

一、规范组织管理，实现高效运作

仁爱社工在组织发展过程中，注重内部建设和外部拓展，从人员管理、志愿招募、购买服务以及宣传提升四个方面入手，搭建了完善系统的运作体系，为下一步的服务供给、志愿开展、队伍孵化、活动建设等提供了前提，也为组织行稳致远奠定了基础。

一是科学管理内部人员，注重人才培养。在组织架构方面，仁爱社工由北京建筑大学社会工作专业本科毕业的崔艳彬和王晓菲成立于2017年，目前由5名全职员工、1名专家督导的理事以及一个30人的志愿者队伍组成。其中理事会共3人，专家督导的理事是北京公益服务发展促进会的工作人员。员工构成为2名中级社工师、1名助理社工师、1名专职会计以及1名社工专业毕业生。① 理事会下设运营保障中心和业务发展中心，业务发展中心下设为老服务部、志愿者团队建设部、家庭教育部、残疾人关怀部四个部门，对应该机构主营的四类项目。在人员流动方面，目前仁爱社工人员流动率较低，

---

① 该社工团队具有专业的知识和较强的学习能力，创始人王晓菲2021年3月被评为第7届首都最美社工。

员工中工作时间最长的有3年之久。① 在员工激励方面，机构在2021年年初制定了《仁爱社工五星评定标准》，据此标准在年底对员工进行星级评定，评定后员工的底薪随之发生变化，由此对员工形成激励。该标准分为一星到五星5个等级，从项目运作能力、机构使命践行能力、机构管理能力、业务督导能力和机构督导能力5大维度进行评分。项目运作能力评估员工具体运作项目的能力，机构使命践行能力评估员工对于该机构价值观的践行程度，机构管理能力评估员工的领导力，业务督导能力评估员工是否具备督导业务的能力，机构督导能力评估员工是否具备督导机构的能力。

根据机构创始人王晓菲介绍，"我们现在工作时间最长的一个女孩三年了，这个女孩就很稳定。在机构成立之初她和我们是邻居，后来机构换地方，她也将家搬到机构附近。我们现在另外一个女孩家就在这栋楼的6层，是家里买的房子。还有一个女孩住百善，离我们这里是20分钟的车程。作为机构负责人会考虑大家的通勤时间，通勤时间短，这样不太辛苦，留存率会高一些。所以稳定性还可以，从成立到现在一共流失是4个人，2个男孩2个女孩，然后剩下的就比较稳定了。"

二是注重志愿者的招募与培训。除了注重社工人员管理外，仁爱社工还关注志愿者队伍建设，从招募-培训-保障三个层面稳定成员，扩展队伍。在志愿者来源方面，主要有三类：一是该组织固定的30人志愿者团队，二是周边社区居民，三是周边某公司党支部中的人员。"他们公司员工会定期来参加我们组织的志愿服务，根据党建活动的要求，他们需要定期提供志愿服务"。在组织志愿活动时，仁爱社工会在志愿者群和志愿北京网站上发布志愿项目，通过志愿北京网站上的招募，能在一定程度上扩充其志愿者队伍。在志愿者培训方面，主要分为两部分：一是技能培训。主要为医疗、健康等相关专业技能知识和专业方法培训。二是心理辅导。主要为压力管理和情绪管理讲座，例如在志愿服务时，如遇困难如何调节心情等。在志愿者安全保障方面，一方面，在志愿北京网站上实名注册的志愿者，可以享受志愿北京提供的志愿者保险；另一方面，仁爱社工要求志愿者在进行个案服务工作时，必须是两人或两人以上进行入户，从而能够相互帮助。

三是承接政府购买服务为组织发展"注血"。目前，仁爱社工主要与各级

---

① 自成立以来，该机构共流失4人，其中3人对自己有新的职业规划，1人成为社区工作人员，1人成为公务员，还有1人成为牙医；另有1人因疫情期间该机构资金不足而离职。

政府合作获取资源，为组织发展链接资金，实现有效运转①。2017年，仁爱社工共承接3个项目；2018年共承接9个项目②；2019年共承接13个项目③。除承接区-镇-街的政府购买服务外，仁爱社工也承接社区、妇联、基金会的项目以及接受企业物资捐赠。

如在北京市房山区拱辰街道的瑞雪春堂社区开展的垃圾分类"益家行"示范社区建设项目，承接的是北京市妇联项目。该项目分为"五个一"建设：第一，建设一支队伍，由20余位女性志愿者组成的"瑞雪之光"便民服务队，定时定点开展垃圾分类指导与宣传工作；第二，形成一个微创投项目，由"瑞雪之光"便民服务队通过参与制定执行微创投项目，结合垃圾分类议事主题，建立居民议事沟通渠道，学习项目化运作方式，解决社区问题；第三，开通一条便民热线，制定热线话术及处理问题流程，培训"瑞雪之光"志愿者能够接听、处理居民来电问题；第四，搭建一间便民小屋——"瑞雪之光"便民屋，便民服务队志愿者轮岗在"瑞雪之光"便民屋接待社区居民，并收集居民对社区建设的好的建议；第五，形成一套机制，即处理解决社区问题的居民议事协商机制，打通沟通渠道，将居民遇到的问题提前化解于社区。

承接北京市昌平区妇联项目。仁爱社工工作人员在前往志愿北京学习后，对昌平区中各个镇街的妇联主席进行培训。培训内容为讲解志愿北京网站使用方法，例如如何发布项目、如何录入时长、如何勾画保险、如何注册、如何找回密码等。

同时仁爱社工还接受企业的物资捐赠。"企业为我们募集过旅游一卡通共800张，每张100块钱。我们将这个作为垃圾分类志愿者的奖励分发给各个志愿者，一个街道的10支队伍就有500多人，再加上后来有别的社区，一共得有800人左右。"仁爱社工事务所创始人王晓菲说道。

四是通过公众号和媒体为组织发展"引流"。仁爱社工除开展日常的活动、服务外，还注重机构的宣传工作，通过设立微信公众号、与媒体保持良

---

① 虽然仁爱社工机构承接政府项目，资金尚且稳定，但目前为止自造血还有待开发。这将作为机构后续发展的重点之一。
② 荣获第四届北京社会公益汇最受欢迎社会组织奖、昌平城北第二届社区提案大赛二等奖、北京市妇女儿童领域优秀社会组织称号，其运行的项目入选北京市家庭文明建设创新项目。
③ 获评5A级社会组织，成为北京市妇女儿童服务发展促进会会员单位。同年在昌平城北第三届社区提案大赛中获二等奖。北京太阳城老年公寓为该组织向民政局递交感谢信。

好关系等多种方式来提升自身的知名度、美誉度和社会影响力,为组织发展增加社会资本。

2017年"爱在太阳城"项目被昌平区媒体报道;2018年"爱暖家园"项目被昌平区媒体报道,"v创投"项目被中国青年报报道,并由北京太阳城老年公寓为其颁发荣誉证书;2019年"志愿服务队建设"项目、在太平家园开展的垃圾分类项目和参与策划的昌平邻里节活动被昌平区媒体报道,等等。

机构于2017年2月16日注册公众号"仁爱社工事务所",其头像为"RASG"即仁爱社工的拼音首字母大写。该公众号中共有"组织培育""项目服务"以及"关于我们"三个栏目,其中"组织培育"中展示的是和仁爱社工有关的各类资讯和经验,包含了"社工资讯""能力建设""读书分享""增能课程"和"资源分享";"项目服务"栏目中展示的是该机构进行的各项服务,包含了"活动通知""社区营造""助老扶困""家庭教育"以及"定制服务";"关于我们"栏目展示的是该机构自身信息的介绍,包含了"机构简介""宣传展示""合作伙伴""机构需求"以及"信息公开"五个部分。

二、探索创新方式,帮扶弱势群体

每个社工都是有力量有信念的,而他们将这种力量和信念带给每个有需要的人。面对老年人、残障人士以及儿童这三类弱势群体,仁爱社工分类给予关怀和帮助,如面对老年群体,探索出"社工引导、员工协作、老人互动"三位一体工作模式,培育社区社会组织,组建老年人艺术团,使低龄及高龄老人都能走出家门在社区公共活动中找到自己的位置;面对残疾人士,通过培训、帮扶等系列活动提升残疾人群重建信心;面对儿童,提供教育服务项目、心理咨询,开展家长课堂和家长培训,等等。

一是专业赋能,关爱老年群体。仁爱社工在服务老年人群体过程中,一方面,以社工的视角观察身边的老人,积极主动为弱势群体提供服务。另一方面,对工作人员进行培训,教授专业方法。在老年公寓,除了老年人本身的心理和身体的问题外,与工作人员也会出现矛盾。根据优势系统的视角,人与环境是相互影响的。"人在情境中",不能单纯地改变人,更重要的是改变其生存环境。秉持这个理念,仁爱社工通过沟通、个案分析以及学习型小组的形式提升公寓内的工作人员对老年人思想、沟通技巧、抗压能力等方面的认知，方便他们更好地与老年人建立关系，从源头解决冲突。此外，仁爱社工还组建为老服务队伍解决养老难题。仁爱社工认为解决社区问题可以从培养社区领袖和社区骨干入手，加强社区能力建设，在解决社区问题上多些"抓手"，提高社区工作效能；面对老残一体化的情势，社区可以多培养志愿者，使有情怀有能力的社区居民成为社区建设的"左膀右臂"，为更好地服务老残人士作出贡献。为老服务队主要从老年人的需求出发，由社区收集老人信息，如哪些老年人需要上门探访、陪伴医疗或者情感慰藉，其后志愿者根据受助老年人的需要进行排班，按照一定的频率入户慰问老年人。经过前两年的探索实践，在老年公寓成功培育 8 支社区社会组织。

仁爱社工发现有位 80 多岁的老人经常独自唱歌，却不参加社区合唱团，就通过交流、倾听和陪伴逐渐和老人建立联系，帮助老人打开心扉。通过聊天发现老人由于和孩子关系不融洽，产生孤独的心理进而导致她和合唱队产生摩擦。在了解情况后，仁爱社工对老人的做法表示理解，肯定老人的能力帮助其建立自信心，然后帮助她和合唱队沟通化解矛盾，最后开解了老人的心结。经过一段时间后，老人变得开朗，在合唱队做自己喜欢的事情，越来越自信。在仁爱社工的影响下，老人也将自己的能量传递给小区内别的老人。

二是对残疾人开展系列帮扶。仁爱社工观察到残疾人往往比一般人有更强的自卑感，面对残疾人对自己的质疑，仁爱社工表示任何人都具有优势和潜能，人就像一颗多面的钻石，只需要换个角度就能发现每个人身上不同的优点。为此，仁爱社工通过培训、个案帮扶等系列活动提升残疾人群对生活和自我的信心。一方面，仁爱社工承接了温馨家园即社区残疾人职业康复站[①]，在温馨家园中提供残疾人服务，活动前由车辆统一送来，活动后送回家中，其服务内容主要为小组工作以及一些关于缓解压力、释放情绪的讲座。另一方面，运用个案服务帮助残障人士走出困境，如帮助残疾人找工作、一对一的心理疏导等。

一位残疾人拨打市民热线 12345 表示自己活不下去，社区工作人员将情况告知社区，社工对她多加关注。这位妇女下肢截瘫，没有收入来源，还带着一个上学的孩子。她当时全部积蓄被骗，又患有子宫肌瘤。于是仁爱社工通过筹款软件发起了社会筹款。之后，在仁爱社工的支持下，她开了一个煎饼摊，自己推着轮椅卖煎饼。后又通过做毛笔获得一些生活补贴，最后联系

---

① 主要是社区的残障人士，这些人一般就业能力差、年龄较长但情况较稳定。

到中国台湾慈济慈善基金会，为她提供了每月约1800元的津贴。

三是切实疏解，关注儿童成长。在儿童服务方面，仁爱社工为农村儿童提供教育服务项目和心理咨询，开展家长课堂和家长培训等。

一位服务对象是个男孩，因为姐姐去世过分悲痛，神智有些失常，成绩大幅下滑，"姐姐去世了，他上学仍然说姐姐我走了上学了，回家时候说姐姐我回来了。"仁爱社工在对其进行心理辅导时采用空椅技术，告诉他姐姐假如在身边想对她说什么。男孩开始号啕大哭，吐了一脸盆。之后开始低烧。但其实发烧是排毒的一种方式，后来又经过几次心理疏导，男孩慢慢好转恢复正常，考上了昌平一中。

三、协助社区营造，助力自治共治

仁爱社工在参与社区工作中会重点关注三点：第一是联动，第二是责任，第三是宣传。联动就是要搭建平台，让多方能够协调起来，在各自的领域内发挥作用。责任就是社区工作者要切实承担起社区建设的职责，协助社区工作人员做好项目策划、积极沟通等工作。最后是宣传，即资源共享，包括与居民信息的及时互通，以及社区内不同主体间的信息交换。只有及时的信息交换才能让社区治理主体了解社区建设的真正意义，并自发参与其中。

一是培育社区文化，提升居民认同。为丰富社区居民的文化生活，仁爱社工积极发掘身边的资源，发挥社区优势，联合倍速阅读、御笔坊等为居民开展读书分享会，由居民选择自己喜欢的书进行分享讨论，发现阅读带来的乐趣，得到了小区居民的一致好评。此外，仁爱社工还同小汤山镇政府联合各方举办邻里节，开展垃圾分类宣传、健康义诊、书画展暨书画笔会、爱心理发、乒乓球友谊赛等活动。为让活动具有趣味性，仁爱社工充分发挥志愿服务队的作用，并链接社会资源：医院的健康义诊；爱心理发；邀请社区社会组织表演舞蹈；设计游戏邀请居民共同参与，等等。

二是孵化志愿团队，推动社区共治。在志愿团队建设方面，仁爱社工探索出了一个包含招募志愿者动员会、启动仪式、培训、督导、激励、表彰六个环节在内的完整模式。仁爱社工在社区中建立的志愿者团队从文体娱乐队开始，发展至功能性的志愿团队，例如在华龙苑南里社区，将为老服务队、便民服务队等发展为化纠服务队来解决社区矛盾纠纷。在抗击新冠肺炎疫情的斗争中，仁爱社工立足基层需求、结合自身优势、用实际行动履行社会责任，成为社区疫情防控阻击战中一支不可或缺的重要力量。仁爱社工联合创始人王晓菲和所长报名成为志愿者，直接参与社区封闭管理、环境消杀工作。除了参与社区排查执勤，仁爱社工还为返京居家隔离观察人员提供便民服务，为天北街道10个社区做了防疫宣传片，记录社区书记想对居民和志愿者们说的话，以及社区居民和志愿者参与防疫的身影，以此方式向奋战在防疫一线的社区工作者及志愿者们致敬。

2019年仁爱社工已在华龙苑南里社区建立了8支志愿者服务队，包括养老、医疗、理发等队伍，具有了一定的群众基础。2020年华龙苑南里社区进行老旧小区改造导致社区矛盾加剧，社区两委感觉处理难度大，仁爱社工即承接街道购买华龙苑南里化纠服务站建设项目，帮助华龙苑南里社区成立同心志愿服务队来调解社区矛盾。

结语

仁爱社会工作事务所本着助人自助的原则，借助个案工作、小组工作、社区工作、社会行政、社会政策等专业方法和手段，通过专业服务和资源链接，切实为弱势群体提供专业帮助，提升社区工作人员和帮扶对象的能力，以达成复原、资源配置、预防、发展及稳定社会的功能。进一步地，其还同基层社区治理的需要相联结，逐步向垃圾分类、纠纷化解以及参与抗击新冠肺炎疫情等治理类项目拓展。这些活动一方面延展了社区参与空间，为仁爱社工寻找目标群体提供了便利，另一方面也是社工保持自身生命力的重要策略。只有当组织自身的定位同基层需要相结合时，其组织竞争力才会不断增强。

基本信息

北京市昌平区仁爱社会工作事务所于2017年在北京市昌平区民政局注册，属于北京市5A级社会组织。

芳草社会工作服务中心——边缘融入、润物无声

芳草社会工作服务中心（下文简称"芳草社工"）以项目嵌入治理为思路，以承接政府购买服务项目为抓手，探索推动社区内生式发展的服务供给路径。从发展初期为早产儿家庭提供专业服务，到发展中段为社区垃圾分类提供帮助，再到承接培育志愿者队伍以及帮助社区成立业委会，芳草社工以项目激发活力，从边缘人群关爱逐渐融入社区治理之中。

一、边缘融入：关怀早产儿品牌项目

2019—2020年，芳草社工承接了回龙观"早产儿关怀"项目和"早产儿家庭抗逆力提升计划"项目，打造回龙观地区早产儿关怀品牌项目。芳草社工对早产儿家庭状况以及需求进行了全面调研，帮助身处困境中的儿童和家庭提供居家服务、心理辅导和专业训练方法，并链接其他资源。2020年6月至今开展的"早产儿家庭抗逆力提升计划"，受益人数已达300人。

一是建立互助小组。芳草社工通过和回龙观社区服务站社保情况对接、对社区居民走访以及去定点医院进行了解，将重点放在不足8个月大的新生儿上。2017—2018年均发现200多名早产儿。通过对这些家庭的走访，芳草社工发现新手妈妈往往面临很多困难，她们初为人母，面对孩子问题不知如何处理，面对自己的负面情绪也无法排解。因此芳草社工建立"芳草妈妈互助小组"，由社工引导，联合保健所医生、有经验的宝妈，通过在群里分享健康知识、育儿经验以及心理支持，帮助新手妈妈缓解负面情绪，解决育儿难题，消除家长疲惫。

如疫情防控期间早产儿天天因为急性胃肠炎出现脱水危险，在芳草互助小组医生、医务社工、早产妈妈们的共同帮助下及时进行了家庭救治，群内的妈妈们还为天天建立了服务小组，帮助天天一家解决就医难题，最后成功渡过了难关。

二是开展帮扶工作。芳草社工力争通过各种途径减少早产情况的发生，对已经发生的家庭进行关爱和帮扶，在了解到服务需求后及时开展探访工作。

领秀慧谷社区的星星（化名）小朋友因为早产，造成重度脑瘫，芳草儿童发展中心为星星送去了画画用具，对接了艺术老师。星星妈妈感动地说："想不到会有一帮有同样经历的人来关心我们，在互助微信群里发信息都能很快收到其他妈妈的回应，这种支持不仅仅是信息上的，更多是心灵上的。"

有宝妈在微信群里询问孩子喝奶后出现不适应怎么办，当时这个母亲既焦急又无助，群内的妈妈们和医生针对其情况给予多方支持，帮助她解决了问题。

三是持续推动早产儿关怀项目。早产儿的护理不是一朝一夕的，而是一个长期性的工作，因此 2019 年芳草社工对项目进行改进，逐步扩展服务手段和服务领域，多面发力为早产儿关怀项目助力。一是与医疗机构、社区居委会建立长效合作机制，宣传相关防疫及护理知识，减少早产情况的发生；二是引入"通感训练"，希望通过这个方法持续有效关注和解决早产儿健康和心理发育的问题；① 三是设计拓宽服务对象。芳草社工表示希望深入做早产儿的社区康复和普通儿童的社区照料，针对不同年龄的儿童设计不同阶段的活动，让每一个儿童都阳光灿烂。因此芳草社工对未来设想：能够围绕儿童友好社区，以儿童为中心，以友好为目标，打造"最有活力的、适合居住的、有利于儿童健康成长且也让成年人更有兴趣的一个社区"。服务对象为 0~18 岁儿童、儿童家长、亲属以及社区其他成员，向儿童提供游戏、娱乐、教育、卫生和社会心理支持一体化服务。

二、拓展范围：由点到面扎根社区

以早产儿关怀品牌项目为切入点，芳草社工慢慢融入社区和街道并建立联系，为深扎社区奠定了前期基础。此后，芳草社工拓展了社区治理类项目。

一是与龙泽园街道合作，开展街道环境秩序提升项目。一方面，进行大件垃圾清运，联系专业资质公司，为有需要的社区安排车辆；另一方面，通过合理设置垃圾桶、张贴宣传标语、清理动物粪便等方式建立垃圾治理氛围和秩序。目前，芳草社工依托该项目已在龙泽园街道 36 个社区开展垃圾分类

---

① 2020 年由于疫情的影响，芳草社工原本计划的点对点送医和帮助新生儿家庭的卫生打扫的活动暂停，转变为线上问诊以及线上护理课程。

宣传。

如昌平区龙泽园街道办事处特邀芳草社会工作者卢晓艳老师，在北京京都儿童医院 B1 多媒体厅组织开展"垃圾分类"的宣讲活动，为在职员工普及生活垃圾分类的相关知识。芳草社工将设计好的《垃圾分类，我们一起来》宣传单页分发给医院职工，带领他们积极学习，之后还设计游戏环节，让大家在轻松愉快的氛围内了解垃圾分类。

二是承接培育社区志愿者团队项目。目前，芳草社工已为龙泽东社区、龙腾六社区两个社区培育 10 支志愿服务队，其中 4 支进行了街道备案。龙腾六社区的理发志愿服务队主要服务于患有癌症的老人，志愿者带着工具上门为老人理发。龙泽东社区的互联网志愿服务队提供老人手机就医培训，在新冠肺炎疫情防控期间受到居民的热烈欢迎。芳草社工不仅帮助培育志愿者团队，而且还带领志愿者进行社区服务实践。此外，志愿者也会提出活动方案、进行活动总结。

三是承接龙泽园街道协作成立业主委员会项目。芳草社工承接了龙泽园街道成立业委会项目，为街道 15 个社区提供有关业主委员会的咨询服务，并帮助 15 个社区完成业委会成立工作。

四是拉近居民与社区之间的关系。芳草社工在参与社区治理项目过程中，使用专业的工作方法让居民和社区工作人员展开交流，通过引导居民消除陌生感、调控谈话氛围、建立信任等方式，积极协调分歧、促进协商议事，有效缓和了居民和社区工作人员之间的矛盾。如和芳草社工对接的一个社区内，有一位比较激进的居民，总是对社区工作不满意，打市民 12345 热线投诉，芳草社工通过和他接触，没事多和他吃饭聊天，了解他的心理和想法，面对他的疑惑多解答，问题多处理，以真心换真心，就缓和了这位居民和社区的关系。

结语

芳草社工以帮扶早产儿家庭作为机构特色，为回天地区的早产儿家庭提供专业化、特色化的服务，在后期发展中，逐渐由边缘关怀走向社区治理，通过提升社区环境秩序、培育社区志愿者队伍、协助成立业委会等项目进一步提升自身的竞争力，这也看出了当前社工逐渐从扶贫济困走向社区治理的发展趋势。

基本信息

北京市昌平区芳草社会工作服务中心于2019年在北京市昌平区民政局注册，属于北京市3A级社会组织。

社会企业篇

社会企业概念最早于 2002 年引入中国，经过 10 余年的发展，我国社会企业在行业构建、培育孵化、认证倡导、政策支持等方面已逐步成型。社会企业是具有特殊性的一类企业/组织，一是它具有社会目标，旨在解决社会问题、创新公共服务供给、承担社会责任、实现社会利益，故一般关涉的领域与人（社群）有关，如教育、养老、托幼、环保、食品、文化等；二是能够赚取利润，通过以创新商业模式、市场化运作为主要手段赚取利润，实现社会企业和其社会目标的持续稳定进行。总的来说，社会企业以用户（居民）需求为导向，通过市场化手段和机制，能够激发社会治理和组织运行活力，提高基层系统的机动性、灵活性和可持续性，保持整个基层的稳定和均衡。

近年来社会企业参与基层社会治理成为回天社会治理的重要创新模式。2019 年北京社会企业发展促进会发布《北京市社会企业认证办法（试行）》，提出要进一步培育和发展社会企业，加强和创新社会治理，完善公共服务体系，保障和改善民生水平，不断满足人民日益增长的美好生活需要。同年，昌平区出台《昌平区回天地区社会企业认证与扶持试点办法（试行）》，推动了社会企业认证与扶持工作，促进回天地区社会企业的发展。

作为大型社区治理的典范，回天地区既有社会企业服务的需求，亦有可供社会企业成长的土壤。纵观 20 余年来的发展历程，回天地区的社会企业不仅实现了从无到有、从小到大的快速发展，更是在诸多实践领域走在了同类型社会企业的前列。截至 2021 年，回天地区共有

33家社会企业获得认证。其中涌现出诸如回龙观社区网、天通苑社区网、"唱好一点"、绿之盟等各具特色的社会企业品牌,为回天地区的基层社会治理贡献了力量。通过对上述4家社会企业的追踪调研,总结其发展路径。

  一是具有自发性。即回天地区的社会企业大多为民间自发创办,由热心居民出于公益初衷而设立,无论是在早期的形成还是在后期的发展中,都呈现出极强的民间性。二是逐渐走向规范。早期的社会企业主要以企业注册为主,其公益版块出于自发形成,随着社会企业相关政策的相继出台,社会企业的发展逐渐走向规范、成熟。三是治理性能不断拓展。社会企业以满足老百姓的实际生活需求为出发点,不断拓展其公益性的广度和深度,逐渐从文化娱乐、互助志愿延展至辅助基层治理,如回天"两网"开通12345热线板块、搭建政民互动平台等,依据政府治理需要而调整其公益重心。四是不断优化运营模式。社会企业以营利作为自身组织运转的能量剂,在参与市场竞争中不断根据环境调整运营模式,优化收入配额,如回龙观社区网通过为商家引流、创办订阅号、承接政府购买服务项目等形式改变广告营收这一单一的收入来源;"唱好一点"通过提供多样付费的歌唱课程、孵化培育社区文化团队、培养社区合唱团教师、承办社区合唱节等项目增强造血机制等。

回龙观社区网——网络问政直通车

回龙观社区网是旨在为回龙观地区居民服务的社区网站,也是全国最早创建的社区网站之一。2019年,回龙观社区网被认证为回天地区品牌社会企业。网站自成立以来,始终将互助性、公益性放在首位,辅之以"自我造血"式的营收活动,秉持实干精神不断调整发展方向,逐渐从网上居民自发互助走向集培育社会组织、打造品牌项目等诸多公益性活动于一体的,具有现代运营理念和营收方式的成熟社会企业。近年来,回龙观社区网进一步探索服务与发展之道,以新理念为导向,以新政策为契机,搭建起政民互动交流平台,成为回天地区不可或缺的网络治理平台。

一、起步阶段:运作模式初露雏形

早期,回龙观社区网是由回天居民自发成立的互助性网站,因此具有一定的自治特征,网站的活动形式主要有志愿活动以及文娱活动等,随着网站流量的持续增加,广告收入和访问量成为回龙观社区网的主要收入来源。

一是以文娱互助温暖社会。主要体现在两个方面:一是开展公益慈善活动。回龙观社区网自成立起就是一家兼具公益属性的企业,网站经常会发起一些慈善募捐活动,有关注贫困地区、灾区的,如组织张北希望小学捐助活动等,也有帮助困难居民、不定期地慰问敬老院、召集一些热心的小朋友前往敬老院进行节目表演等。二是举办文化娱乐活动。回龙观社区网自成立以来,几乎每年都会组织开展几场大型文化娱乐活动,丰富居民文化生活。如"超级回声大赛""西瓜文化节""新年音乐会""回龙观足球超级联赛"等,参与者多达几百上千人,在周末开展的日常活动更是非常之多,如相亲会、招聘会、跳蚤市场等,每年开展活动上百场。

2008年汶川地震发生后,网友们纷纷在回龙观社区网上留言,表示希望为灾区做点什么。于是,在回龙观镇政府的支持下,回龙观社区网与回龙观镇政府合作组织了300多位主动报名的志愿者在街头募捐，回龙观地区居民、商家店铺、企事业单位、学校幼儿园等均参与了捐款，仅两个周末时间，就募集到60多笔善款，悉数寄到红十字总会。

2002年回龙观社区网发起"超级回声"大赛①，通过歌唱大赛弘扬社区文化，丰富社区居民的业余生活，为回龙观及周边社区歌唱爱好者提供一个展示、交流切磋的平台，发现、打造回龙观自己的社区明星；每年夏天，回龙观社区网都会联合西瓜种植户举办"西瓜文化节"活动，这一天，凡是报过名的居民都可以到场免费吃西瓜，还可以参与挑选西瓜、猜西瓜重、儿童组滚西瓜、家庭组运西瓜、亲子组喂西瓜、西瓜知识问答、趾压板接力赛等游戏。

回龙观地区足球超级联赛是回龙观地区的足球爱好者通过回龙观社区网版主自发组织的业余联赛。2002年组成第一支回龙观业余足球队——野猪林足球队；2003年年初，流浪明星足球队和天龙足球队相继成立；2004年，成功举办了第一届回龙观业主足球联赛，开始了国内社区体育运动走向规模化、制度化、公益化的探索。自2004年至今，已经成功举办了十六届。2018年，注册成立回龙观足球运动协会后，该项赛事每年由足协承办。赛事规模为18支球队，共700余名运动员参与。

二是以广告营收支撑运营。回龙观社区网作为回龙观地区最具影响力的社区网站之一，庞大的会员基础以及商家的宣传需求为回龙观社区网创造了盈利条件。回龙观社区网通过为周边商家在网页上打广告的形式收取广告费，既为商家进行了广告宣传，又为居民推荐了优质的服务商家，同时增加了网站自身的收入。

回龙观社区网创始人刘强说："网站最早是靠给商家做广告来营收的，头十年日子比较好，可以说排着队来找我们，那时候确实是太火了，当时做广告就是这个没位置了，去等下个月再做吧，就是这样一个状况。"这些网页广告对许多商家的发展都起到了重要的作用，回龙观社区网创始人说："其实有好几个装修队靠我们网站发展起来，现在自己成立装修公司了。"

---

① 回龙观"超级回声"大赛，前身为"回龙观卡拉OK大赛"，2006年起更名为"超级回声"，是回龙观乃至北京比较有号召力的音乐品牌活动。

二、发展阶段：公益商业同步提升

随着回龙观社区网的发展壮大，团队进一步拓展项目内容和营利业务，一方面培育社会组织，打造品牌项目，提升企业的公益属性；另一方面线上线下与商家开展合作，增强自我造血能力，实现公益性和商业性同步提升。

一是打造品牌项目。回龙观社区网通过自身在回龙观地区的强大影响力，成立回龙观志愿者协会，并助力其开展互助志愿活动。回龙观协会可以在回龙观社区网发布活动公告来募集善款或招募网友志愿者等，比如冬日扫雪、帮居民寻找走失老人、筹办回龙观春晚等。2009年，为救助4名患有白血病的小朋友，回龙观志愿者协会在回龙观社区网上发起募捐活动，并为此策划了募捐晚会，筹集到20多万元的治疗费用，资金存入协会账户之后均逐一转给受捐人，转账明细在回龙观社区网上进行公示。此外，回龙观社区网还着力于打造特色活动，开展了百姓春晚、亲子嘉年华、圣诞老人到我家等活动，从这些项目开创以来，几乎一年一度，延续至今，并形成了品牌效应。

以回龙观百姓春晚为例，2010年，为丰富社区文化，在回龙观镇政府的支持下，回龙观社区网举办了第一届回龙观百姓春晚，晚会全程都由居民自己组织，所有节目都由居民自己策划、编排、表演。虽然整个晚会过程不属绝对专业，却为回龙观地区居民创造了一个自我展示的平台，居民的参与度极高。2010年至今，回龙观百姓春晚已陪伴回龙观地区的社区居民一起走过了10年。10年中，已累计海选节目3000多个，海选演员人数超1万人次，正式参演演员近4000名，现场观众近万名，网络观众累计23万人次，近2000名幕后工作人员参与。

二是合作宣传，不断创收。一方面，开设团购服务。2011年时，团购网站兴起，回龙观社区网顺应互联网发展趋势，开通了"观网团购"栏目，为网友提供社区线上服务。此外，为更好地实现线上线下服务的对接，回龙观社区网开设了龙禧苑服务站，主要作为观网团购、观网活动的取货点，同时也为社区居民提供拉卡拉还款、上网查询、物品临时寄存等服务。至2012年，回龙观社区网的注册用户已超过50万，日访问人次达100多万，在Alaxa.com全球网站排名居8000位左右。另一方面，与周边商家合作。回龙观社区网会与周边商家进行合作，通过线上宣传与线下活动相结合、引导居民探店的形式为商家引流，增加店内人流量。这样不仅为回龙观社区网的发展创造了条件，也为周边商家提供了更多的发展机会。另外，在此期间，回龙观社区网开通并运营了回龙观社区网官方微信订阅号、回龙观社区网团购频道微信订阅号、观网亲子微信服务号等。2015年，回龙观社区网同望京网联合推出官方手机客户端App"京彩生活"；2016年，回龙观社区网与望京网、京广互动（北京）广告有限公司、北京盛世家和科技有限公司合作投资300万成立新公司邻友圈（北京）网络科技有限公司，回龙观社区网官方App正式更名为"邻友圈"。

从2013年开始，回龙观社区网都会在每年的11月举办"邻里讨糖节"活动，由于这项活动的主要受众是孩子，因此，回龙观社区网会与周边的幼教机构，如舞蹈工作室、儿童表演中心、武术馆、语言培训班等合作举办。有意参与"讨糖节"的商家需要向回龙观社区网缴纳一定的广告费，回龙观社区网会将所有参与活动的商家制成地图，由家长带着小朋友到店打卡，领取糖果。商家在为到店的小朋友发放糖果的同时，也会推出一系列活动，如免费体验课程，邀请家长和孩子免费试听，达到宣传产品、吸引客户的效果。相关负责人介绍说："等于说我给你拉了一个人进你的店里，而且这个人肯定是孩子，是你的目标用户，这个活动我们每年特别火。"

随着手机等移动设备的普及，移动互联网逐渐兴起，以网页浏览为主要业务的传统互联网受到冲击。回龙观社区网的浏览量不断下滑，由原来的日均70多万流量下降到不到10万，广告收入也在逐渐减少，网站的生存问题开始凸显出来，网站在传统业务方面（网页广告）的创收比重逐渐降低。

三、成熟阶段：紧跟时代改进转型

在发展中，回龙观社区网利用其媒体属性及社交属性，充分发挥桥梁作用，搭建起政府、居委会、业委会、物业、居民等协商交流的平台，特别是在北京市委书记蔡奇到回天地区调研，提出要利用好回天地区两张网后，回龙观社区网的社会治理属性进一步增强，其收入中政府购买服务的比重也逐渐上升。

一是搭建政民互动平台。回龙观社区网在网站上专门开辟出政民互动版块，供居民发表意见、抒发诉求，为政府治理、决策提供依据。如2019年5月，昌平区社工委、发改委联合回龙观社区网设立"求计问策"专栏，从居民中征集解决方案，问需于民，更问计于民，收集到的529条建议方案均被反馈至相关部门，且逐一得到有效落实。如针对居民反映特别多的龙域中心附近道路乱停车问题，昌平交通支队沙河大队立即在周边道路安装摄像头开展专项整治，让该类诉求从过去每天10余单降为零等。2020年，居住在回龙观地区的回龙观社区网网友、北京市人大代表常纪文向市人大提交了从回龙观社区网上征集线索形成的16项人大建议，包括交通网络覆盖、停车难、右拐专用道建设、高速公路两侧道路打通、老旧小区加装电梯等。

成立初期，回龙观社区网即具有一定的治理性能，如政府会通过回龙观社区网向居民发布信息、了解民意，但是并未形成机制化的发展。如在2006年时，回龙观社区网曾为基层消防、公安、工商、税务、政协等在网站开设"回龙观社区服务中心"版块，便于居民及时了解政府信息，如交通队发布交通情况、派出所发布警情预警、消防队发布火情通报、物业发布服务停水停电通知信息等。

二是以线上活动促居民共治。即回龙观社区网通过开展丰富的线上治理类活动，吸引居民参与，在居民参与中有效了解民情、征集民意，发现基层建设的盲点、难点和热点。

2017年，回龙观社区网发起"爱恨回龙观"活动，通过征文、随手拍、街头采访等形式，围绕交通、教育、环境、文体设施、公共配套、医疗、就业7个方面征集居民意见，吸引了48万人次参与，征集到问题及建议2000余条，政府各相关部门对居民提出的问题给予了高度关注，其中部分问题被写入了"回天三年行动计划"，居民反映的陈营东桥、北郊农场桥等交通断点、堵点问题，已经得到了有效改善。2019年7月，为配合回龙观街道开展的"回天秩序2019"百日攻坚专项工作，回龙观社区网联合回龙观街道组织了"乱象随手拍，助力回龙观秩序整治"及"交通志愿者招募"活动，广泛动员居民积极参与乱象举报，同时通过网上"12345"系统，直接与街道对接，反映居民诉求。

三是承接项目，维持收入。由于市场竞争比较激烈以及回龙观社区网的治理、服务属性日益增强，该时期其商业属性实际有所淡化，所开展的活动与起步阶段、发展阶段相类似。同时政府购买服务增加。

结语

回龙观社区网的发展具有明显的阶段性特征，其公益性和商业性也在政策指向和新媒体的发展潮流中不断交织演进。一方面，公益性是社会企业的基本属性，回龙观社区网无论在起步阶段还是在成熟阶段，都不忘其公益初心，并从居民互助、孵化培育进一步走向协同治理，将自身的公益理念同国家的治理理念相结合，不断突破自我。另一方面，商业性是回龙观社区网可持续发展的主要"血脉"，同时移动互联网的冲击和最早一批版主成员的迁出等，也在推动着回龙观社区网寻求自身的发展转型。

基本信息

回龙观社区网建立于 2000 年 3 月，最初是创始人刘强为给在回龙观具有买房需求的年轻人建立的一个买房、入住、装修以及衣食住行的经验交流论坛。后来随着网站入驻人数不断增多，刘强就坚持将网站做了下来。随着互联网技术在我国的快速发展和普及，政府对互联网的监管逐渐加强，要求网站必须有网络内容服务商（ICP）证，为此，刘强在 2004 年注册成立了北京东海腾龙科技有限公司。2004 至 2005 年间，网站人气不断上升，流量也在持续增加，网站渐渐有了广告宣传收入和每天几十万的访问量，仅在空闲时间维护网站已经难以满足用户需求。刘强便辞去了互联网企业的工作，开始专职经营网站。在这一过程中，网站架构也逐渐完善，由原先单一的网络论坛（BBS）发展为综合性社区网站。到 2008 年，网站已经拥有 26 万注册会员，广告收益额达 30 余万元。2009 年，回龙观社区网入驻北京青年创业示范园，公司队伍扩充至 7 人，网站进入稳步发展期。①

---

① 北京青年创业示范园是团市委与昌平区委、区政府联合创办的小型初创型企业孵化园区。

天通苑社区网——一体化网络生活平台

天通苑社区网成立于2003年，是由第一批入住天通苑的居民们所创建、维护和运营的社区媒体平台。经过18年的发展，天通苑社区网已成为集天通苑地区居民生活服务信息、文化娱乐活动参与、邻里互动、物品交易等综合服务为一体的网络生活平台，同时也成了昌平区企业精准定位营销、口碑传播、信用建设的推广平台，北京市、昌平区政府重要的民意收集、民情调研、资讯推广、舆情引导平台。10余年来，天通苑社区网获得了"昌平区优秀社区网""昌平新媒体影响力TOP10"等荣誉。2019年，天通苑社区网获得北京市昌平区回天地区社会企业认证。

一、反哺社会，服务多方主体

天通苑社区网建设之初的定位即是用盈利资金来"养公益、做慈善"，本着这一理念，天通苑社区网开展了多种多样的文化娱乐和公益慈善活动，逐渐成为与天通苑以及亚北地区居民生活息息相关的信息服务平台；生活信息、邻里互动、文化体育活动参与、物品交易等综合服务一体化的网络生活平台；协助北京市各企业进行区域精准定位营销和口碑传播的推广平台，天通苑社区网的公益理念也在平台建设中不断显现。

一是服务居民，开展便民服务、文化娱乐等。一方面，开展各类便民服务是天通苑社区网的"老本行"，早期在天通苑居民集中装修入住时，社区网就创设装修建材、便民广告等版块，为社区居民提供便利。此后天通苑社区网版块不断丰富，二手交易、房屋租售、教育资讯、就业资讯、汽车资讯、宠物乐园等版块为有相应需求的居民提供了可信任的交流平台。居民作为天通苑社区网的主要受众参与到论坛讨论中，活跃网站氛围，热心居民更是成为版主。版主作为社区网的日常管理者，享有本版删帖、帖子加精和置顶的权力，版主还有搞活版内事务的责任，因此多参与和发起话题，组织各种网络活动，参与网站内部议事。如今，天通苑社区网共有论坛、资讯、生活、商业、政务、自建六大专题版块，20余个子版块。其中热门版块包括便民广告、天通快讯、房屋租售、就业资讯、教育资讯、休闲娱乐、二手市场、装修建材、汽车资讯、商界店铺等。另一方面，天通苑社区网开展多类文化娱乐活动，开展的品牌活动包括植树节、宝贝嘉年华、跳蚤市场、相亲会、唱歌比赛、乒乓球比赛、招聘会等，许多文化娱乐活动已经持续开展了10余届。其中相亲会活动从2007年开始，至今已经做了16届，每年会开展1~2场。这些活动皆由天通苑社区网工作人员策划组织，街道直接提供场地，活动参与人数可达1000~2000人。在开展各类活动的过程中，天通苑社区网与周边社区的志愿者、物业和街道都建立了良好有序的合作关系，积累了广泛的社会资源。

天通苑社区网负责人司马凌霄坦言："经过10几年的发展，我们开展活动主要是大量志愿者进行活动支持，我们的社会资源广泛，做一个活动只需要想一个主题和大致活动方案，就可以把活动分配下去了，细致到设施准备、现场布置、活动后保洁等具体事务，我们都不用操心。活动前我们会与物业联系，告诉他们哪天做什么活动，物业公司活动部的人自己就能把活动统筹安排好。活动现场保洁先把卫生打扫完，保安站好岗，该准备的东西都已经准备完了，我去的时候现场都已经完工了，因为每个人工作特别细，志愿者主要工作就是组织现场、活跃气氛、开展游戏。"通过这些文娱活动，天通苑社区网在天通苑地区创设了良好的氛围，同时也取得了居民的信赖与支持。

二是帮扶周边企业。天通苑社区网会通过开展线下活动为商家引流，同时结合自身开展的文娱活动，帮助企业进行地推宣传。如天通苑社区网举办了多届的跳蚤市场活动，居民参与度较高，企业商家可以租用摊位，进行地推活动。新冠肺炎疫情防控期间，为帮助企业走出困境，天通苑社区网牵头，创新销售思维，组织周边商家"抱团取暖"开展活动，如借助幼儿园开园的契机，开展"免费理发""免费健康测评""免费口腔检测"等系列免费活动，既服务了居民，又给商家带来了客源。

孩子上幼儿园入园时，幼儿园给家长发一张入园卡，家长可以凭入园卡到美发店为孩子免费设计入园新发型。一般家庭的仪式感比较强，孩子入园会拍照留念，家长拿着卡到理发店免费理发，就能给理发店带来人流量。理发之后，这张卡还能到健身房给孩子做体能测验，并免费提供体能评估报告，告诉家长孩子在幼儿园的时候需要注意哪些方面。再之后，孩子可以去指定医院做一次免费的牙齿健康检测。最后，天通苑社区网链接照相馆，给入园家庭拍摄一张免费的入园全家福。通过这一系列的免费活动，把幼儿园、理发店、健身房、牙科医院、照相馆串到一起，给商家带去流量，达到扶持商家的目的。

二、协助政府，参与社会治理

一是协助政府进行舆情收集和协商议事。一方面，从2007年起，天通苑社区网即与昌平区委宣传部、沙河交通大队、天通苑街道、天通苑工商派出所建立网上电子专栏，专栏设有部门公告、投诉、举报等功能。2018年，天通苑社区网进一步参与昌平区委网信办打造的线上"12345"，参与"收集整理—通报办理—领导把关—反馈回复"的闭环工作流程中的首尾工作。天通苑社区网网站上设立了"网上12345"版块，居民可以在上面发帖反映问题。天通苑社区网工作人员对发帖内容进行规范和管理，并负责线上舆情的收集、整理、上报、回复和推广。同时，天通苑社区网设有政府机构专栏、党建专栏，如有天南/天北街道办专栏、建党百年专栏等。另一方面，天通苑社区网积极配合街道线下议事厅的工作，协助推动议事协商。工作人员负责在网络论坛中定期筛选出居民最关注的几类话题，并邀请该话题下参与热度比较高、发言比较有建设性的居民参与线下议事活动，集合街道、居委会、物业、城建、派出所、消防等相关部门科室共商议事，集思广益，深入解决"12345"尚未解决的深层问题。

天通苑社区网负责人认为，如今的天通苑社区网有些偏向于半政府性的网站，因为网站的舆论导向、职能都接近官方媒体，但这种模式得到了居民的认可。政府部门的入驻并没有影响天通苑社区网的独立性，政府方面不会干涉网民"维权""吐槽"方面的发帖。事实上，通过天通苑社区网参与治理是社会治理的重要方式，这从一个侧面反映了信息化、网络化对人们交往、生活以及社会结构的重塑。

居民在网上"12345"发帖投诉，指出洒水车用"污水"清洁路面，污水撒到道路缝隙里面又脏又臭。接件后，社区网工作人员很快上报给相关部门，但收到反馈说洒水车用的都是统一标准水，不可能是脏水。对此，天通苑社区网工作人员展开了深入讨论。首先，洒水车洒水的时间、洒水量、路线、速度等，市政部门都有严格作业标准。但居民投诉说路面上有脏水，这是怎么来的呢？进一步分析发现，洒水车正常洒水时，如果路面平整、渗透好，水很快就会渗透下去，不会产生路面积水，自然也就不存在污水的问题。但如果道路损坏，如有个坑没修，洒水车的水就可能存到坑里面，积水以后渗透就没这么快，自来水倒进路面就变成脏水，尤其车一过溅起来就是脏水。经过讨论，天通苑社区网负责人发现这个问题不是洒水的问题，而是路面整治的问题，"污水"是路面破损严重、坑洼造成的。天通苑社区网工作人员通过讨论分析出了问题根源，如果仅按照网友投诉反映给保洁部门，相关部门也只能调整洒水车喷水口的出水量，但要根本性地解决问题，则需要市政道路部门把道路修整好。

二是牵头成立天通苑企业信用建设促进会。为协助政府更好地推动天通苑地区企业信用管理，加强企业合作，2019 年天通苑社区网牵头成立北京市昌平区天通苑企业信用建设促进会。天通苑社区网对促进会会员单位的支持主要分为线上线下两个方面，线上的扶持主要以网站或微信公众号头条推广为主要形式，企业促进会会员的活动方案给天通苑社区网审核，如果活动能给居民带来一定的好处，天通苑社区网会赠送一条头条推广作为对会员单位的支持（商业推广需 5000 元广告费）；线下扶持主要包括免费参与社区活动、广告宣传支持等。例如居民参与度较高的跳蚤市场活动，天通苑社区网拿出一部分广告资金扶持成员企业，每次为 5~10 个促进会成员商家提供 3×3 摊位，让他们免费做地推活动，从而以广告推广的形式帮扶。

实际上，天通苑企业信用建设促进会对社区商业和消费者也起到一定的保护作用。近年来，预付费行业卷款潜逃事件频发，严重损害消费者利益，扰乱社区商业秩序。天通苑企业信用建设促进会介入后，第一步就对预付费行业进行整治与监管。例如对经营状况较差的健身房、理发店等进行监督，对消费者进行警示，建议消费者理性消费，合理进行预付费，等等。

三、应对风险，创新营收方式

一是商业广告。一直以来，天通苑社区网的商业广告收入占总收入的比重很大。天通苑社区网共有活跃会员 63 万人次，日活跃用户 6 万~7 万人次，月活跃用户 30 万~45 万人次，公众号用户 10 余万人次，小程序用户 40 余万人次，巨大的访问量和点击率吸引了诸多广告商，使包含企业包装、企业推广项目在内的商业收入成为天通苑社区网的主要收入来源之一。

近年来,受移动端自媒体、短视频行业的发展影响,越来越多的人舍弃了社区 BBS 发言的传统互动形式,转而倾向于通过微信、微博、短视频进行互动娱乐,尤其是对于 95 后、00 后年轻人来说,基于个人计算机(PC)端的社区论坛已成为遥远的记忆。因此,天通苑社区网的活跃会员人数已连年下降,经不完全统计,仅 2020 年的活跃会员就减少了约 10 万人,网站版主也从最活跃的 200 多个下降到如今的 18 个。此外,在新冠肺炎疫情冲击下,天通苑地区许多企业生存困难,网站的广告收入大幅下滑,许多活动也因此受到影响不能开展。

二是网站团购。一方面,移动端互联网、网络电商的迅猛发展以及共享经济等新业态的产生,推动天通苑社区网不断开拓创新、与时俱进,进一步改善产品和技术;另一方面网站广告收入的下滑和政府购买服务的非持续性,使天通苑社区网负责人意识到收入单一的危险性,故从 2020 年开始天通苑社区网负责人开始寻求多种创收的方法,以提高抗风险能力。如开设天通苑社区网公众号、小程序,打造电商生活圈。近期,天通苑社区网独立团购品牌"嘎嘎购"一站式电商购物平台正式运营上线,其与现有的旗下团购品牌天通苑生活圈成为天通苑团购生态两大支点,以不同形式为天通苑居民服务。

受电商资本冲击以及资金和人才的限制,天通苑社区网团购活动的开展不容乐观。天通苑社区网负责人直言:"现在社区团购业务很难开展,淘宝、美团、京东等电商对实体经济、社区经济冲击很大,他们砸了很多资本去降低价格,以至于我们直接从农户手中拿到产品,没有任何中间商放到网上销售,价格居然还是最贵的,论价格我们根本拼不过企业电商。像我们家以前都是在社区小卖铺买桶装水的,但是现在在电商平台上买 4 箱 5L 的饮用水只需要 19.9(元),比直接在小卖铺买便宜太多了,买的人少了,现在小卖铺也不卖水了。"

结语

天通苑社区网凭借其为居民服务的理念、社区资讯传播平台的媒介作用及各类生活便民、文化娱乐服务的实践,便利了居民生活、提升了社会精神文明、推动了社区协商议事、助力了企业可持续发展,天通苑社区网也在这一过程中获取了社会资源,同多方实现了共赢。正是由于社会多方对天通苑社区网的信任以及天通苑社区网组织的多项活动得到居民广泛参与且反响热烈,天通苑社区网开始逐渐获得政府重视,政府借以广泛收集民意、体察民情、购买服务、规范企业。

基本信息

天通苑社区网共有专职工作人员8人,分工负责网站运营、企业推广、美术编辑等。除专职人员外,社区网站版主亦在网站运营方面发挥积极性,目前共有18个活跃版主参与网站管理。

"唱好一点"——为大众艺术而生

"唱好一点"是 2019 年认证通过的回天地区社会企业,从培育社区专业歌舞团队、为居民提供专业化歌舞课程、举办社区歌舞比赛开始,逐步拓展社区治理类项目,精准对接政府、市场与居民需求,成为集社区歌舞团队培育、文化品牌设计、科技赋能于一体的综合性社区服务品牌,取得了较为显著的社会效益。根据企业负责人介绍,其社区教育服务已覆盖全市 7 个区、20 多个镇街的 800 多个社区,其中包括回天地区的 72 个社区,累计线下在读学员 5 万人次、线上教学服务 50 万人次,开展声乐课堂 1000 余次,组织社区演出 100 余场、大型社区合唱节 50 余场,声乐教学及活动影响力触及 200 多万北京市民。

一、让更多人唱好一点:社会利益当先

公益性作为社会企业的两大特性之一,其强调社会企业应当把解决社会问题放在首位,追求社会效益,实现社会价值,承担社会责任。"唱好一点"秉持着让更多人唱好一点的理念,以较低价格在社区为居民开展歌舞课程,保障每个人享受艺术的权利,并推动社区文化建设,提升社区治理水平,实现了自身的社会价值。

一是服务大众,提供低价艺术教育。"唱好一点"团队留意到超大型社区居民当中老年人占比较大,而"老有所乐"是老年人对退休生活的普遍追求。受限于经费和师资等因素,社区在开展高水平社区文体教育和举办居民文娱活动等方面多是有心而无力。为了弥补这一空缺,提升非专业人士的歌唱技能,"唱好一点"以大众艺术教育为己任,以显著低于市场的价格,在社区开展合唱教学,培育社区文化社团,激发社区文化活力。自成立以来,公司盈余全部投入大众艺术教育,受益人群不断扩大。

"唱好一点"公司创始人王发财表示:"我认为艺术是人人平等的,每个

人都应该有机会去享受到艺术,所以我在2014年创办了'唱好一点',希望为歌唱爱好者提供专业、低价、易学、趣味性强的声乐教学产品,帮助他们唱好一点。"

二是链接多方,建设社区文化。基于多元参与、互利共赢的项目模式,"唱好一点"已成为协助政府、市场、社会组织和居民有效参与社区治理的连接器和资源池。考虑到镇街社区文化建设需要,"唱好一点"把单纯的合唱教学拓展为社区文化团队孵化培育、社区合唱团教师培养、社区合唱节承办等。面对多个街道社区出现的打造自身特色文化品牌的需要,"唱好一点"也扩大自身经营业务,帮助街道和社区打造文化品牌,如为霍营街道提供"文化铸魂·九韵生香"文化惠民活动等。此外,"唱好一点"帮助社区中老年歌唱爱好者掌握歌唱技巧,在各种合唱节、社区巡演的舞台上展示自我、结交好友,促使他们的老年生活更加充实快乐,真正实现老有所乐。"唱好一点"的存在弥补了社区高层次文化服务供给的缺失,创新了公共服务供给方式,取得了显著的社会效益。

王发财回忆:"当时我们(唱好一点)比赛前会提前进社区进行免费的培训指导。刚开始社区也没有经费举办文化娱乐的活动,也没有钱办合唱团,但是老人又想去,也想要打造自己的文化什么的,我们就跟社区去商量,看能不能让居民自己拿钱,居委会提供场地,然后我们跟居民收很少的钱,让居民能够享受到这样的服务。"

二、让服务持续久一点:自我造血为基

商业性作为社会企业的两大特性之一,其强调社会企业要像营利性企业一样采取商业化的方式进行运营,盈余不分红或有限分红,所获利润均用于企业的自我发展与解决社会问题。"唱好一点"通过为居民提供歌舞课程、为社区打造歌舞团队来收取少量费用,由此实现社会企业自身的可持续发展。

优质服务和用户累积是"唱好一点"得以持续运转的动力源泉。其同时面向企业、个人和社区开展业务,依据不同服务对象的需求和付费能力精心打造歌舞课程内容,制定个性化课程。与传统声乐教学机构相比,"唱好一点"课程在授课形式和教学方法上更具创新和趣味性;在产品方面,其教研团队也力求为业余爱好者提供低价和更加大众化的声乐教学服务。考虑到授课对象以社区中老年人为主,"唱好一点"设计了更加通俗易懂的歌舞课程:

从枯燥无聊的理论知识中抽取干货,用简单有效的方法传授唱歌技巧。另外,其还在歌舞课程中插入游戏环节,提升受众的上课体验。"唱好一点"的歌舞课程采用一对多的教学模式,降低学费的同时有效促进了参与者之间的互动,提高了居民之间的交流频率。在课程费用方面,"唱好一点"充分考虑到社区中老年人的付费能力和意愿,把面授课程费用定为 300 元/半年,共计 24 次课,每次 2 小时,每次课时费仅 6.25 元。值得注意的是,"唱好一点"的社区歌舞课程费用虽然不高,但授课老师均来自专业音乐院校,专业水平高,授课质量好。

"我们(唱好一点)会办班教老年人合唱,一般我们的费用远远低于市场价,比如一个老年人半年才 300 块,24 节课,每次 2 小时,每节课才 6 块多,所以他们老年人愿意付费。我们更多的是给老年人营造一个娱乐休闲的场景。场地都是居委会提供的。"负责人王发财如是说。

结语

"唱好一点"自成立以来坚持社会目标优先,始终秉持着"帮助更多非专业者唱好一点"的理念,从为社区居民提供歌舞课程,到帮助社区举办合唱赛事、为社区打造文化品牌,不断扩展自身业务,丰富经营项目,积极创新政社合作的路径,探索出打造社区文娱产品的新模式。同时,"唱好一点"积极参与政府购买服务,参与公共服务供给,丰富社区文化服务供给途径和内容,取得了显著的社会效益。

基本信息

"唱好一点"是北京得人艺术发展有限公司的注册商标,该公司成立于 2014 年。2019 年,公司因坚持社会目标优先,依靠提供产品或服务等商业手段解决社会问题,并取得显著的社会效益,获得中国慈展会"社会企业"认证、北京市社会企业二星认证和北京市昌平区回天地区社会企业认证。

绿之盟——食品安全的"自救"运动

绿之盟妈妈家（以下简称"绿之盟"）成立于2010年6月，10余年来，企业通过成立绿之盟消费者合作社、售卖有机食品、宣传绿色生活理念等方式，向更多人倡导健康生活和绿色有机生产，以期通过自身努力将有关食品安全的"自救"运动变为一场推动生产方式、生活方式健康化的"社会救助"活动，从根源上转变人们的思想和理念，从而推动社会对食品安全问题的重视与和谐、健康、安全社会的建立。企业创立初期便获得了社区居民的广泛认可，此后也因为环保、有机的经营理念被《南方周末》《三联周刊》等媒体报道。2019年绿之盟获得北京社会企业、中国好社企、回天地区品牌社会企业等三个社会企业认证。

一、公益性：传播绿色理念

一是打造分享平台，经营绿色社群。绿之盟基于自身的发展情况和实力，将服务对象聚焦于"妈妈群体"，希望通过售卖绿色有机产品，向妈妈群体及她们的家庭传递有机产品、健康理念，打造一个由一群妈妈共同创办的安全食品分享平台和一个倡导健康品质生活的社群。该平台里的社员与绿之盟妈妈家对食品安全有着共同的理解，企业通过这个平台向社员宣传倡导绿色生活、健康生活的理念，而社员也通过这个平台与绿之盟妈妈家进行深度交流，让更多人坚持生态方式生产，最终用消费创造一个友善的自然环境。

绿之盟妈妈家创始人（苏西妈）刘宇璟表示："人的精神层次补给，我觉得才是重要的，社会企业不是以盈利为目的的，是以追求社会价值最大化为目标，再者我们又追求这种身体与精神的统一，我想以一种身体与精神共同的这种齐头并进成长的方式来做这个社会企业，既售卖有机产品，又倡导绿色生活理念。"

二是开展社区活动，扩大辐射范围。绿之盟依托周边社区，根据自身定位和经营状况同居委会、物业公司等建立合作关系，以每周2~3场的频率开展有关环境保护、美学生活等方面的活动。绿之盟希望以食品安全知识的推广活动为依托，推动社区居民的生产方式和生活方式更加绿色健康，以此转变人们的消费理念，传播"舌尖上的健康"。例如，绿之盟依托于原有的回龙观读书会，开展"生态食材+书店"活动，通过说文解字等方式传播我国农耕文化中优秀的价值理念，以此促进人们形成绿色健康的生活观念，推动社会形成健康的、可持续、环保的文化环境和理念。在经营发展中，绿之盟也逐渐把服务对象聚焦于"社区中的家庭"，扩大影响范围，希望进一步从"注重产品"转型为"注重家文化传承"。

二、商业性：多途径营收

商业性也是社会企业的重要特性，这一特性强调社会企业需要通过商业途径来解决社会问题，利用可持续的商业模式来实现自身的自我造血（高传胜，2015）。正因为社会企业具有商业性，它们才得以依据市场规律，通过市场竞争来筹集资源，实现公共服务的有效提供，使用创造性方法解决社会问题（葛琳，2020）。绿之盟妈妈家通过售卖有机产品、开展文化课程等方式获得收益，维持自身的运营，实现了自我造血。

一是实地调查，质量保证。绿之盟目前经营了300多种产品，包括水果蔬菜、糕点面食、零食茶饮、蛋奶豆制品、粮油干货、调料酱菜、环保日用、中医生活，其主要业务是售卖有机水果蔬菜、糕点面食、零食茶饮等八类产品。在产品来源方面，大多数产品都是苏西妈在农业专家的指导下，通过实地考察进行选择的。绿之盟对农场主的品格和生产方式的透明度十分重视，苏西妈力图找到没有化肥农药、除草剂、抗生素、激素以及生产环境相对清洁的产品，不过鉴于有机认证的成本问题，绿之盟并没有严苛要求产品必须具有有机认证。除了通过实地考察进行货源选择，苏西妈也会通过多种可靠的方式来寻找供应商，比如曾经合作过的农业专家、供应商等的推荐，这些都在很大程度上丰富了货源，也减轻了产品考察的压力。绿之盟妈妈家通过确保产品的质量，实现了自身盈利的同时也获得了消费者的信任与好感，扩大了用户圈子。

"我们（绿之盟妈妈家）的产品一直是自己去找的产地。这样成本也比较高，这也是为什么我们到现在还是很亏本。因为早期的时候，我们都要去实地考察，虽然成本蛮高的，但是这样子我们的可信度很高，我们知道真实情况是什么样的。我们所有的供应商，他背后的资料和溯源全是公开透明的，我们的消费者可以跟我直接面对面沟通交流。"

二是社员优惠，累积用户。基于消费者合作社的性质和"让更多的人吃上有机食品"的目标，企业极为注重社员（会员）的利益以及社员与绿之盟之间的互动。绿之盟妈妈家也将自己称为消费者合作社，消费者可以通过储值成为会员，会员不仅能够以低价购买有机产品（社员价格比正常价格低20%~40%），能够随时对商品最低价进行质疑，而且可以十分清晰地获知所购买产品货源地的各类生态情况，真正以实惠的价格获得最健康有机的产品。

"其实我们（绿之盟妈妈家）的产品价格都比外面商品要低一些。如果他是我们的会员，他慢慢就会发现，比如说，我卖这个太阳牌苹果，他可能到淘宝上面找，他会发现绿之盟的价格要么就是跟淘宝最低价持平，要么就是比淘宝低个一块钱几毛钱。我们产品的低价能保证什么？第一个就是说可以保证我们的会员得到这个实惠是一个真正的实惠，不只是一个安全，或者一个口感好，而且在价格上还低。"

在谈及与大平台如京东、淘宝等平台的合作时，苏西妈的总结是"道不同不相为谋"。绿之盟不接受以销售非有机产品打通市场的赚快钱行为，始终坚持宁缺毋滥的准则认真挑选每一个有机产品，保证每一个销售的产品都能有透明的产地信息和生产信息。

（三）线下销售，线上推广

一方面，绿之盟目前支持到店自取、商场下单、到店自购三种购买方式，其中到店自购的产品选择最为多样化，而商场下单配送方式主要依托闪送、达达等进行有偿配送，受制于人员数量和配送能力，目前主要服务于周边地区。在商业推广方面，绿之盟主要依托微信群和微信公众号两个渠道进行产品和活动的宣传。

受制于人员数量和美工技术等方面，绿之盟的整体商业宣传和推广是比较欠缺的，主要依靠消费者对绿之盟、对苏西妈的信任来支撑可持续的消费，这在一定程度上限制了绿之盟的市场的扩展和进一步的发展。

（四）转型升级，打造合作社品牌

为了更好地应对当前的发展困境，2020年年初，绿之盟进行了转型，成立了绿之盟消费者合作社。基于消费者合作社的性质，根据是否在微信平台进行储值将消费群体分为了社员与非社员，目前在平台中储值的人数达到了7000人，其中忠实用户在200名左右。作为社会企业的一种典型模式，消费者合作社更加注重消费者与绿之盟之间的互助关系。2021年，绿之盟进行了店铺升级，从北京回龙观天龙苑15号楼迁往北京回龙观天龙苑14号楼，店铺面积也进一步扩大。

结语

"关注食品安全"是绿之盟的创立初衷，在企业建设和发展的过程中，绿之盟逐渐形成了一套成熟的商业模式。首先，绿之盟将提供绿色食品的公益性放在首位，企业负责人亲自考察寻找可靠的供应商；在面对强有力的竞争对手时，绿之盟选择放弃诱人的盈利机会，坚守自己的价值理念，守住了社会企业的初衷。其次，绿之盟开展了形式丰富的宣传活动，一方面为企业培育了更广阔的潜在客户，另一方面有助于回天地区"绿色氛围"的形成。再次，绿之盟保障货源质量，采用多种渠道销售，注重社员利益，创新营利方式，显著扩大了销售的"基本盘"。最后，企业拓展了线上线下相结合的"消费者合作社"的运营模式，保障了用户黏性，提升了品牌口碑。

基本信息

绿之盟的创始人之一、目前的负责人刘宇璟（苏西妈）出生于1975年，曾经在IT公司做文职工作，婚后便成了全职妈妈。三鹿奶粉事件之后，苏西妈妈和其他的妈妈开始关注食品安全问题，依托于回龙观读书会积极进行交流，并在乡村租地种菜，在保证孩子食材来源的同时，也给孩子提供了一个亲近自然的空间。但是由于距离远和时间不足等原因，妈妈们自己种菜太过耗费精力。2010年，苏西妈妈和朋友们便开始寻找京郊生态农场，每周去农场取菜并运到回龙观小区中摆摊分享，面向的人群基本都是芭乐学园幼儿园的家长，这种分享是完全没有收取任何差价的公益性质的。2010年6月，苏西妈和另外五位妈妈一起创办了北京绿之盟妈妈家科贸有限公司。2020年，绿之盟获得北京市昌平区回天地区社会企业认证。

结 语

大型社区治理是社会治理的世界性难题,"回天地区"是我国超大型城市社区的典型,也是北京市委、市政府选定的创新超大城市大型居住社区社会治理模式的试验区。回天地区在三年行动计划推进过程中,逐步探索形成了党建引领"回天有我"大型社区治理创新模式。笔者认为,根据回天实践和经验,可以总结出具有普遍适用意义的党委领导、政府负责、多方共建、监督制衡、互助合作、专业赋能、智治支撑的中国城市基层社会治理体系建设的理论模型,同时不同类型的社区、社会组织、社会企业的发展策略、模式、路径亦具有推广价值。像回龙观新村社区——建立基层红色网格治理体系;华龙苑北里社区——建立党建引领"合作—制衡—多元"社区治理机制;霍家营社区——建设有人情味儿的社区共同体;龙泽苑社区——打造党领群议众治格局;领秀慧谷社区——建设共建共创型社区;龙锦苑东三区社区——搭建社区、楼门双层治理体系;龙锦苑东四区社区——双服务四签到机制的发源;龙城花园社区——线上线下民主协商共解社区问题;佰嘉城社区——在职党员"报到"参与社区服务;天通北苑第二社区——立体四合院,回归邻里情;佳运园社区——由对峙走向黏合;田园风光雅苑社区——业主的内生自治空间;东辰社区——老旧小区的更新改造;金榜园社区——发挥年轻在职党员有生力量;兰各庄村——美丽乡村建设促进村社治理等社区治理经验可以为其他同类社区提供参考和借鉴。昌平社会组织发展服务中心——回天地区社会组织枢纽;回龙观街道社区社会组织联合会——社区资源的赋能联合;回龙观志愿者协会——内修外展、多样供给;天通苑志愿者协会——由内生发育走向规范建设;润德社会工作事务所——挖掘资源、精准救助;仁爱社会工作事务所——求真务实、助人自助;芳草社会工作服务中心——边缘融入、润物无声,可以为同类社会组织的发展提供经验借鉴。回龙观社区网——网络问政直通车;天通苑社区网——一体化网络生活平台;"唱好一点"——为大众艺术而生;绿之盟——食品安全的"自救"运动等社会企业案例可以为同类社会企业提供参考。

2020年11月审议通过的《中共北京市委关于制定北京市国民经济和社会发展第十四个五年规划和二〇三五年远景目标的建议》明确提出，要实施新一轮回天地区行动计划，深化"回天有我"创新实践，打造党建引领、多方参与、居民共治的大型社区治理样本。2021年7月北京市发布《深入推进回龙观天通苑地区提升发展行动计划（2021—2025年）》，进一步提出实施回龙观、天通苑地区优化提升行动计划是市委、市政府的重要战略部署，是回应区域居民最关心、最直接、最现实问题的重要惠民举措，也是探索提升大型社区治理能力和水平的生动实践。其中，明确要求要强化党建引领、深化报到服务、强化多方参与、拓展居民共治、加强科技支撑，强化"回天有我"社会治理创新；要推动社区治理水平持续提升，党建引领、多方参与、居民共治的基层社会治理体系和治理机制日益完善，打造社会治理示范区。总体来看，目前党领导社区治理触发的仍是范围相对窄、程度相对浅的志愿性、项目性的居民参与。故面向未来，基层社会治理并非"一蹴而就"，在清晰顶层设计和样板带动的基础上，要推动居民更广泛地参与，还需要在依法治理和党的领导之下，向利益相关的互助合作方向推进。

一是需要探索创新中国共产党统领全局，推动政府放管服改革，统筹力量针对基层重难点问题进行重点突破解决，增强街道社区等基层话语权，推动专业社会组织向枢纽型社会组织发展，推动社会企业认证与扶持工作，增强民主监督等全过程民主。在党委领导、政府负责下，基层社会与市场、共同体与资本之间应当形成既互助又竞争、既合作又制衡的崭新格局。在各级党委领导，政府、社区、社会组织和企业的多方参与和作用发挥下，多方组织与居民、居民组织之间逐步形成引领和互动关系，并且将资源更多下沉到街道和社区，带动居民参与回天建设之中。

二是需要探索居民参与的社会治理和民生保障。二者是社会治理共同体建设的一体两面，社会治理侧重于治理主体和过程，民生保障侧重于服务内容和对象。要做好社会治理，民生保障寓于其中。面对社会主义初级阶段的现实国情，具有中国特色的回天基层社会治理路径应当是居民切实参与的低成本、规范化的治理、保障、服务，也即共建共治共享的共同体基础上的治理、保障、服务。通过利益相关、社区参与、协商议事、互助志愿，发挥党委领导下的各类组织能动性，让居民作为提供方参与供给过程，满足居民各种类型、不同水平、不同时间性质的复杂需求，发展互助合作型福利、互助合作型经济，建设福利经济体、社区经济体，在降低人民生活支出的同时，不断提高人民生活幸福感、归属感和满意度。

三是需要探索在利益—情感关联、社区参与、协商议事中生成居民主体的互助合作共同体，推动人人有责、人人尽责、人人享有，让人民能参与到每一个共同体——组织的共建共治共享之中，切实创造自己的共同体和美好生活。在依法治理和党建引领下，以党的领导为核心，以人民为中心，探索民主选举、民主协商、民主决策、民主管理、民主监督各个环节彼此贯通的全过程人民民主，重建现代社会的责任意识和互助共同体（集体）意识，找回责任伦理体系的现代社会话语，推动志愿服务、互助参与、互助保障、互助合作，构建新的人际关系和社会团结。

四是需要探索发挥智治作用，充分利用数字技术推动社会治理体系高效扁平化，通过人联—物联—互联之间的相互促进，整合党委、政府、社区和社会资源，达到信息的快速共享和不同区域之间资源的有效统筹、链接。助推各级政府和社区行政管理体系电子化、智能化，破解部门分割壁垒难题，逐步实现政府行政资源整合化、交互化，降低行政成本，提高行政效率。助推党委领导、政府负责下的圈层社会治理结构扁平化，推动党建工作、志愿服务以及社区服务的整合，增加产品供销、储蓄、理财、保险等增值服务的拓展，探索积分货币的使用和流通，同时发挥数字技术对于资金、服务有效监督和保密的作用，推动建设具有中国特色的数字治理共同体。

"回天有我"是回天人民心底的呼声。回天人民参与回天建设的典型案例、创新做法层出不穷。只有坚持党的领导，坚持人民至上，不断推进理论创新、实践创新、制度创新、文化创新以及其他各方面创新，让党建真正在社区"生根"，让居民真正在社区"当家"，行政、企业、社会组织等"多方"各司其职、合作制衡，共同参与社区建设，才能真正实现党团结领导回天基层社会，实现回天人民安居乐业，实现建设具有中国特色的"回天有我"大型社区治理样本的根本目的。最后，感谢马倩、朱茜茜、李鑫鑫、何浩天、任逸非、李相宜、王炯、刘文超、朱嘉琪、程舒琦、马可、张伟程、汪苏等同学，这些同学积极参与问卷提纲设计、实地调研、案例撰写工作，为本书成稿付出巨大努力！回天基层社会治理仍在不断提升发展之中，在笔者调研写作之后亦有很多创新策略和做法，本书抛砖引玉，不尽事宜后续会继续深入研究，也期待更多学者关注和挖掘。

参考文献

一、中文文献

(一) 专著

[1] 吉登斯. 第三条道路——社会民主主义的复兴 [M]. 郑戈, 译. 北京: 北京大学出版社, 2000.

[2] 滕尼斯. 共同体与社会——纯粹社会学的基本概念 [M]. 张巍卓, 译. 北京: 商务印书馆, 2019.

[3] 费孝通. 社会学的探索 [M]. 天津: 天津人民出版社, 1984.

[4] 费孝通. 乡土重建 [M]. 长沙: 岳麓书社, 2012.

[5] 克鲁泡特金. 互助论: 进化的一个要素 [M]. 李平沤, 译. 北京: 商务印书馆, 2009.

[6] 黄宗智. 华北的小农经济与社会变迁 [M]. 北京: 中华书局, 2000.

[7] 黄宗智. 长江三角洲的小农家庭与乡村发展 [M]. 北京: 中华书局, 1992.

[8] 波兰尼. 大转型: 我们时代的政治与经济起源 [M]. 冯钢, 刘阳, 译. 杭州: 浙江人民出版社, 2007.

[9] 陆绯云. 苏南农村的社会支持与社会保障体系——历史与现状 [M]. 上海: 上海三联书店, 2011.

[10] 伯姆纳. 捐赠: 西方慈善公益文明史 [M]. 褚镕, 译. 北京: 社会科学文献出版社, 2017.

[11] 罗家德, 孙瑜, 楚燕. 云村重建纪事——一次社区自组织实验的田野记录 [M]. 北京: 社会科学文献出版社, 2014.

[12] 洛克. 政府论 (下篇) [M]. 叶启芳, 瞿菊农, 译. 北京: 商务印

书馆，1964.

[13] 中国社会科学院近代史研究所中华民国史研究室，中山大学历史系孙中山研究室，广东省社会科学院历史研究室. 孙中山全集（1-6卷）[M]. 北京：中华书局，1985.

[14] 唐士其. 西方政治思想史 [M]. 北京：北京大学出版社，2002.

[15] 霍布斯. 利维坦 [M]. 陆道夫，牛海，牛涛，译. 北京：群众出版社，2019.

[16] 潘恩选集 [M]. 马清槐，等译. 北京：商务印书馆，1981.

[17] 王铭铭. 村落视野中的文化与权力：闽台三村五论 [M]. 北京：生活·读书·新知三联书店，1997.

[18] 魏本权. 革命策略与合作运动——革命动员视角下中共农业互助合作运动研究（1927—1949）[M]. 北京：中国社会科学出版社，2016.

[19] 吴晓林. 理解中国社区治理：国家、社会与家庭的关联 [M]. 北京：中国社会科学出版社，2020.

[20] 萧公权. 中国乡村：19世纪的帝国控制 [M]. 张皓，张升，译. 北京：九州出版社，2018.

[21] 萧公权. 中国政治思想史（上册）[M]. 北京：商务印书馆，2011.

[22] 阎云翔. 礼物的流动——一个中国村庄中的互惠原则与社会网络 [M]. 李放春，刘瑜，译. 上海：上海人民出版社，2000.

[23] 杨懋春. 中国的家族主义与民族性格 [M] // 李亦园，杨国枢. 中国人的性格——科技综合性的讨论. 台北："中央"研究院民族学研究所，1972.

[24] 密尔. 代议制政府 [M]. 汪瑄，译. 北京：商务印书馆，1982.

[25] 斯科特. 农民的道义经济学：东南亚的反叛与生存 [M]. 程立显，刘建，等译. 南京：译林出版社，2001.

[26] 资中筠. 财富的责任与资本主义演变——美国百年公益发展的启示 [M]. 上海：上海三联书店，2017.

（二）期刊

[27] 曹海军. 党建引领下的社区治理和服务创新 [J]. 政治学研究，2018（1）：95-98.

[28] 陈家刚. 基层治理：转型发展的逻辑与路径 [J]. 学习与探索, 2015 (2)：47-55.

[29] 陈家建, 赵阳. "低治理权"与基层购买公共服务困境研究 [J]. 社会学研究, 2019 (1)：132-155.

[30] 陈鹏. 城市社区治理：基本模式及其治理绩效——以四个商品房社区为例 [J]. 社会学研究, 2016 (3)：125-151.

[31] 陈伟东, 吴岚波. 行动科学视域下社区治理的行动逻辑及生成路径研究 [J]. 吉首大学学报（社会科学版）, 2018 (1)：41-48.

[32] 陈宪. 发展城市社区经济的思考 [J]. 上海经济研究, 2000 (7)：17-23.

[33] 杜园园. 社会经济：发展农村新集体经济的可能路径——兼论珠江三角洲地区的农村股份合作经济 [J]. 南京农业大学学报（社会科学版）, 2019 (2)：63-70.

[34] 范金民. 清代苏州宗族义田的发展 [J]. 中国史研究, 1995 (3)：56-68.

[35] 高传胜. 社会企业的包容性治理功用及其发挥条件探讨 [J]. 中国行政管理, 2015 (3)：66-70.

[36] 葛琳. 社会企业参与社区治理的困境与思考 [J]. 党政论坛, 2020 (1)：41-45.

[37] 桂勇. 略论城市基层民主发展的可能及其实现途径——以上海市为例 [J]. 华中科技大学学报（社会科学版）, 2001 (1)：24-27.

[38] 何海兵. 我国城市基层社会管理体制的变迁：从单位制、街居制到社区制 [J]. 管理世界, 2003 (6)：52-62.

[39] 黄锐. 城市社区治理中的公共性构筑 [J]. 人文杂志, 2015 (4)：116-120.

[40] 黄晓星, 杨杰. 社会服务组织的边界生产——基于Z市家庭综合服务中心的研究 [J]. 社会学研究, 2015 (6)：99-121.

[41] 黄晓星. 国家基层策略行为与社区过程——基于南苑业主自治的社区故事 [J]. 社会, 2013 (4)：147-175.

[42] 贾西津. 国外非营利组织管理体制及其对中国的启示 [J]. 社会科学, 2004 (4)：45-50.

[43] 李迎生. 西方社会工作发展历程及其对我国的启示 [J]. 学习与实践, 2008 (7): 120-127.

[44] 李永娜, 袁校卫. 新时代城市社区治理共同体的建构逻辑与实现路径 [J]. 云南社会科学, 2020 (1): 18-23.

[45] 李友梅. 城市基层社会的深层权力秩序 [J]. 江苏社会科学, 2003 (6): 62-67.

[46] 林尚立. 基层群众自治: 中国民主政治建设的实践 [J]. 政治学研究, 1999 (4): 47-53.

[47] 林尚立. 社区: 中国政治建设的战略性空间 [J]. 毛泽东邓小平理论研究, 2002 (2): 58-64.

[48] 林尚立. 社区党建: 中国政治发展的新生长点 [J]. 上海党史与党建, 2001 (3): 10-13.

[49] 刘妮娜. 中国特色互助社会: 历史溯源与现代建构 [J]. 北京社会科学, 2021 (5): 103-115.

[50] 刘妮娜. 中国现代互助社会建设的逻辑溯源与创新方向 [J]. 武汉科技大学学报（社会科学版）, 2021 (5): 539-549.

[51] 卢汉龙. 中国城市社区的治理模式 [J]. 上海行政学院学报, 2004 (1): 56-65.

[52] 卢宪英. 紧密利益共同体自治: 基层社区治理的另一种思路——来自H省移民新村社会治理机制创新效果的启示 [J]. 中国农村观察, 2018 (6): 62-72.

[53] 罗婧. 转型视角下中国社会企业的发展 [J]. 学习与实践, 2019 (8): 90-100.

[54] 马得勇, 张华. 制度创新中的价值与细节: 三个基层民主创新案例的实证分析 [J]. 探索, 2018 (1): 38-51.

[55] 马仲良. 城市社区自治是社会主义新型民主的生长点 [J]. 北京行政学院学报, 2001 (1): 8-10.

[56] 闵凡祥. 互助的政治意义: 英国现代社会福利制度建构过程中的友谊会 [J]. 求是学刊, 2016 (1): 152-163.

[57] 张曙光, 黄万盛, 崔之元, 等. 社会经济在中国（上）[J]. 开放时代, 2012 (1): 4-42.

[58] 钱坤. 从激励性到强制性：城市社区垃圾分类的实践模式、逻辑转换与实现路径 [J]. 华东理工大学学报（社会科学版），2019（5）：83-91.

[59] 全林. 党建引领城市基层治理的现实困境与优化路径 [J]. 上海交通大学学报（哲学社会科学版），2021（1）：115-125.

[60] 石发勇. 业主委员会、准派系政治与基层治理——以一个上海街区为例 [J]. 社会学研究，2010（3）：136-158.

[61] 史云贵，屠火明. 基层社会合作治理：完善中国特色公民治理的可行性路径探析 [J]. 社会科学研究，2010（3）：48-54.

[62] 宋道雷. 国家治理的基层逻辑：社区治理的理论、阶段与模式 [J]. 行政论坛，2017（5）：82-87.

[63] 孙萍. 中国社区治理的发展路径：党政主导下的多元共治 [J]. 政治学研究，2008（1）：107-110.

[64] 沈荣华，鹿斌. 制度建构：枢纽型社会组织的行动逻辑 [J]. 中国行政管理，2014（10）：41-45.

[65] 唐晓勇，张建东. 城市社区"微治理"与社区人际互动模式转向 [J]. 社会科学，2018（10）：79-90.

[66] 田毅鹏. 城市社会管理"网格化模式"的定位及其未来 [J]. 学习与探索，2012（2）：28-32.

[67] 王春光. 城市化中的"撤并村庄"与行政社会的实践逻辑 [J]. 社会学研究，2013（3）：15-28.

[68] 王芳，陈进华. 城市社区协商：从基层民主到社区共治的内在逻辑及实践路径 [J]. 江海学刊，2019（5）：148-154.

[69] 王国荣. 如何发挥基层党支部的战斗堡垒作用 [J]. 理论观察，2016（9）：30-31.

[70] 王名，杨丽. 北京市网格化服务管理模式研究 [J]. 中国行政管理，2012（2）：119-121.

[71] 王名. 改革民间组织双重管理体制的分析和建议 [J]. 中国行政管理，2007（4）：62-64.

[72] 王思斌，阮曾媛琪. 和谐社会建设背景下中国社会工作的发展 [J]. 中国社会科学，2009（5）：128-140.

[73] 王思斌. 中国社会工作的嵌入性发展 [J]. 社会科学战线，2011

(2): 206-222.

[74] 王杨. 党如何塑造社会群体？——以社会组织孵化器党建为例[J]. 社会主义研究, 2022 (1): 130-138.

[75] 吴岚波, 原珂. 基层党建引领社区治理的实践进路与制度变迁[J]. 中共天津市委党校学报, 2022 (1): 13-22.

[76] 王汉生, 吴莹. 基层社会中"看得见"与"看不见"的国家——发生在一个商品房小区中的几个"故事"[J]. 社会学研究, 2011 (1): 63-95, 244.

[77] 迪夫尼, 德夫尔特雷, 赵黎. "社会经济"在全球的发展：历史脉络与当前状况 [J]. 经济社会体制比较, 2011 (1): 146-156.

[78] 颜玉凡, 叶南客. 认同与参与——城市居民的社区公共文化生活逻辑研究 [J]. 社会学研究, 2019 (2): 147-170.

[79] 杨柯, 张长东. 自主与嵌入：社会组织参与基层协商治理的逻辑与模式 [J]. 北京行政学院学报, 2021 (5): 56-63.

[80] 杨莉. 以需求把居民带回来——促进居民参与社区治理的路径探析[J]. 社会科学战线, 2018 (9): 195-201.

[81] 杨敏. 公民参与、群众参与与社区参与 [J]. 社会, 2005 (5): 78-95.

[82] 杨敏. 作为国家治理单元的社区——对城市社区建设运动过程中居民社区参与和社区认知的个案研究 [J]. 社会学研究, 2007 (4): 137-164.

[83] 叶林, 宋星洲, 邵梓捷. 协同治理视角下的"互联网+"城市社区治理创新——以G省D区为例 [J]. 中国行政管理, 2018 (1): 18-23.

[84] 叶敏. 新时代党建引领社会治理格局的实现路径 [J]. 湖南师范大学社会科学学报, 2018 (4): 18-24.

[85] 俞可平. 更加重视社会自治 [J]. 人民论坛, 2011 (2): 8-9.

[86] 俞可平. 中国公民社会：概念、分类与制度环境 [J]. 中国社会科学, 2006 (1): 109-122.

[87] 张大明. "枢纽型"社会组织参与社会管理的思考——写在上海市静安区社会组织联合会成立五周年之际 [J]. 社团管理研究, 2012 (9): 11-16.

[88] 张静. 国家政权建设与乡村自治单位——问题与回顾 [J]. 开放时

代，2001（9）：4-13.

[89] 张磊，刘丽敏. 物业运作：从国家中分离出来的新公共空间——国家权力过度化与社会权利不足之间的张力［J］. 社会，2005（1）：144-163.

[90] 张艳国，李非. "党建+"在城市社区治理中的独特功能和实现形式［J］. 江汉论坛，2018（12）：125-130.

[91] 周雪光. 权威体制与有效治理：当代中国国家治理的制度逻辑［J］. 开放时代，2011（10）：67-85.

[92] 周义程，周忠丽，葛燕. 城市社区社会管理体制的结构性重塑——基于社区党组织、基层政府和社区居委会角色定位的考量［J］. 中共四川省委省级机关党校学报，2013（3）：63-68.

[93] 朱健刚. 城市街区的权力变迁：强国家与强社会模式——对一个街区权力结构的分析［J］. 战略与管理，1997（4）：42-53.

[94] 朱妙宽. 劳动价值论的基本范畴和发展思路——劳动价值论从狭义到广义的发展［J］. 经济评论，2003（5）：14-21.

（三）学位论文

[95] 李娜. 枢纽型社会组织参与社会治理研究［D］. 沈阳：沈阳师范大学，2018.

[96] 张琦. 我国社区银行发展模式研究［D］. 青岛：青岛大学，2008.

（四）报纸

[97] 于芯. 把实事办到"一老一小"的心坎儿上［N］. 辽源日报，2021-08-17（2）.

二、英文文献

（一）专著

[1] CORDERY S. British friendly societies, 1750—1914［M］. New York: Palgrave Macmillan, 2003.

[2] Van Leeuwen, M. H. D. Mutual Insurance 1550—2015: From Guild Wel-

fare and Friendly Societies to Contemporary Micro - Insurers [M]. London: Palgrave Macmilla, 2016.

(二) 期刊

[1] TRIANDIS H C. Individualism vs collectivism: cross-cultural perspectives on self - ingroup relationship [J]. Journal of Personality and Social Psychology, 1988 (2): 323-338.

后 记

　　我自2014年开始，进行城乡互助型社会养老研究，实地调研了全国10余个省市的城乡互助型社会养老创新模式，亦发表了数篇论文、撰写3本著作试图阐述中国特色互助型社会养老的理论与实践。伴随实地调研的深入以及文献积累的增加，我逐步发现，"互助"一词内涵丰富，既是狭义/广义、理想/现实、文化/社会/经济、服务/保障/参与/治理的集合体，也可以概括中西方社会的根本差异——互助文化/实践和竞争文化/实践，可能是未来中国社会建设的方向和指引。故而，我又开始尝试在理论研究和实践调研中总结和构建具有中国特色的互助社会——在中国共产党领导之下，在以往行政管理体系和社会保障体系基础上，着重构建社会文化体系、社会组织体系、社会服务体系、社会参与体系和社会经济体系，这既是民生保障话语中的福利经济体，也是社会治理话语中的社会治理共同体和社会经济体。2019—2020年，我尝试撰写了《中国特色互助社会：历史溯源与现代建构》《中国现代互助社会建设的逻辑溯源与创新方向》两篇论文，阐述对现代互助社会建构的想象。

　　但场景的想象需要现实的有力支撑。恰逢我所在的工作单位华北电力大学处于北京市回天地区（回龙观和天通苑地区），2018年北京市委、市政府出台《优化提升回龙观天通苑地区公共服务和基础设施三年行动计划（2018—2020年）》，将回天地区作为北京市基层社会治理创新示范的试验田。北京市委书记蔡奇10余次到回天地区调研，提出要坚持党建引领，深化回天有我，努力把回天地区打造成共建共治共享的大型社区治理样板，让曾经的睡城变为充满活力的美好幸福新家园。故在以往研究的基础上，我继续深扎到这片有着1镇6街、109个社区、20个行政村，常住人口超过80万的现实土壤进行实地调研。从2019年有机会到天通苑北街道10个社区调研，到2020年承接北京市发改委（北京市回天专班）项目继续调研1镇6街和15个社区，到2021年3—4月对15个社区进行追踪访谈，暑假期间为帮助昌平区回天专班编写回天治理案例集，进一步将调研范围扩展到回天地区的31个社区，尝试挖掘具有中国特色的城市基层社会治理体系的理论与实践。一晃三年的时间又已经过去，所幸也收益非常多，我尝试从系统角度建立和分析中国城市基层社会治理体系的理论框架与实践策略，同时研究也发现：要进一步推动居民共治和基层均衡社会系统的建设，还需要在中国共产党的领导下，向利益相关的互助合作方向推进，支撑了互助社会建设的场景想象。

本书是城市基层治理体系研究的阶段性成果。出版此书的目的：一是尝试初步建构城市基层社会治理体系理论框架，并在此基础上，总结"回天"样本经验。我认为具有中国特色的城市基层社会治理体系建设的回天经验、北京经验是具有普遍适用意义，是可以在全国进行因地制宜推广学习的，其中的具体案例、模式、策略可以对其他地区形成启发和借鉴。

二是尝试书写社区、社会组织、社会企业的典型案例，以给予受新冠肺炎疫情反复困扰的中国社会以正能量。很难忘记调研时候遇到下午访谈的社区书记，晚上下班又在卡口值守，夏天很热，在夹杂汽车尾气的沉沉的黄昏余晖里，我看到她坐在那里，心里感到心疼和尊重，也忘不了社区书记跟我们真诚分享社区协商议事、互助志愿服务、楼门院治理、网格化治理、社区微信群治理的经验，分享他们对于社区未来的设想，还有社区书记在微信朋友圈里分享的每日工作总结，很多时候都是忙到深夜，忘不了到楼门长家里访谈临走还要让我带着好吃的零食，志愿者们分享他们对社区工作的努力和感情，还有社会组织、社工的不易与坚守，社会企业的情怀与热情，他们都是拥有善良、正直、美丽、坚韧心灵的人。每天早上在上班路上，看着相对冷清的北五环和八达岭高速，我常在想：宽敞的高速公路是因为有车辆行驶才有了热闹和活力，而人与人之间也是因为有交往才会有亲近和温情，我们应当向正能量的人学习，不断提高自我修养，真诚为胜利喝彩，真心为失落担忧；建设好家庭的同时主动寻找和融入组织，在人生的大多的不曾起舞的日子里，能够相互陪伴，共同成长。

三是尝试用写作书稿这项实际行动迎接党的二十大胜利召开！在回天地区调研的三年中，我愈发感受到中国共产党的领导对于基层治理的重大意义，近500万个基层党组织和超过9500万中国共产党党员是推动基层治理体系和治理能力现代化的领航和主线，未来中国社会不仅是中国共产党领导的社会治理共同体，也是中国共产党领导的庞大的社会经济体，这个过程看似漫长遥远，但实际受新冠肺炎疫情、中西方对抗和各种不确定的复杂风险影响也可能近在眼前。同时我始终相信：真正的社会建设是中国式的社会建设，不是想象中的而是现实中的社会共同体建设，面向 21 世纪以后的世界超老龄社会，中国共产党领导的社会建设经验将影响并推广至全世界。

习近平总书记在党的第十九届六中全会报告中指出，不忘初心，方得始终。中国共产党立志于中华民族千秋伟业，百年恰是风华正茂。他说，我们坚信，在过去一百年赢得了伟大胜利和荣光的中国共产党和中国人民，必将在新时代新征程上赢得更加伟大的胜利和荣光！我亦相信，在中国共产党的坚强领导下，在中国人民的共同努力下，互助合作、共同富裕的"安其所 遂其生"的中国特色现代互助社会未来可期！

写于华北电力大学
2022 年 5 月 1 日